"十三五"江苏省高等学校重点教材（2019-2-195）

高职高专"十四五"物流类专业系列教材

集装箱运输实务

主　编　马耀文　陈春燕　姜　军
副主编　季金震　赵　聪

西安交通大学出版社
XI'AN JIAOTONG UNIVERSITY PRESS

内容简介

本书以集装箱运输行业的需求为导向,体现了高职高专职业教育"职业认知"+"职业技能"的教学理念,以职业能力和职业道德素质的培养为本位,既注重学科理论体系的完整,又注重学生实践能力的培养。

本书基于集装箱运输出口货运业务工作流程,分为出口货运订舱、集装箱货物装载、集装箱码头业务操作、集装箱船舶配积载、集装箱海运进出口货运业务操作和其他集装箱运输方式六个项目。每个项目都包括学习目标、项目导学、任务描述、任务资讯、任务实施和任务训练六部分内容。

本书是一部连接慕课与课堂的新形态教材,配套了丰富的视频资源,读者可以通过手机扫描二维码进行学习,也可以配合中国大学MOOC网站上的在线开放课程"集装箱运输实务"使用。

图书在版编目(CIP)数据

集装箱运输实务 / 马耀文,陈春燕,姜军主编. — 西安:西安交通大学出版社,2020.12(2024.9 重印)
ISBN 978 - 7 - 5693 - 1869 - 2

Ⅰ.①集… Ⅱ.①马… ②陈… ③姜… Ⅲ.①集装箱运输 Ⅳ.①U169

中国版本图书馆 CIP 数据核字(2020)第 231497 号

书　　名	集装箱运输实务
主　　编	马耀文　陈春燕　姜　军
责任编辑	史菲菲
责任校对	王建洪
出版发行	西安交通大学出版社
	(西安市兴庆南路 1 号　邮政编码 710048)
网　　址	http://www.xjtupress.com
电　　话	(029)82668357　82667874(市场营销中心)
	(029)82668315(总编办)
传　　真	(029)82668280
印　　刷	西安五星印刷有限公司
开　　本	787 mm×1092 mm　1/16　　印张　15.75　　字数　393 千字
版次印次	2020 年 12 月第 1 版　　2024 年 9 月第 4 次印刷
书　　号	ISBN 978 - 7 - 5693 - 1869 - 2
定　　价	45.00 元

如发现印装质量问题,请与本社市场营销中心联系。
订购热线:(029)82665248　(029)82667874
投稿热线:(029)82665379
读者信箱:xj_rwjg@126.com

前　言

　　集装箱运输发展到今天，已朝着物流中心化、管理信息化、港口高效化、船舶大型化、运输综合化的现代化运输方式迅猛发展，这一趋势符合世界经济一体化与贸易全球化和区域化发展的需要，其运量增长速度将远高于世界海运量的发展水平，集装箱运输已成为最具潜力的运输方式。本书以集装箱运输行业的需求为导向，体现了高职高专职业教育"职业认知"＋"职业技能"的教学理念，以职业能力和职业道德素质的培养为本位，既注重学科理论体系的完整，又注重学生实践能力的培养。

　　本书基于集装箱运输出口货运业务工作流程，分为出口货运订舱、集装箱货物装载、集装箱码头业务操作、集装箱船舶配积载、集装箱海运进出口货运业务操作和其他集装箱运输方式六个项目。每个项目都包括学习目标、项目导学、任务描述、任务资讯、任务实施和任务训练六部分内容。

　　本书的主要特点包括三个方面：

　　1. 注重集装箱行业的最新发展动态

　　本书在传统集装箱运输的理论基础上，结合各航运公司的发展动态，介绍了最新的订舱方式和集装箱码头、船舶的发展等新内容。这些内容在其他教材中被忽略或只是点到为止，但是在集装箱运输实践中却非常重要，本书在此方面增加了行业最新发展动态。

　　2. 注重理论和实践相结合

　　已有的教材一般仅做理论的介绍，基本不提供操作实例，实操内容贫乏，导致学生在学习过后容易遗忘，教学目标难以实现。本书的每一个任务都配有相应的实操内容,适合高职高专的学生,让学生学会做、记得住。

3. 丰富的视频资源

本书包含由编者制作和搜集的视频、图片、单证和法律法规等内容,内容涵盖集装箱运输知识难点。本书是一部连接慕课与课堂的新形态教材,配套了丰富的视频资源,读者可以通过手机扫描二维码进行学习,也可以配合中国大学 MOOC 网站上的在线开放课程"集装箱运输实务"使用。

本书中的图片、案例、单证等内容一般仿照真实文件的外观样式,涉及的原当事人、内容等关键信息均已隐去,换之以虚拟的信息。所述内容如不慎与真实生活中的组织或事件有雷同之处,实属巧合,谨此声明。

本书由马耀文、陈春燕和姜军担任主编,季金震和赵聪担任副主编。具体分工如下:陈春燕编写项目一和项目二;马耀文编写项目三和项目四;季金震编写项目五;姜军、赵聪编写项目六。伊犁技师培训学院李娜参与了项目二的素材收集和项目三的编写整理工作。

本书在编写过程中参阅了很多文献,并得到了有关领导、专家的支持,在此一并表示衷心的感谢。但因编写时间较紧、任务重,本书难免出现一些疏漏和错误,恳请各界人士批评指正,以便再版时予以修正,使其日臻完善。

编　者

2020 年 10 月

目　　录

项目一　出口货运订舱

学习目标

技能目标

1. 能填制出口货运订舱单；
2. 能选择合适的订舱方式；
3. 会选择合适的船期；
4. 能看懂集装箱船期表；
5. 能区分不同集装箱水运承运人；
6. 能选择合适的承运人。

知识目标

1. 掌握集装箱出口货运的订舱方式；
2. 掌握集装箱订舱单的主要内容；
3. 掌握集装箱运输船期表的内容；
4. 掌握集装箱运输的主要航线；
5. 掌握集装箱水运承运人的种类；
6. 掌握选择集装箱承运人需考虑的因素；
7. 掌握集装箱班轮公司的合作经营方式。

素养目标

1. 具备过程管理的能力；
2. 具备选择合适承运人的能力；
3. 树立流程控制的意识；
4. 树立以客户满意为原则的选择意识。

项目导学

关键词：出口订舱；集装箱航线；班轮船期表；班轮公司。

【引例】

集装箱改变世界

20世纪60年代以前，几乎所有的货物都以散件方式运输。

以"勇士号"为例，在一次从布鲁克林到不来梅的运输中，货物装卸都是由普通的码头工人来完成的，它装载了5000多吨的货物，主要是食品、日用品、邮件、机器和车辆的零部件以及53辆车。这批货物的数量达到了惊人的194582件，而且大小和种类各不相同。

— 1 —

所有的货物都是码头工人一件一件放到货盘上,再把货盘降到船舱中一件一件搬下来堆好。他们装完这艘船总共用了 6 天时间;横跨大西洋的航行用了 10 天半的时间;在不来梅港,码头工人昼夜不停地干活儿,他们卸船用了 4 天时间。

总而言之,这次航行有一半时间都花在码头上了。

为什么非要装载、卸载、转移和再装载那么多的散件货物?为什么不把货物装进大箱子里,然后就只装卸和搬运这些箱子?集装箱便由此诞生了。

运输业大量采用集装箱后,运费低廉到不可思议的程度。例如由东南亚咖啡制造商发出的一只 35 吨的集装箱在马来西亚离开工厂,装上一艘货轮,经过 16 天的航行到达 14490 千米之外的洛杉矶。一天之后,这个集装箱被一列火车运到了芝加哥,并被随即转移到了一辆开往辛辛那提的卡车上。从离开马来西亚的工厂到抵达俄亥俄州的仓库,这次 17710 千米的行程只需要花费 22 天的时间,其速度是每天 800 多千米,而费用要比一张单程的头等舱机票还低……这就是由集装箱串联起来的近乎无缝的全球货运系统。

思考:

1. 集装箱运输和件杂货运输有何不同?

2. 集装箱解决了什么问题?

3. 集装箱运输有哪些方面的优越性?

任务一　出口货运订舱程序

任务描述

2020 年 3 月,南京市轻工进出口公司(以下简称南京公司)与美国客户签订了 100 t 纸板的出口合同,装运期为 5 月 31 日。应客户要求,南京公司采用集装箱班轮运输,预计 5 月 21 日可备好货物发往美国长滩,现向中远海运集装箱运输有限公司咨询船期安排。若你是班轮公司的客服人员,请为南京公司选择适合的船期。

任务资讯

教学微课:走进集装箱运输　　　　教学动画:集装箱化如何塑造现代世界

一、集装箱运输的定义

集装箱运输(container transportation)就是将货物装在集装箱内,以集装箱作为一个货物集合(成组)单元,进行装卸、运输(包括船舶运输、铁路运输、公路运输、航空运输以及这几种运输方式的联合运输)的运输工艺和运输组织形式。

集装箱运输是一种先进的现代化运输方式,是交通运输现代化的产物和重要标志,也是件杂货运输的发展方向及运输领域的重要变革,因此世界各国都把集装箱运输称为 20 世纪的

"运输革命"。由于集装箱运输具有巨大的社会效益和经济效益,因而现代化的集装箱运输热潮已遍及全球。各国都把集装箱运输的发展看作该国运输现代化进程的标志,国际航运中心也以集装箱吞吐量作为衡量规模大小的主要指标。

二、集装箱运输的特点及优越性

(一)高效益的运输方式

集装箱运输经济效益高主要体现在以下几个方面:

1. 简化包装,大量节约包装费用

为避免货物在运输途中受到损坏,必须有坚固的包装,而集装箱具有坚固、密封的特点,其本身就是一种极好的包装。使用集装箱可以简化包装,有的甚至无须包装,实现件杂货无包装运输,可大大节约包装费用。

2. 减少货损货差,提高货运质量

由于集装箱是一个坚固密封的箱体,因此,集装箱本身就是一个坚固的包装。货物装箱并铅封后,途中无须拆箱倒载,一票到底,即使经过长途运输或多次换装,不易损坏箱内货物。集装箱运输可减少被盗、潮湿、污损等引起的货损和货差,深受货主和船公司的欢迎,并且由于货损货差率的降低,减少了社会财富的浪费,也具有很大的社会效益。

3. 减少营运费用,降低运输成本

由于集装箱的装卸基本上不受恶劣气候的影响,船舶非生产性停泊时间缩短,又由于装卸效率高、装卸时间缩短,对船公司而言,可提高航行率,降低船舶运输成本,对港口而言,可提高泊位通过能力,从而提高吞吐量,增加收入。

(二)高效率的运输方式

集装箱是一种具有标准规格的大型"容器"。货物装入集装箱后,从根本上改变了货物品种繁多,外包装尺寸、形状不一,单件重量差别很大而不能使用大型机械的不利状况。集装箱具有标准化的外形尺度和重量,为运输过程中大型专用设备、工具的使用和自动化生产创造了最基本的条件。

传统的运输方式具有装卸环节多、劳动强度大、装卸效率低、船舶周转慢等缺点,而集装箱运输完全改变了这种状况。

1. 装卸速度快,劳动生产率高

普通货船装卸,一般每小时为 35 t 左右,而集装箱船装卸,每小时可达 400 t 左右,正是因为集装箱化为大型装卸机械的使用创造了条件,大大提高了装卸效率。同时,由于集装箱装卸机械化程度很高,因而每班组所需装卸工人数很少,平均每个工人的劳动生产率大大提高。

2. 缩短在途时间,加快车船周转

集装箱具有密封的特点,在装卸过程中受天气影响较小,这对于运载工具来说,从另一个角度缩短了装卸时间。

由于装卸速度的提高和装卸作业受天气影响较小,运载工具在港、站或其他装卸地点的停留时间大大缩短,因而船舶航次时间缩短,船舶周转加快,航行率大大提高,船舶生产效率随之提高,从而船舶运输能力提高,在不增加船舶艘数的情况下,可完成更多的运量,增加船公司收入,这样高效率导致高效益。

(三)高投资的运输方式

集装箱运输虽然是一种高效率的运输方式,但是它同时又是一种资本高度密集的行业。

(1)船公司必须对船舶和集装箱进行巨额投资。有关资料表明,集装箱船每立方英尺($1\ \mathrm{ft}^3 = 0.028\ \mathrm{m}^3$)的造价为普通货船的 3.7～4 倍。集装箱的投资相当大,开展集装箱运输所需的高额投资,使得船公司的总成本中固定成本占有相当大的比例,高达三分之二以上。

(2)集装箱运输中的港口的投资也相当大。专用集装箱泊位的码头设施包括码头岸线和前沿、货场、货运站、维修车间、控制塔、门房以及集装箱装卸机械等,耗资巨大。

(3)为开展集装箱多式联运,还需有相应的内陆设施及内陆货运站等,这就需要兴建、扩建、改造、更新现有的公路、铁路、桥梁、涵洞等,这方面的投资更是惊人。可见,没有足够的资金开展集装箱运输,实现集装箱化是困难的,必须根据国力量力而行,最后实现集装箱化。

(四)高协作的运输方式

集装箱运输涉及面广、环节多、影响大,是一个复杂的运输系统工程。集装箱运输系统包括海运、陆运、空运、港口、货运站以及与集装箱运输有关的海关、商检、船舶代理、货运代理公司等单位和部门。如果互相配合不当,就会影响整个运输系统功能的发挥,如果某一环节失误,必将影响全局,甚至导致运输生产停顿和中断。因此,要求搞好整个运输系统各环节、各部门之间的高度协作。

(五)适于组织多式联运

由于集装箱运输在不同运输方式之间换装时,无须搬运箱内货物而只需换装集装箱,这就提高了换装作业效率,适于不同运输方式之间的联合运输。在换装转运时,海关及有关监管单位只需加封或验封转关放行,从而提高了运输效率。

此外,由于国际集装箱运输与多式联运是一个资金密集、技术密集及管理要求很高的行业,是一个复杂的运输系统工程,这就要求管理人员、技术人员、业务人员等具有较高的素质,才能胜任工作,才能充分发挥国际集装箱运输的优越性。

三、订舱

(一)订舱的定义

订舱(booking)是托运人或其代理人根据贸易合同或信用证条款的规定,在货物托运前的一定时间,根据备货情况及承运人公布的船期表,向承运人发出希望按期进行货物运输的请求。

(二)订舱的方式

传统的订舱方式,可以通过口头、订舱函电或填写订舱单向船公司或其代理公司或其他运输经营人申请。近年来随着信息技术的不断进步和电子商务的快速发展,航运企业也陆续投入航运电子商务发展的热潮之中,将电子商务和传统的航运订舱相结合,实现航运集装箱的在线订舱(e-booking),改善了传统的线下订舱业务流程,提高了订舱效率。目前市场上出现的航运在线订舱模式主要分为三大类:船东系电商平台、第三方电商平台、一站式海运物流服务平台。

1. 船东系电商平台

船东系电商平台,即航运公司开发为本公司服务的电子商务系统,如中远海运集装箱运输有限公司的"Syncon Hub"、上海泛亚航运有限公司的"泛亚电商"。作为物流链中的承运人,船东是货物的直接运输方,船东依靠自有船舶建立专为公司航线运输服务的网上平台,绕过了供应链中的代理中间商,直接面对托运人,可扩大销售渠道提高工作效率以及减少公司运营成本。

2. 第三方电商平台

第三方电商平台也被称为"平台型的航运电商平台",是指由货代公司和互联网企业等筹建的第三方电商平台,类似于阿里巴巴的"淘宝""天猫",是促成航运公司与货主交易的一个公共平台,如中国外运股份有限公司的"海运订舱网"。第三方电商平台,不仅整合行业资源,而且能够突破过去线下经营过程中由于各方信息独立、不透明性而出现的信息孤岛问题,有利于整个航运市场的良性快速发展。

3. 一站式海运物流服务平台

这是一种较为理想的整个航运业态的供应链一体化平台。如中国外运股份有限公司旗下的"运易通"电子商务平台,不仅包括航运企业,还涉及海关等部门。该平台是第三方电商平台与交通运输、海关、报关等政府审核程序的整合,支持网上订舱、在线支付、在线报关、退税甚至金融服务等一体化的海运配套服务。

三种平台各有优劣,也各有局限。采用何种模式,不仅取决于企业自身的业务定位,还取决于公司本身的规模和财务状况。

知识链接

如何订舱

以马士基航运公司为例。

(1)登录 https://www.sealandmaersh.com.cn 后,在菜单中找到订舱,如图 1-1 所示。

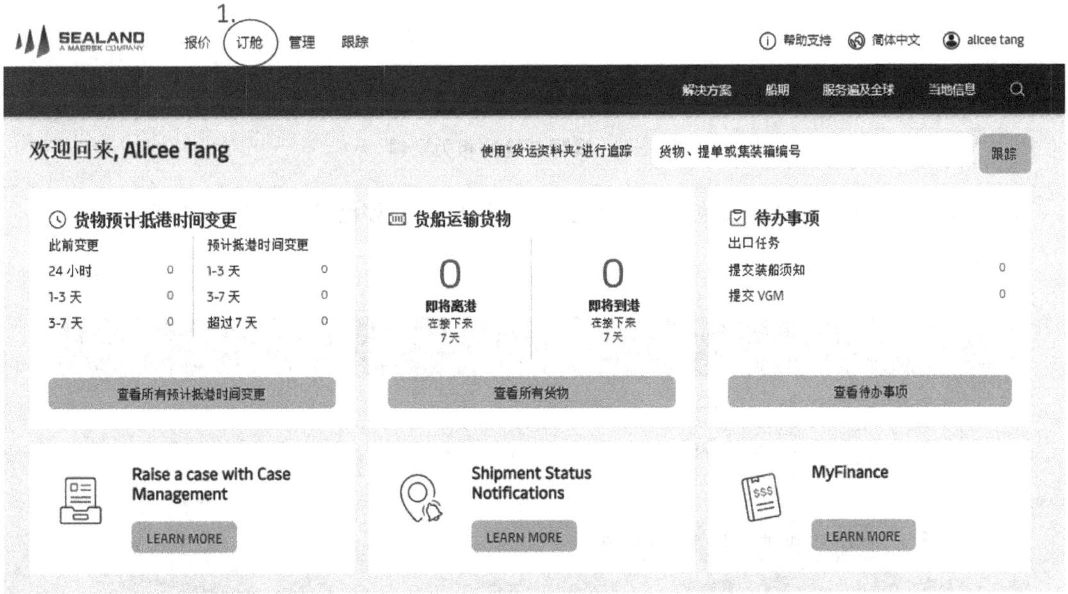

图 1-1　订舱

(2)点击"预定新货运",进入订舱的界面,如图 1-2 所示。

图 1-2 进入订舱界面

(3)在此界面填写订舱的相关资料,如图 1-3 所示。

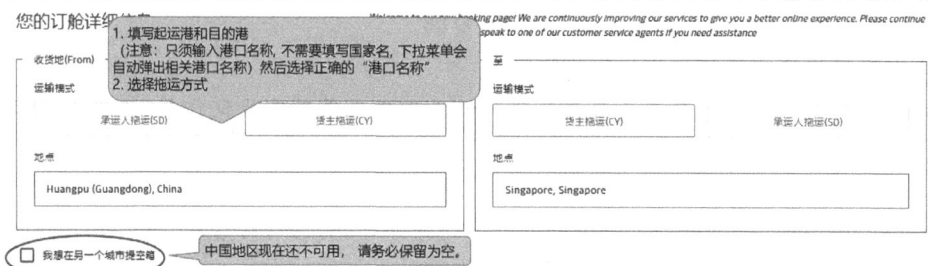

图 1-3 填写订舱的相关资料

(4)填写完毕后提交订舱信息,成功订舱后,会得到一个订舱号,如图 1-4 所示。

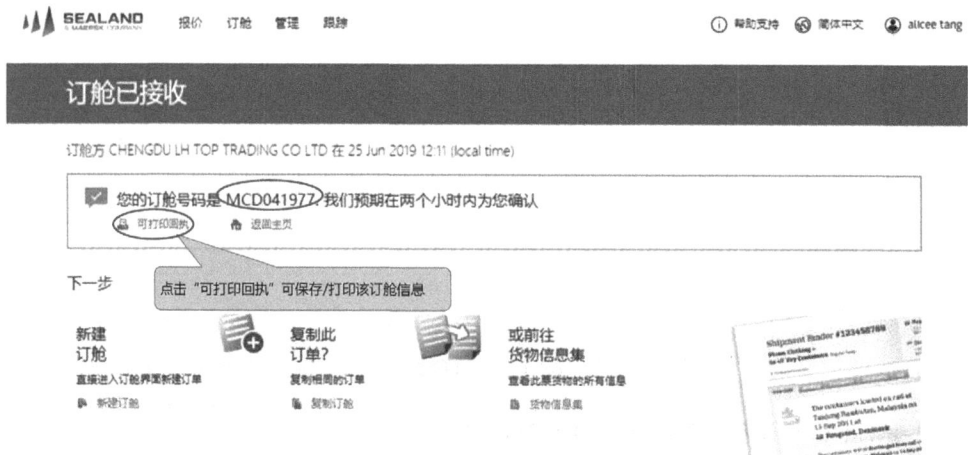

图 1-4 订舱成功

(三)订舱的分类

1. 订舱按是出口商还是进口商订舱,分为发货地订舱和卸货地订舱

依据《国际贸易术语解释通则2020》,国际贸易术语共分为4组11个。其中应用于传统海运的常用价格术语有3个:FOB、CIF、CFR。一般在国际贸易中,出口商总是力争以CIF或CFR价格条件成交。在这种情况下,出口商须承担出口货物的托运工作,将货物运交国外的进口商,所以订舱工作多数在装货港或货物输出地由出口商办理。通常的订舱都是发货地订舱,即由出口商订舱。

如果国际贸易价格条款以FOB方式成交,则由进口商负责签订运输合同,这种方式称为卸货地订舱(home booking)。

采用卸货地订舱这种方式,由于进口商不掌握货物装运的准确数据,因此,订舱通常只是由进口商向承运人预约装运船舶,实际的数据和订舱单证仍旧由发货人在装运港提供给进口商已预约装运的承运人在装运港的业务机构。鉴于承运人由进口商指定,因此卸货地订舱的货物俗称为"指定货"。又由于采用FOB条款时,通常由进口商在货到目的地时付款给承运人,因此它也叫作"到付货"(freight collect cargo)。相对应的,CIF或CFR条款的货物叫作"预付货"(freight prepaid cargo),指由发货人在装运港货物开船前付款给承运人。实践中,运费预付或者到付只是收、发货人与承运人之间的约定,和贸易条款没有必然联系。

2. 订舱还可以分为直接订舱和间接订舱

如果发货人直接将货物交给承运人或其代理人申请订舱,这种方式称为直接订舱。如果发货人委托货运代理人向承运人或其代理人订舱,这种方式称为间接订舱。目前,在国际货物运输中,间接订舱这种方式更为常见。

知识链接

贸易术语,又称"价格术语"或"价格条件",是说明商品的价格构成、买卖双方的权利和义务、交货地点、风险划分等诸方面的专门用语,如表1-1和表1-2所示。

教学动画:
海运通用贸易术语

表1-1 适用于任何单一运输方式或多个运输方式的贸易术语

运输方式	缩写
工厂交货	EXW
货交承运人	FCA
运费付至	CPT
运费、保险费付至	CIP
目的地交货	DAP
卸货地交货	DPU
完税后交货	DDP

表 1-2　适用于海运及内河水运的贸易术语

运输方式	缩写
船边交货	FAS
船上交货	FOB
成本加运费	CFR
成本加保险费、运费	CIF

FOB,是"free on board"或"freight on board"的缩写,其含义为"装运港船上交货(指定装运港)"。使用该术语,卖方应负责办理出口清关手续,在合同规定的装运港和规定的期限内,将货物交到买方指派的船上,承担货物在装运港越过船舷之前的一切风险,并及时通知买方。

CFR,即"cost and freight"的缩写,其含义为"成本加运费"。使用该术语,卖方负责按通常的条件租船订舱并支付到目的港的运费,按合同规定的装运港和装运期限将货物装上船并及时通知买家。

CIF,即"cost, insurance and freight"的缩写,其含义为"成本加保险费、运费"。使用该术语,卖方负责按通常条件租船订舱并支付到目的港的运费,在合同规定的装运港和装运期限内将货物装上船并负责办理货物运输保险,支付保险费。

FCA,即"free carrier"的缩写,其含义是"货交承运人"。使用该术语,卖方负责办理货物出口结关手续,在合同约定的时间和地点将货物交由买方指定的承运人处置,及时通知买方。

CPT,即"carriage paid to"的缩写,其含义为"运费付至指定目的地"。使用该术语,卖方应自费订立运输契约并支付将货物运至目的地的运费。在办理货物出口结关手续后,卖方在约定的时间和指定的装运地点将货物交由承运人处理,并及时通知买方。

CIP,即"carriage and insurance paid to"的缩写,其含义为"运费、保险费付至指定目的地"。使用该术语,卖方应自费订立运输契约并支付将货物运至目的地的运费,负责办理保险手续并支付保险费。在办理货物出口结关手续后,卖方在指定的装运地点将货物交由承运人照管,以履行其交货义务。

EXW,即"ex works"的缩写,其含义为"工厂交货(指定的地点)"。使用该术语,卖方负责在其所在处所(工厂、工场、仓库等)将货物置于买方处置之下即履行了交货义务。

FAS,即"free alongside ship"的缩写,其含义为"船边交货(指定装运港)"。使用该术语,卖方负责在装运港将货物放置码头或驳船上靠近船边,即完成交货。

DAP,即"delivery at place"的缩写,其含义为"目的地交货(指定目的港)"。使用该术语,卖方必须签订运输合同,支付将货物运至指定目的地或指定目的地内的约定地点所发生的运费;卖方在指定的目的地将符合合同约定的货物放在已抵达的运输工具上交给买方处置即完成交货。

DPU,即"delivery at place unloaded"的缩写,其含义为"卸货地交货"。使用该术语,卖方在指定目的地或目的港集散站卸货后将货物交给买方处置即完成交货,卖方承担将货物运至买方在指定目的地或目的港集散站的一切风险和费用,除进口费用外。

DDP,即"delivery duty paid"的缩写,其含义为"完税后交货"。使用该术语,卖方在指定的目的地办完清关手续将在交货的运输工具上尚未卸下的货物交给买方处置,即完成交货。卖方承担将货物运至目的地的一切风险和费用,包括需要办理海关手续时在目的地应缴纳的任何进口税费。

(四)订舱时间

一般在开船前7~10天向承运人或其代理人订舱,但以下情况需要提前订舱。

1. 装运特殊货物

出口特殊货物需要特殊集装箱时(如冷藏集装箱、开顶集装箱等),因一般集装箱船接受特殊集装箱的数量有限,或特殊箱调运需要时间等情况,应提前订舱。

2. 装运时间处于旺季

若处于出口旺季,也需要提前订舱。季节的更迭、各国习俗的不同、经济的影响、各国新政策的出台等,都会造成货流的变化。因此,货物的运量并不均衡,而是有淡、旺季之分。淡季(slack season)是指货运量小的季节;旺季(peak season)是指货运量大的季节。旺季的时候,承运人的运力并没有变化,舱位会变得非常紧张,发货人时常遇到没有舱位不能及时安排货物出运的情况,这种情形被称为"爆舱"。当某船某航次在某港实际订舱的箱位数超过该船该航次在该港预定的箱位配额,以及(或)实际订舱货物重量超过该船该航次在该港预定的货重限额时,即可认为该船舶该航次在该港爆舱。

订舱时除考虑时间因素外,还应就每票货物的实际情况考虑航线、船舶、港口条件、运输时间与条件等多项因素。这里的一票货物可以理解为每个合同项下发送给同一目的地、同一收货人、同一批次运输的货物。不同卸货港的货物不能装入同一集装箱。

知识链接

爆舱和甩柜

在实际业务中,经常能听到某某航线爆舱的消息。可将集装箱船舶爆舱分成以下三种情形:

1. 满载满舱

满载满舱指船舶离港时,在满足装载规范要求条件下,船舶可用舱位与载重能力均被最大限度用满用足,这是最理想的装载状态。

2. 满舱不满载

满舱不满载指船舶离港时,在满足装载规范要求条件下,船舶可用舱位已被最大限度用满,但船舶载重能力还有剩余。

3. 满载不满舱

满载不满舱指船舶离港时,在满足装载规范要求条件下,船舶载重能力已被最大限度用足,但船舶可用舱位还有剩余。

一般而言,满载满舱是一种比较理想的情况,大多数时候船公司碰到的是另外两种情形。在年底旺季,货量大,爆舱现象屡见不鲜。这时,考虑运输的安全,船公司就会出现甩柜的现象。甩柜是外贸、货代、物流等行业很常见的说法,"柜"就是货柜,也就是集装箱,主要指海运集装箱。甩柜包括整箱的甩柜和拼箱的甩柜。甩柜有两个方面的原因:一是在货运旺季时,货量大,船公司舱位有限,容易出现爆舱(尤其是热门航线),不可避免有些柜子被甩;其次,甩柜可能是船公司的原因,因为船公司为了保证满载,放出来的舱位经常多于实际的舱位,在热门航线爆舱的情况下,不可避免就有些柜子要被甩,类似于航空公司的超售。而且,船公司要甩哪些柜子,一般是有选择的,并不是按照先到先得的顺序,而是会把运费较低、与船公司关系一般或船公司认为不重要的客户的柜子优先甩掉。

四、世界三大主要集装箱班轮航线

集装箱班轮航线,是指至少在两个港口间通过集装箱船舶定期往返或环绕航行承运集装箱货物的航线,其特征是采用集装箱从事班轮运输业务。集装箱班轮航线的特点是船舶按照对外公布的船期表挂靠固定的港口,无论货物是否满载,船舶都必须准点开航,而且运费按固定的运费率来结算。虽然,班轮公司会定期或不定期对航线或船期表进行调整,但船期表一经对外公布,就尽量维持一定的稳定性,而不会经常变动。其中固定的港口有始发港、中途港和目的港之分,且始发港和目的港的不同组合构成了不同的班轮航线。

目前绝大部分集装箱航线都以班轮形式经营,因此集装箱班轮航线也常常简称为集装箱航线。

(一)集装箱班轮航线的特点

1. 航线往返程可以挂靠不同港口

各国或地区间的贸易存在方向上的不平衡性,船公司在设计航线时,往返程可能挂靠不同的港口,以保证箱位的充分利用。

2. 航线资源配置的协调性

开辟一条航线通常需要由几条船舶组成一个船队,为使得提供的运力均衡,船队中的船舶规模和航速最好相同或相近。同时,航线上配置船舶的规模要与航线上的集装箱箱量相协调。

教学微课:
集装箱班轮航线的特点

3. 航线配船少

与普通件杂货船舶相比,集装箱船舶的航行速度快、装卸效率高,所以相同港口间运输同样数量的货物,所需的集装箱船舶数量大大少于普通件杂货船舶的数量。

4. 航线挂港分为基本港、枢纽港、喂给港等

基本港,是指班轮运价表中载明的班轮定期或经常靠泊的港口。大多数基本港是沿海国家或地区的主要港口,港口设备条件较好,货运需求多而稳定。运往基本港的货物一般为直达运输,无须中途转船(但有时也因货量太少,船方决定中途转船,由船方自行安排承担转船费用)。基本港以外的港口都称为非基本港,到达非基本港的货物运费一般是在基本港的基础上,另外加收转船附加费。

枢纽港,一般是指各种运输方式汇集,交通运输网络迅捷发达,方便货物集中或疏散的港口。在集装箱运输中,连接海上干线与水陆支线,具有良好的地理位置、自然条件、很强的集装箱装卸堆存和集疏运能力的大型港口,一般称为枢纽港。

喂给港一般指货量较少,通过支线运输,起到为枢纽港供给货源作用的港口。

5. 航线挂靠少数主要港口

为了体现集装箱运输周转的高效性,越来越多的班轮公司在开辟航线时,只挂靠一些枢纽港或基本港,同时依靠一些小型班轮公司或自身再开辟支线将其他港口的箱源集中到挂靠港口,这样可以大大节约靠泊和港口作业时间,缩短航次时间。

(二)全球主要集装箱班轮航线

全球主要集装箱海运航线有跨太平洋航线、跨大西洋航线和跨印度洋航线。这三大航线的集装箱运量占了世界集装箱水运运量的大半壁江山。

1. 跨太平洋航线

跨太平洋航线是美加西海岸与远东之间的主要航线。该航线东段为北美西海岸,南至美国的圣地亚哥,北至加拿大的鲁珀特太子港;西端为亚洲各国的港口,北起日本横滨和俄罗斯的符拉迪沃斯托克,中经中国上海,南至菲律宾的马尼拉,西至印度、新加坡。该航线经由巴拿马运河,可与美国东海岸各大港口及西欧的北大西洋航线相连,在世界航运中占据重要地位。

(1)远东—北美西海岸航线:由中国、朝鲜、日本等远东港口,与加拿大、美国、墨西哥等北美西海岸各港口之间的航线组成。从我国沿海各港口出发,偏南的经大隅海峡出东海;偏北的经对马海峡穿过日本海后,或经津轻海峡进入太平洋,或经宗谷海峡穿过鄂霍次克海进入北太平洋。

该航线涉及港口主要有亚洲的高雄、釜山、上海、香港、东京、神户、横滨等港口,北美西海岸的长滩、洛杉矶、西雅图、塔科马、奥克兰和温哥华。

(2)远东—北美东海岸航线:从我国北方沿海港口出发的船只多半经大隅海峡或经琉球群岛出东海,中途常经夏威夷群岛及巴拿马运河,到达北美东海岸各港。

北美东海岸的主要港口有纽约、费城、新泽西、迈阿密、新奥尔良、休斯敦、巴尔的摩、波士顿、诺福克、查尔斯顿、萨瓦纳、波特兰、蒙特利尔、多伦多等。

2. 跨大西洋航线

跨大西洋航线主要由两条航线组成,分别为北美—西北欧航线和北美—地中海航线。这一航线将世界上最发达与富庶的两个区域联系起来,此航线上,船公司之间在集装箱海运运输方面的竞争最为激烈。

(1)北美—西北欧航线。该航线西起北美的东海岸,北经纽芬兰岛横跨大西洋,入英吉利海峡至西欧、北欧。

西欧主要港口有鹿特丹、安特卫普、汉堡、不来梅哈芬、阿姆斯特丹、南安普顿、费利克斯托、利物浦、敦刻尔克、勒哈弗尔等。北欧主要港口有哥本哈根、斯德哥尔摩、哥德堡、赫尔辛基、圣彼得堡、奥斯陆等。

(2)北美—地中海航线。该航线从北美东海岸各港出发后横渡北大西洋,经直布罗陀海峡进入地中海。

地中海南北两岸港口主要有伊斯坦布尔、伊兹密尔、康斯坦萨、亚历山大、塞德、海法、阿什杜德、拉塔基亚、贝鲁特、比雷埃夫斯、里斯本、巴塞罗那、瓦伦西亚、威尼斯、热那亚、拉斯佩齐亚、那不勒斯、马赛、福斯、突尼斯、马耳他、阿尔及尔等。

3. 跨印度洋航线

跨印度洋航线也被称为欧地线,是世界上最古老的海运定期航线。该航线大多是经马六甲海峡往西经苏伊士运河至地中海、西北欧的运输,可分为远东—欧洲航线和远东—地中海航线两条。

(1)远东—欧洲航线。该航线在欧洲地区涉及的主要港口有荷兰的鹿特丹港,德国的汉堡港、不来梅港,比利时的安特卫普港,英国的费利克斯托斯等。该航线大量采用了大型高速集装箱船,组成了大型国际航运集团开展运输。该航线将中国、日本、韩国和东南亚的许多国家与欧洲联系起来,贸易量与货运量十分庞大。与该航线配合的,还有西伯利亚大陆桥、新亚欧大陆桥等欧亚之间的大陆桥集装箱多式联运。

(2)远东—地中海航线。该航线由远东经过地中海,到达欧洲。与该航线相关的欧洲港主要有西班牙南部的阿尔赫西拉斯港、意大利的焦亚陶罗港和地中海中央马耳他南端的马尔萨什洛克港。

教学微课:
全球主要集装箱班轮航线

教学游戏:
船期的选定(账号:s001,密码:000000,全书相同)

五、船期的选定

确定运输航线后,需要根据贸易合同的装运期限选择适当的装船日期。每家班轮公司针对不同的航线,根据自有船舶的航行计划、靠泊时间,向公众发布自家的船期表。

班轮船期表是船公司或船舶代理人定期向不特定的社会公众发出的班轮航线和船期营运安排表。船期表是班轮运输营运组织工作中的一项重要内容。班轮公司制订并颁布班轮船期表的作用主要是:招揽航线途经港口的货载,满足货主的要求,体现海运服务的质量;有利于船舶、港口和货物及时衔接,以便船舶有可能在挂靠港口的短暂时间内取得尽可能高的工作效率;有利于提高船公司航线经营的计划质量。集装箱班轮运输公司一般在开航前1个月对外公开其班轮船期表。

班轮船期表主要内容包括:航线、船名、航次编号,始发港、中途港、终点港的港名,到达和驶离各港的时间,其他有关注意事项等。表1-3是某班轮美东航线的船期表。

船期表是经过严密计算的运行时刻表。各公司的船队都有若干条船往返运行于某一条航线。承运人经过计算确定航线配船数量和发船间隔。实践中,各公司采用周班轮、周双班轮、二周班轮或月班轮等形式,最常见的是周班轮。为了轻易识别不同开航时间的各条船,需为每次发出的航班设定一个航次号码。航次号中通常有英文字母,如E、W、S、N,表示航向。通俗地讲,船舶从某始发港口途经其他港口至某终点港口运一次货物为一个航次,回程为另一个航次。

需要注意的是,船期表中公布的船舶到港时间只是本航次运营中"预计到达时间",并不是班轮公司保证到达的时间,不构成班轮公司的承诺。所以,船公司在船期表上加注"ABOVE SCHEDULES ARE FOR REFERENCE ONLY. CHANGES, IF ANY, ARE SUBJECT TO CONFIRMATION BY LOCAL AGENT."。但船期表一经公布,船公司尽量按预定的船期表航行。因为承运人深知船期的延误往往会打乱出口商的销售计划以及进口商的原料供应,情况严重时甚至导致停工,这不但会使承运人失去信誉,而且会给承运人未来的揽货带来困难。而且船期一旦延误,会影响到下一航次的运营,使航线营运效率降低。所以,在查找船期时,会根据客户的发货安排,如果货主不指定唯一承运人,可多查看几家承运人的船期。表1-4是中远海运环北美西海岸航线。

表 1 - 3 美东航线船期表

船名 VESSEL	航次 VOY.	挂靠港区 TERMINAL	撤港日 CUT-OFF TIME	起航日 ETD SHA	纽约 NEW YORK	查尔斯顿 CHARLESTON	萨瓦纳 SAVANNAH	诺福克 NORFOLK
CHICACO EXPRESS	004W49	YANGSHAN I	12/03/2012	12/04/2012	12/29/2012	12/30/2012	01/02/2013	01/04/2013
HYUNDAI SPLENOOR	016W48	YANGSHAN II	12/10/2012	12/11/2012	01/05/2013	01/06/2013	01/09/2013	01/11/2013
OOCL LUXEMBOURG	014W49	YANGSHAN III	12/17/2012	12/18/2012	01/12/2013	01/13/2013	01/16/2013	01/18/2013
MOL PRIORITY	069W49	YANGSHAN III	12/24/2012	12/25/2012	01/19/2013	01/20/2013	01/23/2013	01/25/2013
NEW YORK EXPRESS	003W49	YANGSHAN II	12/31/2012	01/01/2013	01/26/2013	01/27/2013	01/30/2013	02/01/2013

ABOVE SCHEDULES ARE FOR REFERENCE ONLY. CHANGES, IF ANY, ARE SUBJECT TO CONFIRMATION BY LOCAL LAGENT.

本船期表仅作参考，如有变动以当地代理提供为准。

表 1 - 4 中远海运环北美西海岸船期表

WEEK	VESSEL NAME	VSL OP	IRIS VSL CODE	VOYAGE CODE	DLC03 DALIAN ETB (MON 04:00)	DLC03 DALIAN ETD (MON 20:00)	LYG01 LIANYUNGANG ETB (TUE 21:00)	LYG01 LIANYUNGANG ETD (WED 17:00)	SHA04 SHANGHAI ETB (FRI 05:00)	SHA04 SHANGHAI ETD (SUN 05:00)	NGB05 NINGBO ETB (SUN 23:00)	NGB05 NINGBO ETD (MON 19:00)	LGB01 LONG BEACH ETB (THU 16:00)	LGB01 LONG BEACH ETD (SUN 16:00)	SEA09 SEATTLE ETB (MON 08:00)	SEA09 SEATTLE ETD (TUE 18:00)	DLC03 DALIAN ETB (MON 04:00)	DLC03 DALIAN ETD (MON 20:00)
15	CSCL SUMMER	COS	HCU	006E / 006W	04/10	04/10	04/11	04/12	04/14	04/16	04/16	04/17	04/30	05/04	05/08	05/09	05/22	05/22
16	COSCO TAICANG	COS	CCK	044E / 044W	04/16	04/17	04/18	04/19	NGB05 04/20-21	SHA04 04/21-23	04/24	04/26	05/07	05/11	05/15	05/16	05/29	05/29
17	COSCO EUROPE	COS	CCE	051E / 051W	04/24	04/24	04/25	04/26	04/28	04/30	04/30	05/01	05/14	05/18	05/22	05/23	06/05	06/05
18	COSCO OCEANIA	COS	CCG	053E / 053W	05/01	05/01	05/02	05/03	05/05	05/07	05/07	05/08	05/21	05/25	05/29	05/30	06/19	06/19

续表

WEEK	VESSEL NAME	VSL OP	IRIS VSL CODE	VOYAGE CODE		DLC03 DALIAN ETB MON 04:00	DLC03 DALIAN ETD MON 20:00	LYG01 LIANYUNGANG ETB TUE 21:00	LYG01 LIANYUNGANG ETD WED 17:00	SHA04 SHANGHAI ETB FRI 05:00	SHA04 SHANGHAI ETD SUN 05:00	NGB05 NINGBO ETB SUN 23:00	NGB05 NINGBO ETD MON 19:00	LGB01 LONG BEACH ETB SUN 16:00	LGB01 LONG BEACH ETD THU 16:00	SEA09 SEATTLE ETB MON 08:00	SEA09 SEATTLE ETD TUE 18:00	DLC03 DALIAN ETB MON 04:00	DLC03 DALIAN ETD MON 20:00
19	COSCO AMERICA	COS	CCF	042E	042W	05/08	05/08	05/09	05/10	05/12	05/14	05/14	05/15	05/28	06/01	06/05	06/06	06/26	06/26
20	COSCO ASIA	COS	CBZ	046E	046W	OMIT		05/16	05/17	05/19	05/21	05/21	05/22	06/04	06/08	06/12	06/13	07/03	07/03
21	CSCL SUMMER	COS	HCU	007E	007W	05/22	05/22	05/23	05/24	05/26	05/28	05/28	05/29	06/11	06/15	06/19	06/20	07/10	07/10
22	COSCO TAICANG	COS	CCK	045E	045W	05/29	05/29	05/30	05/31	06/02	06/04	06/04	06/05	06/18	06/22	06/26	06/27	LYG01 07/18 – 19	
23	COSCO EUROPE	COS	CCE	052E	052W	PUS04 06/05 – 06		06/06	06/08	06/09	06/11	06/11	06/12	06/25	06/29	07/03	07/04	LYG01 07/18 – 19	
24	COSCO KAOHSIUNG	COS	CCL	050E	050W	06/12	06/12	06/13	06/14	06/16	06/18	06/18	06/19	07/02	07/06	07/10	07/11	07/24	07/24
25	COSCO OCEANIA	COS	CCG	054E	054W	06/19	06/19	06/20	06/21	06/23	06/25	06/25	06/26	07/09	07/13	07/17	07/18	07/31	07/31
26	COSCO AMERICA	COS	CCF	043E	043W	06/26	06/26	06/27	06/28	06/30	07/02	07/02	07/03	07/16	07/20	07/24	07/25	08/14	08/14
27	COSCO ASIA	COS	CBZ	047E	047W	07/03	07/03	07/04	07/05	07/07	07/09	07/09	07/10	07/23	07/27	07/31	08/01	08/21	08/21

知识链接

截载和加载

　　每一航次承运人需要在装货开始前预留一段时间来做装船的准备工作。因此,在开船前一定时间就停止接受订舱,称为截载。若在截载后,承运人根据船舶装载情况再次接受订舱,则称为加载。

六、填制出口订舱单

　　订舱单(booking note,B/N),也称托运单,是托运人根据买卖合同的有关内容向承运人办理货物运输的书面凭证。它既是出口商向承运人申请租船订舱的依据,也是承运人接受订舱、安排运输、组织装运、转运、联运等作业的书面依据,还是日后制作提单的主要依据。该单证一般为十联,因此也称十联单。

知识链接

十联单

　　十联单,一式十联。部分港口使用为一式八联或一式十二联。以十联为例,各联的具体作用如下:

　　第一联:集装箱货物托运单(货主留底)(B/N)。

　　第二联:集装箱货物托运单(船代留底)。

　　第三联:运费通知(1),与第四联的其中一联向出口单位收取运费,另一联货运代理公司自己留底。

　　第四联:运费通知(2)。

　　第五联:场站收据(装货单)(S/O),也叫关单或下货纸,经船代盖章有效,海关完成验关手续后,在装货单上加盖海关放行章,船方收货装船,并在收货后留底。

　　第五联副本:缴纳出口货物港务费申请书。

　　第六联:大副联(场站收据副本),又叫大副收据。装货完毕后大副根据理货公司的清单在此单上签字确认,货主凭其换取正本提单。如果理货结果不清洁,大副也会做不清洁批注,正本提单也会做不清洁批注。

　　第七联:场站收据(D/R),货运代理公司留底。

　　第八、九联:配舱回单。货运代理公司订好舱,将船名、关单号填入后把配舱回单返给出口公司。

　　第十联:缴纳出口货物港务费申请书。货上船后凭以收取港务费用。

　　订舱单如表1-5所示,包含的内容有货方信息、运输信息、货物信息和附加信息四个方面。

表 1-5　集装箱货物托运单(订舱单)

SHIPPER				D/R NO.	
CONSIGNEE					
NOTIFY PARTY				集装箱货物托运单(订舱单)	
PRE CARRIAGE BY		PLACE OF RECEIPT			
OCEAN VESSEL		PORT OF LOADING			
PORT OF DISCHARGE		PLACE OF DELIVERY		FINAL DESTINATION FOR MERCHANT'S REFERENCE	
CONTAINER NO.	SEAL NO. MARKS & NOS.	NO. OF CONTAINERS OR PKGS.	KIND OF PACKAGES, DESCRIPTION OF GOODS	GROSS WEIGHT	MEASUREMENT
TOTAL NUMBER OF CONTAINERS OR PACKAGES(IN WORDS)					
FREIGHT & CHARGES		REVENUE TONS	RATE PER	PREPAID	COLLECT
EX RATE:	PREPAID AT	PAYABLE AT		PLACE OF ISSUE	
	TOTAL PREPAID	NO. OF ORIGINAL B(S)/L			

SERVICE TYPE ON RECEIVING □-CY □-CFS □-DOOR	SERVICE TYPE ON DELIVERY □-CY □-CFS □-DOOR	REEFER TEMPERA-TURE REQUIRED	℉	℃
TYPES OF GOODS	□ORDINARY □REEFER □DANGEROUS □AUTO	危险品	CLASS PROPERTY IMDG CODE PAGE UN NO.	
	□LIQUID □LIVE ANIMAL □BULK			

可否转船	可否分批	金额	制单日期
装期		有效期	

1. 货方信息

货方信息包括发货人、收货人、被通知人等。

(1)发货人(shipper):也称托运人,一般为出口商,本栏填出口商的名称、地址、电话、传真号码等。托运人可以是货主,也可以是其贸易代理人或货运代理,在信用证方式下一般是信用证的受益人。

(2)收货人(consignee):指收取货物的人,一般为进口商或其代理人。填写时应按合同或信用证的规定填写。

(3)被通知人(notify party):可以是收货人的代理人;信用证下为开证申请人,即实际的收货人;如有第二收货人,也可以填写第二收货人。

2. 运输信息

运输信息包括承运人收到集装箱的地点、装运港、卸货港、目的地等。

(1)接货地点(place of receipt):承运人接收货物的内陆地点。

(2)装运港(port of loading):实际货物装运的港口。

(3)卸货港(port of discharge):实际货物被卸离船舶的最终港口。

(4)目的地(final destination):货物最终交货地的城市名称或地区名称。

3. 货物信息

货物信息包括货物唛头、品名、件数及包装种类、毛重、体积、货类以及特种货物情况的说明。

(1)货物名称(description of goods):填写货物的名称、规格、型号、成分等。

(2)箱数与件数(nos. and kind of packages):集装箱内货物的外包装种类和数量。

(3)标记与号码(marks & nos.):即唛头,是货物外包装上印有由简单的几何图形、字母、数字及简单文字组成的内容,其作用在于使货物在装卸、运输、保管过程中容易被有关人员识别,以防错发、错运。

(4)毛重(gross weight):以 kg 为计量单位。

(5)体积(measurement):以 m³ 为计量单位。

(6)特种货物情况说明:如冷藏货物所需的温度、危险货物性能和等级等。

4. 附加信息

附加信息包括运费支付,集装箱的种类、规格和箱数,集装箱的交接地点,内陆运输是由发货方或其代理人(代理公司)自行安排还是由海运承运人代为安排,订舱货物的运输要求、装船日期、最迟装运日期、能否分批和能否转船等。

(1)运费支付(freight & charges):包括运费预付(freight prepaid)和运费到付(freight collect)两种方式。

(2)集装箱的种类、规格和箱数。

(3)集装箱的交接地点:收、发货人与承运人交接集装箱货物的责任划分地点。

(4)提单签发要求:提单的签发份数、签发地点等。

(5)订舱货物的运输要求:如内陆运输是由发货人或其代理人自行安排还是由海运承运人代为安排,托运人对货物在配载及时间上有无特殊要求,货物可否转船、可否分批,装船日期及合同规定的最迟装运期限等,可在空白处注明。

国内各公司有时用"委托申请书""货物出口明细单"等代替订舱单。所有这些单证名称不尽相同,只要具备上述提及的内容,即可一概视为订舱单证。

船公司或其代理公司在接到托运申请后,根据航线、运输条件、船舶舱位、运输时间、货物运输要求和集装箱配备情况等因素决定是否接受这些货物的托运申请。发货人递交的订舱单经过船公司或其代理公司确认后即为船货双方的订舱凭证。一旦接受托运申请,承运人或其代理在订舱单上签发订舱单号码,则表明已同意接受该货物的运输。发货人可以开始着手安排货物的装箱运输等工作。

托运单是要约的一种,是托运人根据买卖合同的有关内容向承运人办理货物运输的书面凭证。目前,大部分的班轮公司都采用网上订舱的方式,托运人向承运人或其代理公司发送托运申请后,只要承运人回复了订舱单号,即表示接受订舱,海上货物运输合同即告成立。如果发货人不能按时装运应及时通知承运人退舱,以免船方出现亏舱。若船方因此而发生亏舱,应由订舱人承担亏舱费。

📖 知识链接

亏舱费

亏舱(broken stowage),是指船舶容积未被所装货物充分利用的那部分容积。亏舱原来用在杂货船运输中,指货物与货物之间的不正常空隙,或者货物要留出的必要空间,或者因衬隔材料所占用的空间等,使部分舱容未能利用而造成的损失。现今,集装箱班轮运输上的亏舱是指托运人订舱后又撤销,造成船公司不能在短期内揽到货而形成舱位的空放。

亏舱费(dead freight),就是班轮公司为了弥补亏舱所造成的损失向托运人收取的费用。

集装箱班轮公司收取亏舱费的时间并不长,最早在2017年,马士基航运公司开始针对所有北欧到红海、中东、印度、巴基斯坦、孟加拉国、斯里兰卡等地的出口货物,收取订舱取消费(另称亏舱费)为125欧元/箱(非欧元结算为135美元/箱)。据马士基航运公司解释,主要是在截关前的短时间内有大量的订舱取消,导致其他客人没有时间再来订舱,最终导致船公司大量亏舱,所以决定在某些地区收取订舱取消费。紧接着,达飞轮船表示,从2017年6月1日起,针对所有类型集装箱(不包括冷藏箱)在开船截止日期7天之内或更短时间内取消订舱,收取150美元的预订取消费用。全球排名第五的集装箱班轮公司赫伯罗特轮船公司也发出公告:从2020年4月1日开始,凡在预计船开前7天内(含7天)取消订舱的行为,将被收取每票300元的额外费用。可以看出,海运订舱合同确定后,任何一方违约,都要承担责任。

✒ 任务实施

首先,先确定航线。根据已知条件,本票货物从南京启运,但因南京没有到美国的班轮,可经驳船先运到上海,再在上海港装船,因此,装货港为上海,卸货港为美国长滩。这属于跨太平洋航线,长滩在美国西海岸,查找远东到北美西海岸的船期即可。

教学微课:
出口货运订舱程序

其次,通过查阅远东到北美西海岸船期表(见表1-4),5月到美国长滩的班期如表1-6所示。

表 1-6　船期表

WEEK	VESSEL NAME	VSL OP	IRIS VSL CODE	VOYAGE CODE	DLC03 DALIAN ETB	DLC03 DALIAN ETD	LYG01 LIANYUNGANG ETB	LYG01 LIANYUNGANG ETD	SHA04 SHANGHAI ETB	SHA04 SHANGHAI ETD	NGB05 NINGBO ETB	NGB05 NINGBO ETD	LGB01 LONG BEACH ETB	LGB01 LONG BEACH ETD	SEA09 SEATTLE ETB	SEA09 SEATTLE ETD	DLC03 DALIAN ETB	DLC03 DALIAN ETD
					MON	MON	TUE	WED	FRI	SUN	SUN	MON	SUN	THU	MON	TUE	MON	MON
					04:00	20:00	21:00	17:00	05:00	05:00	23:00	19:00	16:00	16:00	08:00	18:00	04:00	20:00
15	CSCL SUMMER	COS	HCU	006E / 006W	04/10	04/10	04/11	04/12	04/14	04/16	04/16	04/17	04/30	05/04	05/08	05/09	05/22	05/22
16	COSCO TAICANG	COS	CCK	044E / 044W	04/16	04/17	04/18	04/19	NGB05 04/20-21	SHA04 04/21-23	04/24	04/26	05/07	05/11	05/15	05/16	05/29	05/29
17	COSCO EUROPE	COS	CCE	051E / 051W	04/24	04/24	04/25	04/26	04/28	04/30	04/30	05/01	05/14	05/18	05/22	05/23	06/05	06/05
18	COSCO OCEANIA	COS	CCG	053E / 053W	05/01	05/01	05/02	05/03	05/05	05/07	05/07	05/08	05/21	05/25	05/29	05/30	06/19	06/19
19	COSCO AMERICA	COS	CCF	042E / 042W	05/08	05/08	05/09	05/10	05/12	05/14	05/14	05/15	05/28	06/01	06/05	06/06	06/26	06/26
20	COSCO ASIA	COS	CBZ	046E / 046W	OMIT	OMIT	05/16	05/17	05/19	05/21	05/21	05/22	06/04	06/08	06/12	06/13	07/03	07/03
21	CSCL SUMMER	COS	HCU	007E / 007W	05/22	05/22	05/23	05/24	05/26	05/28	05/28	05/29	06/11	06/15	06/19	06/20	07/10	07/10
22	COSCO TAICANG	COS	CCK	045E / 045W	05/29	05/29	05/30	05/31	06/02	06/04	06/04	06/05	06/18	06/22	06/26	06/27	LYG01 07/18-19	LYG01 07/18-19
23	COSCO EUROPE	COS	CCE	052E / 052W	PUS04 06/05-06	PUS04 06/05-06	06/06	06/08	06/09	06/11	06/11	06/12	06/25	06/29	07/03	07/04	LYG01 07/18-19	LYG01 07/18-19

续表

WEEK	VESSEL NAME	VSL OP	IRIS VSL CODE	VOYAGE CODE		DLC03 DALIAN		LYG01 LIANYUNGANG		SHA04 SHANGHAI		NGB05 NINGBO		LGB01 LONG BEACH		SEA09 SEATTLE		DLC03 DALIAN	
						ETB MON 04:00	ETD MON 20:00	ETB TUE 21:00	ETD WED 17:00	ETB FRI 05:00	ETD SUN 05:00	ETB SUN 23:00	ETD MON 19:00	ETB SUN 16:00	ETD THU 16:00	ETB MON 08:00	ETD TUE 18:00	ETB MON 04:00	ETD MON 20:00
24	COSCO KAOHSIUNG	COS	CCL	050E	050W	06/12	06/12	06/13	06/14	06/16	06/18	06/18	06/19	07/02	07/06	07/10	07/11	07/24	07/24
25	COSCO OCEANIA	COS	CCG	054E	054W	06/19	06/19	06/20	06/21	06/23	06/25	06/25	06/26	07/09	07/13	07/17	07/18	07/31	07/31
26	COSCO AMERICA	COS	CCF	043E	043W	06/26	06/26	06/27	06/28	06/30	07/02	07/02	07/03	07/16	07/20	07/24	07/25	08/14	08/14
27	COSCO ASIA	COS	CBZ	047E	047W	07/03	07/03	07/04	07/05	07/07	07/09	07/09	07/10	07/23	07/27	07/31	08/01	08/21	08/21

最后，根据已知条件，南京公司在 5 月 21 日能备好货物，因货物还需要办理相关出口报关事宜，最迟装运期为 5 月 31 日，南京公司只能选择 5 月 28 日的船期，即 CSCL SUMMER V. 007E。

任务训练

一、单选题

1. 各班轮公司一般在开船前（　　）月，在网站或船务周刊上公布船期表。

A. 半个 　　　　　 B. 1 个 　　　　　 C. 2 个 　　　　　 D. 3 个

2. 在船期表中，（　　）表示预计抵港时间。

A. EIR 　　　　　 B. ETD 　　　　　 C. ETA 　　　　　 D. ETC

二、多选题

1. 下列方式中表示订舱的是（　　）。

A. 口头申请 　　　 B. 传输订舱函电 　　 C. 网上订舱 　　　 D. 签订贸易合同

2. 集装箱运输的主要航线有（　　）。

A. 远东—北美航线 　　　　　　　　 B. 远东—地中海航线

C. 地中海—北美航线 　　　　　　　 D. 远东—欧洲航线

3. 下列港口中，（　　）属于远东—地中海航线。

A. 法国马赛 　　　 B. 西班牙毕尔巴鄂 　 C. 黎巴嫩贝鲁特 　 D. 意大利热那亚

4. 从上海到地东 12 月的船期表如表 1-7 所示。

表 1-7 从上海到地东 12 月船期表

VESSEL	VOYAGE	SHANGHAI	HAIFA	ASHDOD	KOPER	VENICE
ZIM JAMAICA	0032W	03 - DEC	25 - DEC	27 - DEC	31 - DEC	01 - JAN
CSCL QINGDAO	053W	10 - DEC	01 - JAN	03 - JAN	07 - JAN	08 - JAN
ZIM JAPAN	102W	17 - DEC	08 - JAN	10 - JAN	14 - JAN	15 - JAN
ZIM ASIA	051W	24 - DEC	15 - JAN	17 - JAN	21 - JAN	22 - JAN

我国某出口商托运一票货物通过海运从上海去科佩尔（KOPER），信用证上的装运期限为 12 月 18 日，而出口商最早能在 12 月 3 日备好货，可配（　　）。

A. CSCL QINGDAO V. 053W 　　　　 B. ZIM JAPAN V. 102W

C. ZIM JAMAICA V. 0032W 　　　　　 D. ZIM ASIA V. 051W

三、简答题

船期表的主要内容是什么？

任务二　承运人的选择

任务描述

2020 年 3 月，南京市轻工进出口公司与美国客户签订了 100 t 纸板的出口合同。应客户要求，该公司采用集装箱班轮运输。若你是该公司的业务人员，在选择班轮公司时会考虑哪些方面呢？

任务资讯

一、集装箱水运承运人的种类

1. 国际集装箱班轮公司

国际集装箱班轮公司是指运用自己拥有或者自己经营的船舶,提供国际港口之间班轮运输服务,并依据法律规定设立的集装箱船舶运输企业。国际集装箱班轮公司拥有自己的船期表、运价本、提单或其他运输单据。

国际集装箱班轮公司通常与托运人订立运输合同,是运输合同的承运人。根据各国的管理规定,班轮公司通常应有船舶直接挂靠该国的港口。

知识链接

班轮运输和租船运输

班轮运输(liner shipping),也称定期船运输,是指班轮公司将船舶按事先制订的船期表,在特定的航线上按照既定的顺序挂靠港口,经常地为非特定的众多货主提供规则的、反复的运输服务,并按运价或协议运价的规定计收运费的一种营运方式。班轮运输最基本的特点是"四固定",即具有固定航线、固定港口、固定船期和相对固定的运价。

班轮运输分为杂货班轮运输和集装箱班轮运输两种形式。

(1)杂货班轮运输。最早的班轮运输是杂货班轮运输,以运输件杂货为主。杂货即用包、袋、箱等包装起来以件计量的货物。杂货班轮运输最大的优点是特别适应小批量零星件杂货对海上运输的需要。不论货物的批量大小,货主都能够随时向班轮公司安排托运,并因此节省等待集中货物的时间和仓储的费用。班轮公司采取的一套适宜接受小批量货物运送的货运程序及负责货物转运等经营方式,既能为船公司争取货源、提高经济效益,又能为货主提供方便的运输服务。

(2)集装箱班轮运输。20世纪60年代后期,随着集装箱运输的发展,班轮运输中出现了以集装箱为运输单元的集装箱班轮运输方式。由于集装箱运输具有作业效率高、机械化程度高、运送快、装卸方便等优点,到20世纪90年代后期,集装箱班轮运输已逐渐取代了传统的杂货班轮运输。

租船运输,又称不定期船运输,指根据协议租船人向船舶所有人租赁船舶用于货物运输,并按商定运价向船舶所有人支付运费或租金的运输方式。这种运输方式与班轮运输正好相反,既没有固定的船期,也没有固定的航线和挂靠港,而是按照货源和货主对货物运输的要求安排船舶航行计划、组织货物运输的一种船舶营运方式。

租船运输费用较班轮运输低廉,且可选择直达航线,故大宗散货或附加值低的货物,如谷物、矿石、煤炭等,一般采用租船运输。

2. 国际集装箱船舶代理

国际集装箱船舶代理,简称船代,是指国际船舶代理机构或代理人接受国际集装箱船舶所有人(国际集装箱班轮公司)的委托,代其照管集装运输船舶和集装箱业务有关方面的服务。

国际集装箱船舶代理必须按照船箱所有人的要求,对在港的集装箱船舶和集装箱进行一切必要的照料,代为办理委托的各项相应的业务,维护国际集装箱班轮公司和国际集装箱箱主的有关权益。当国际集装箱船舶代理完成船箱所有人所委托的任务以后,国际集装箱船舶所有人(国际集装箱班轮公司)支付给其规定的费用,作为国际集装箱船舶代理的劳务报酬,这就是船箱在港的代理费用。

国际集装箱船舶代理业属于服务性质的行业。国际集装箱船舶代理既可接受国际集装箱班轮公司的委托,为其办理国际集装箱班轮或不定期集装箱船舶以及国际集装箱的营运业务,也可接受国际货物进出口商或租船人的委托,代理他们所委托的营运业务。随着国际集装箱多式联运业务的拓展,国际集装箱船舶代理也可以充当国际多式联运经营人,并使其业务向国际化、多元化方向拓宽和发展。由此可见,国际集装箱船舶代理的业务范围是十分广泛的。

🖋 知识链接

中国外轮代理有限公司

1950 年 4 月,交通部成立了国营轮船总公司负责经营和管理航运业务。1951 年 2 月 1 日,交通部决定将国营轮船总公司改为中国人民轮船总公司,同时在天津、青岛、上海、广州、武汉设立区域公司。1951 年 7 月 19 日,政务院决定撤销中国人民轮船总公司,成立海运管理总局。中国人民轮船总公司虽然撤销了,但它的电报挂号"PENAVICO"被后来的中国外轮代理公司一直沿用至今。

1953 年 1 月 1 日,经中央人民政府批准,中国外轮代理公司及大连、秦皇岛、天津、青岛、上海和广州六家分公司对外宣布成立。随之代理业务迅速扩大,成为名副其实的国际运输公共代理人。目前,中国外轮代理有限公司有遍布全国的 300 多个业务网点,在美国、欧洲、日本、韩国、新加坡等地设有代表处,具有完善的服务网络。

3. 国际货运代理人

国际货运代理人,简称货代,是指国际货运代理机构或国际货运代理人,接受货主的委托,在委托人授权范围内,代表委托人办理国际货物运输业务和提供国际货物运输业务有关方面的服务。由此可见,国际货运代理人作为中介组织或中间人(经纪人),在货主、承运人、港口、海关、海事局、银行和保险及有关方面之间为发货人和收货人提供各种服务。国际货运代理人完成委托人的委托任务后,由委托人支付其一定的报酬,作为国际货运代理人的收入,因此,国际货运代理业纯属于服务性的行业。国际货运代理人,其中主要是国际集装箱货运代理人。

国际集装箱货运代理人既可接受货主的委托,又可接受承运人的委托;既可接受国际集装箱班轮公司的委托,也可接受国际集装箱多式联运经营人的委托。国际集装箱货运代理人在委托人授权的范围内,代表托运人办理国际集装箱运输有关业务和提供国际集装箱运输业务有关方面的服务。

4. 无船承运人

无船承运人,也叫无船公共承运人(non-vessel operating common carrier,NVOCC)。与之相关的概念还有实际承运人(actual carrier)和缔约承运人(contracting carrier)。

无船承运人叫作无船承运业务经营者,指以承运人身份接受托运人(一般为货主)的运输委托,签发自己的提单或者其他运输单证,向托运人收取运费,通过国际船舶运输经营者(实际承运人)完成国际海上货物运输,承担承运人责任的人。在集装箱运输业务中,无船承运人经营集装箱货运的揽货、装箱、拆箱以及内陆运输和中转站或内陆站业务。

有一部分国际货运代理人属于无船承运人,其作为货主与实际承运人的桥梁,从货主处承揽货物、与货主订立运输合同(成为货主的契约承运人)、签发运输单证(如货代提单 HBL),并对全程运输负责,因此对货主来说货运代理人已经成为其承运人。

但是货运代理人并不实际拥有或掌握相应的运输工具,而是通过与拥有或掌握运输工具的承运人(船公司)订立运输合同,委托船公司完成实际的运输任务。这种货运代理人就称为无船承运人,掌握运输工具的船公司就称为实际承运人。实际承运人包括头程运输的承运人和续程运输的承运人。

可以简单理解为:无船承运人是与发货人订立运输合同的人(但并不拥有运输工具,自己不能完成实际运输);实际承运人是实际完成运输的人(但并不与发货人订立运输合同,只与无船承运人订立运输合同)。

并不是所有国际货代理公司都是无船承运人,要成为无船承运人,必须符合一定的条件,如依法办理提单登记、交纳保证金等,向中华人民共和国交通运输部申请,填写无船承运业务申请书,并取得无船承运业务经营资格登记证(见图 1-5)。拥有无船承运业务经营资格登记证的货运代理公司都有一定的实力,这个证书有一定的含金量。

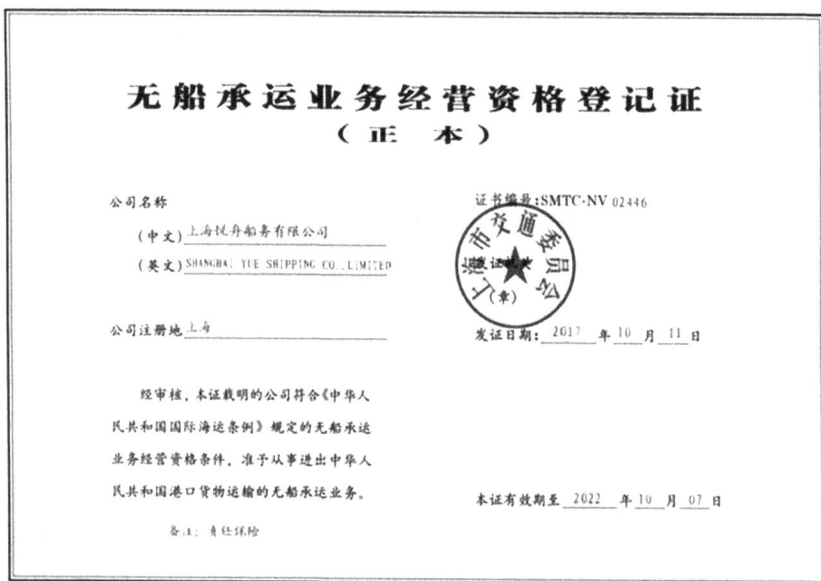

图 1-5　无船承运业务经营资格登记证

5. 国际多式联运经营人

国际多式联运经营人是指其本人或通过其代表订立多式联运合同的任何人,他是事主,而不是发货人的代理人或代表,也不是参加多式联运的承运人的代理人或代表,并负有履行合同的责任。

具有一定规模实力的国际集装箱货运代理人,符合有关管理规定的条件,提出经营国际集装箱多式联运业务的申请,经交通主管部门批准,办理经营业务的有关手续,便可充当国际集装箱多式联运经营人,承揽国际多式联运货物,为托运人签发"多式联运提单",负有国际集装箱联运全程的责任,经营国际集装箱多式联运业务。

按本身是否具备一种或一种以上的运输工具,多式联运经营人可分为两大类:一类是承运人型,另一类是无船承运人型。承运人型的多式联运经营人,是指本人拥有一种或一种以上的运输工具,并实际参加联运全程中一个或一个以上区段运输的经营人。这类经营人一般由某一方式的承运人发展而来,如由海运、陆运或航空运输企业发展而成。像中国远洋海运集团有限公司、中国外运股份有限公司等,都属于这一类的联运经营人。他们均拥有海上运输的船队及公路汽车运输公司,在联运全程中海上运输区段和部分国内段的陆上运输一般由自身完成,而国外段和部分国内段的陆上运输,由国外和国内的其他承运人实际完成。该类经营人一般都具有较强的经济实力,在国外的分支机构、办事处及代理网络较为完整。

无船承运人型的多式联运经营人,是指本人不拥有任何一种运输工具,在联运全程中各区段的运输都要通过与其他实际承运人订立分运合同来完成的经营人。这一类经营人一般由货运代理人、无船承运人和其他与运输有关的业者(仓储、装卸等)发展而成。他们尽管不拥有自己的运输工具,经济实力与前一类经营人比要差一些,但由于发展成多式联运经营人前后业务内容有很大的相似性,而且在长期工作中与各有关方已建立了良好的业务关系,因此无船承运人型的经营人与承运人型的经营人相比,在运输组织等方面具有更大的优势。

到目前为止,世界上大部分较有实力的具有一种或一种以上运输工具的承运人也包括班轮公司、铁路公司、汽车运输公司等,均已开展多式联运业务,发展成为多式联运经营人,而更有大量的货运代理公司、报关行及无船承运公司也开始或已经承办多式联运业务,使国际多式联运经营人队伍得以迅速发展。与货运代理人、无船承运人一样,多式联运经营人在运输业中也发挥着承托双方(即实际承运人与货方)之间的桥梁作用,一方面从货主手中接收货物和服务业务,另一方面把货物与服务业务采用"批发"形式交由实际承运人与代理人实际完成。从这种意义上讲,多式联运经营人将发展成为国际运输业中组织者和起支配作用的人。

二、世界主要集装箱班轮公司

据 Alphaliner 运力数据显示,截至 2020 年 4 月 1 日,全球班轮公司运力前十名保持不变。目前全球在运营集装箱船总数为 6140 艘,总运力增加到 23674596 TEU,折合 2.86232688 亿载重吨。

全球前三十大集装箱船公司运力排名如图 1-6 所示,全球班轮公司运力排名前三依然是马士基航运(4167255 TEU)、地中海航运(3813010 TEU)以及中远海运集团(2924927 TEU),这三大班轮公司总运力占市场份额的 46.1%。位列排行榜第四至第十的分别是:达飞集团(第四)、赫伯罗特(第五)、ONE(第六)、长荣海运(第七)、阳明海运(第八)、现代商船(第九)、太平船务(第十)。全球排名前十的班轮公司运力达到 19508731 TEU,占全球 100 大集装箱班轮公司的 82.5%。

排名位列第十一至二十位的分别是:万海航运、以星航运、高丽海运、中谷物流、伊朗国航、安通控股、海丰国际、新加坡 X-Press、Unifeeder、德翔航运。

SM 商船跌出前二十,排名第二十二位。根据统计,排名前二十的集装箱班轮公司运力占全球的 89.1%。

Rank	Operator	Teu	Share	Existing fleet / Orderbook
1	APM-Maersk	4,167,255	17.6%	
2	Mediterranean Shg Co	3,813,010	16.1%	
3	COSCO Group	2,924,927	12.4%	
4	CMA CGM Group	2,646,212	11.2%	
5	Hapag-Lloyd	1,771,453	7.5%	
6	ONE (Ocean Network Express)	1,568,179	6.6%	
7	Evergreen Line	1,231,510	5.2%	
8	Yang Ming Marine Transport Corp.	599,538	2.5%	
9	Hyundai M.M.	414,600	1.8%	
10	PIL (Pacific Int. Line)	371,748	1.6%	
11	Wan Hai Lines	276,190	1.2%	
12	Zim	270,876	1.1%	
13	KMTC	162,498	0.7%	
14	Zhonggu Logistics Corp.	160,368	0.7%	
15	IRISL Group	152,419	0.6%	
16	Antong Holdings (QASC)	145,772	0.6%	
17	SITC	120,111	0.5%	
18	X-Press Feeders Group	105,427	0.4%	
19	UniFeeder	92,355	0.4%	
20	Sinokor	90,919	0.4%	
21	TS Lines	77,301	0.3%	
22	SM Line Corp.	69,627	0.3%	
23	Arkas Line / EMES	64,106	0.3%	
24	Sinotrans	61,130	0.3%	
25	Salam Pacific Indonesia Lines	52,121	0.2%	
26	Global Feeder Shipping LLC	50,338	0.2%	
27	RCL (Regional Container L.)	50,219	0.2%	
28	Matson	44,989	0.2%	
29	Swire Shipping	43,741	0.2%	
30	Emirates Shipping Line	42,672	0.2%	

图 1-6　世界前三十集装箱班轮公司运力排名(截至 2020 年 4 月 1 日)

(资料来源:Alphaliner)

1. 马士基航运公司(MAERSK)

马士基集团创建于 1904 年,总部设在丹麦哥本哈根。马士基航运公司是集团旗下一个最大的子公司。

1999 年收购了南非航运(Safmarine Container Lines),并继续以 Safmarine 品牌运营。同年晚些时候,斥资 8 亿美元收购了当时全球排名第二的美国海陆公司。为此,马士基航运公司(Maersk Line)在 2000—2006 年将其品牌更名为马士基海陆(Maersk Sealand),奠定了马士基航运全球排名第一的地位。

2005 年 5 月,马士基海陆又以 23 亿欧元的价格收购了当时全球排名第三的班轮公司铁行渣华(P&O Nedlloyd)。在整合过程中,马士基海陆(Maersk Sealand)品牌改回了马士基航运公司(Maersk Line)。马士基成就了当时全球航运业最大的收购案,在航运业内外引起了很大的震撼。马士基自此成为航运业内无可比拟的航运"巨无霸"。

2017 年 12 月,马士基航运公司以 37 亿欧元现金收购了德国的汉堡南美船务集团(Hamburg Süd),当时世界第七大集装箱运输公司。根据 Alphaliner 2017 年 11 月 27 日的数据,马士基航运和汉堡南美集装箱总运力将达到 4150000 TEU,船舶运力占全球运力的 19.3%,稳居全球第一。

2. 地中海航运公司(MSC)

地中海航运公司于 1970 年成立,总部设于瑞士日内瓦。自 1978 年以来,地中海航运公司是一家由 Aponte 家族主导的私营企业,而作为集装箱运输领域的全球领导者,地中海航运公司已从最初的仅单艘船舶运输业务逐渐发展成为一家全球知名企业。20 世纪 70 年代,地中海航运公司专注发展非洲及地中海之间的航运服务。至 1985 年,其业务拓展到欧洲,其后更开办泛大西洋航线。地中海航运公司在 20 世纪 90 年代踏足远东地区,并且迅速在远东地区航线领域占有重要的地位。1999 年,地中海航运公司的泛太平洋航线正式起航。如今,它的航线业务遍布世界各地。

从投资的规模即可看到地中海航运公司对航运业的热诚及其发展的速度。由开业初期只有几艘普通货船,直至今日,地中海航运公司已经拥有超过 520 艘集装箱船舶。无论依据船只数目还是依据载运能力,地中海航运公司都稳居全球第二。

3. 中国远洋海运集团(COSCO SHIPPING)

中国远洋海运集团主要通过中远海运集装箱运输有限公司(简称中远海运集运)专业经营集装箱运输业务。中远海运集运由原中远集团旗下"中远集运"整合原中海集团旗下"中海集运"的集装箱业务及其服务网络组建而成,于 2016 年 3 月 1 日正式运营。

2017 年 7 月,中远海控携手上港集团宣布以 63 亿美元收购东方海外国际。整合之前,中远海运集运运力排名全球第四,东方海外位列全球第七;整合之后,两家企业的总运力超越达飞轮船,成功位列前三名。

4. 达飞集团(CMA CGM)

总部设在法国马赛,始建于 1978 年,经营初期主要承接黑海地区业务,进入 20 世纪 90 年代后期,达飞集团不仅开通了地中海至北欧、红海、东南亚、东亚的直达航线,还分别于 1996 年、1999 年成功收购了法国最大的国营船公司——法国国家航运公司(CGM)和澳大利亚国家航运公司(ANL),正式更名为 CMA CGM。2005 年,达飞集团又成功并购了达贸轮船,成为法国第一、世界排名第三的集装箱全球承运人。

1992 年 10 月,法国达飞集团正式登陆中国市场,成立了达飞轮船(中国)船务有限公司。公司作为中国境内主要国际班轮运输经营商,服务网络覆盖中国沿海及内陆各个地区。2007年,达飞轮船收购正利航业(CNC)。正利航业的远东区域支线补填了达飞集团在该区域的空白,也为其节省了在远东地区铺设航线网络、建立分支机构、获得当地客户所需要的时间和金钱投入。

2016 年,达飞集团以总计约 24 亿美元收购全球性航运公司美国总统轮船(APL);2017 年6 月收购巴西航运公司 Mercosul Line 和大洋洲航运公司 Sofrana Unilines;2018 年收购芬兰航运公司 Containerships,增强其在北欧地区的网络承运能力。

5. 赫伯罗特轮船公司(Hapag-Lloyd)

赫伯罗特轮船公司成立于 1970 年 9 月,是 HAPAG 和 NDL 的合并公司。两家船务公司历史悠久,HAPAG 由位于德国汉堡市的商人在 1847 年出资成立,NDL 于 1857 在不来梅成立。起初,航线主要运载向往美国新生活的欧洲移民。长久以来,HAPAG 与 NDL 关系特殊,过去两家一直是竞争对手,然而从 19 世纪至今,他们一起建立了合资公司。

赫伯罗特 2017 年 11 月 30 日宣布正式完成与阿拉伯联合国家轮船(UASC)的整合。完成整合后的赫伯罗特在当时拥有 215 艘现代化集装箱船,在全球范围内提供 125 条航线服务。

目前,赫伯罗特拥有 234 艘现代化船舶,每年运输 12000000 TEU,提供总承载量为1700000 TEU 的船队,以及超过 2700000 TEU 的集装箱库存,是世界上最大和最现代化的冷藏集装箱船队之一。赫伯罗特是在跨大西洋、中东、拉丁美洲和美洲近洋航线上领先的航运公司。赫罗伯特是全球第五大班轮公司。

6. 日本 ONE 航运公司(Ocean Network Express)

2016 年 10 月 31 日,日本三家航运企业日本邮船、商船三井和川崎汽船达成协议,将原三家企业的集装箱班轮运输业务(包括海外码头业务)合并,以此成立一家新的联合企业。联合企业控股情况为:川崎汽船占比 31%,商船三井占比 31%,日本邮船占比 38%。2018 年 4 月 1 日,Ocean Network Express(简称 ONE 公司)正式运营。ONE 公司拥有 250 艘集装箱船,运力排名位列全球第六,涉及全球所有的主要贸易航线,服务网络覆盖了全球 100 多个国家。

7. 长荣海运(EMC)

长荣海运股份有限公司于 1968 年 9 月 1 日由张永发博士创立,总部位于中国台北。长荣海运从最初只经营一艘有 20 年船龄的二手杂货船开始,虽创业维艰,但始终坚持经营班轮运输服务。长荣海运 50 多年来也曾取得了令人惊讶的优异成绩,一度位列世界第二集装箱运输公司。

长荣海运服务网络遍布全球 80 多个国家和地区,服务据点多达 240 余处,所经营的远、近洋全货柜定期航线涵盖全球五大区块。除了主要航线外,亦开辟了区域性接驳船的服务网,如加勒比海及印度次大陆等地区,缩短运送时间,协助货主掌握商机。目前,长荣海运旗下船队运营 206 艘集装箱船,包括 114 艘自有船舶和 92 艘租入船舶,在全球班轮公司中运力排名第七位。

8. 阳明海运(YML)

阳明海运成立于 1972 年 12 月 28 日,总公司设立于中国基隆。阳明海运主营国际定期货柜运输,航线分布于欧洲、中东、印巴、美国等线,其中中东和印巴优势明显,特别是超重货。

截至 2020 年 3 月底,阳明海运拥有 90 艘营运船舶,承运能量高达 599538 TEU,在全球班轮公司中运力排名第八位。

9. 现代商船(HMM)

韩国现代商船公司(Hyundai Merchant Marine,HMM)成立于 1976 年,利用仅有的 3 艘油轮开始运行,之后积极开拓散货船、矿砂船、集装箱船、液化天然气轮以及特殊货物船等领域,不断提高竞争力,如今已成长为世界上最大的多式联运海运公司。韩国现代商船公司作为提供最佳输送服务的综合海运物流企业,拥有遍布全球的航运网络、多样的物流设施、领先于海运业界的 IT 系统以及专门海运人员。目前,现代商船船队运营 62 艘集装箱船,包括 15 艘自有船舶和 47 艘租入船舶,总运力为 414600 TEU,在全球班轮公司中运力排名第九位。

10. 太平船务(PIL)

太平船务有限公司由张允中先生于 1967 年在新加坡成立。公司成立初期,以经营区域性的散杂货运输为主,从 1983 年起,首次推出了集装箱运输服务。现发展成为东南亚最大的集装箱船东之一,核心业务覆盖亚洲、非洲和中东地区。目前,太平船队运营 111 艘集装箱船,包括 64 艘自有船舶和 47 艘租入船舶,在全球班轮公司中运力排名第十位。

三、选择集装箱水运承运人应考虑的因素

在向承运人订舱的过程中,除了要依据货物运输的贸易条件按照承运人的经营项目进行选择,还要综合考虑以下各方面的因素。

1. 装运日期

货物买卖双方在签订贸易合同时,通常都会约定装运时间。选择承运人时,发货方应依约根据各船公司发布的船期表,选择适宜的开船日期。

2. 运输速度

托运人为了满足货物在规定日期前运到的需求,还应考虑运输速度问题。例如,从上海到美国纽约的集装箱运输,因运输航线、船舶不同,全程在途时间也不同,少则 22 天,多则 34 天。

3. 运输费用

当装运日期和抵达日期不是托运人考虑的主要因素时,运输费用的高低就会成为托运人选择承运人时最重要的因素。

4. 服务质量

这是选择承运人时所需要考虑的又一重要因素。在选择一家船公司之前,考察一下它的服务质量是必要的做法,从船舶的准班率到公司员工的服务态度、信息反馈速度等都需考虑周全。良好的服务可以减少运输事故的发生。

5. 公司信誉与实力

一个公司的信誉决定它遇到意外情况时解决问题的速度和方法,公司的经营状况决定它所能承担的责任。承运人实力调查可以降低运输风险。

四、集装箱班轮公司的合作经营方式

随着全球市场的逐步形成,企业的竞争范围从一个国家或地区扩大到全球市场,一个企业想取得竞争优势,意味着必须在全球范围取得优势。但由于公司自身条件所限,仅凭一家船公司的实力很难在所有区域的航线上取得竞争优势。因此在激烈的市场竞争下,合作战略正迅速成为与竞争战略同样重要而关键的战略管理工具,并越来越受到班轮行业重视。

战略联盟的目的和出发点是在公司间建立起基于全球范围的合作协议,通过舱位互租、共同派船、码头经营、集装箱互换、内陆运输、船舶共有、信息系统共同开发、设备共享等各种方式致力于集装箱运输合理运作的技术、经营或商业性协定。20 世纪 90 年代以来,世界航运业以舱位共享、联盟、合并等形式进行了广泛的、规模空前的合作,这正是班轮公司采取的与世界经济环境相适应的举措。越来越多的大公司寻求联盟或兼并,以增强抗风险能力,改善竞争地位。

班轮航运业主要采用的合作方式有以下几种。

1. 舱位租用

舱位租用是合作的一方作为承租人向合作的另一方,即航线的经营人,租用部分舱位的合作形式。这种情况下,舱位承租人并不参与合作航线的任何经营决策活动。

舱位租用通常有两种情形:一种是双方针对一方的某条航线订立舱位租用协议;另一种是合作双方相互租用对方不同航线的部分舱位。在舱位租用合作中,承租方使用自己的空箱和设备独立承揽货物,无论舱位实际使用与否,承租方均按协议定期向对方支付固定舱位租金。

2. 舱位互换

舱位互换中的合作各方维持原有独立经营的航线,但各自拿出部分舱位来换取对方类似航线的等量舱位。此类合作的优点是合作各方可以在保持各自船舶投入不变的情形下,拓宽自己的服务覆盖范围。

3. 舱位共享

舱位共享是一种较高形式的合作,也称为共同派船,是各班轮公司就同一航线的营运达成协议,共同委派船舶,规定各方投入船舶的具体数量,并按照所投船舶比例确定各方在每艘船的舱位分配数量。共同派船的最明显特征是合作各方经营同一航线,按共同的船期表、挂靠港来营运。由于各方所投的运力不尽相同,各方船舶在各港使用的码头可能不同,因此各方负责自投船舶的营运,各自使用自己的代理,保持独立的市场营销和运价政策。

4. 航运联盟(联营)

航运联盟是指班轮公司之间在运输服务领域航线和挂靠港口互补、船期协调、舱位互租,以及在运输辅助服务领域信息互享、共建共用码头和堆场、共用内陆物流体系而结成的各种联盟。这是在上述舱位租用、舱位互换、舱位共享等基础上发展起来的一种合作方式,这种合作不仅仅停留在调剂资源余缺的层面上,而是以长期战略合作为目标,以涉及多条航线(特别是三大主干航线)、采用多种合作方式、合作范围广泛(从船舶经营的合作到设备管理和码头共享)、合作层次上更深入为标志。例如,在共同派船方面,除在前述的资源合作层面上进行外,还有一种更为紧密的合作方式,就是联合经营,即各方在确定各自投入比例和舱位分配后,联合成立经营协调机构来负责联营航线的日常经营。

从结盟组织之间的互动关系和潜在冲突程度来看,班轮运输业之间的联盟属于竞争联盟的范围。这种联盟处于较高的互动水平上,其伙伴企业在市场上可能成为直接的竞争者,这样必然隐含着较高水平的冲突。这一类型的联盟在合作中有两大目标:一是增加合作企业的附加值;二是在向伙伴的学习中提升竞争力,学习将导致产品与过程创新。这种联盟的关键是保护其核心能力不被效仿。

自1995年开始,航运市场全球联营体逐渐兴起,随后,联营体发展进入高峰期。2008年国际金融危机爆发后,越来越多的航运公司选择联营方式或加入航运联盟,希望借此来降低经营风险,避免过度竞争。目前所形成的三大航运联盟有海洋联盟(Ocean Alliance)、THE联盟、2M联盟。

(1)海洋联盟。海洋联盟是全球最大的航运公司间运营协议,于2017年启动,由三大航运巨头中远海运集运、达飞集团和长荣海运组成。联盟旨在提供优质的服务和广泛的覆盖面。

联盟所涉及的合作范围包括:亚洲往返西北欧,亚洲往返地中海,远东往返红海以及远东往返波斯湾区域,亚洲往返美国西岸/东岸,以及大西洋航线。

2020年,海洋联盟在2019年的基础上继续完善与优化航线布局,预计共投入约320艘船舶,合计约3760000 TEU运力。

(2)THE联盟。THE联盟由赫伯罗特、ONE公司、阳明海运和现代商船组成,于2017年开始运营。现代商船是2019年7月正式加入THE联盟。THE联盟于2020年全面升级服务网络,扩大既有服务网络规模,提升联盟运力、优化靠港顺序、增加航班频率并减少转运时间。全面升级后,THE联盟的航线服务网络,将投入280艘船舶,涉及33条航线、78个港口。

(3)2M联盟。2014年7月,全球排名第一和第二的集装箱班轮公司——马士基航运和地中海航运共同对外宣布,将在亚欧、跨大西洋、跨太平洋航线上达成为期10年的船舶共享协议,形成2M(MAERSK+MSC)联盟。

5. 并购

20世纪90年代以来,航运企业为了扩大自己的规模,相互之间频繁发生并购事件,而且并购规模也正变得越来越大。并购是一种更高层次的合作方式。全球班轮业合并收购事件见表1-8。

表 1-8 全球班轮业合并收购事件(不完全统计)

年份	收购方	收购对象
1996	英国铁行航运	荷兰皇家渣华航运
	达飞集团	法国国家航运公司(CGM)
1997	韩进海运	德国胜利航运
	加拿大太平洋轮船	莱克斯航运、Contship
	东方海皇	美国总统轮船
1998	铁行渣华	蓝星航运
	长荣海运	意大利邮船
	达飞集团	澳大利亚国家航运公司
1999	马士基航运	南非航运、美国海陆公司
	铁行渣华	荷兰塔斯曼东方航运公司
	达贸轮船	OT 非洲航运
	汉堡南美	Transroll、南太平洋航运
2000	加拿大太平洋轮船	加拿大非洲航运
	智利航运	诺亚航运
2002	马士基航运	Torm 航运部
	万海航运	跨太平洋航运
2003	马士基航运	SCF 东方航运
2005	马士基航运	铁行渣华航运
	赫伯罗特	加拿大太平洋轮船
	达飞集团	达贸轮船、安达西非航运、森特马
2007	达飞集团	正利航业
2014	赫伯罗特	南美轮船
	汉堡南美	智利航运
2016	中远集运	中海集运
	达飞集团	东方海皇
	ONE 航运	日本邮船、商船三井、川崎汽船
2017	中远海运集运	东方海外
	马士基航运	汉堡南美
	赫伯罗特	阿拉伯联合国家轮船(UASC)
	达飞集团	巴西航运公司 Mercosul Line、大洋洲航运公司 Sofrana Unilines
2018	达飞集团	芬兰航运公司 Containerships

资料来源:《航运交易公报》根据公开资料整理。

1999 年,马士基并购美国海陆公司后,已成就其行业领头羊的地位。2005 年,又以 23 亿欧元收购当时排名全球第三的铁行渣华。并购完成后,马士基的运力达到全球总运力 20％以上,是当时运力排名全球第二的地中海航运的 2 倍多,是排名第三的长荣海运的 3 倍多。

2017 年,运力排名全球第四的中远海运集运并购了位列全球第七的东方海外,整合之后,两家企业的总运力超越达飞集团,成功位列前三名。

随着世界经济一体化,各国经济的开放程度越来越高,整个航运市场也正在逐步形成一个全球化的平稳发展格局。企业的经营活动范围已不仅仅局限于一个国家或一小块区域内,而是开始扩展渗透到全球范围内。但班轮公司由于受其自身条件所限,难于在全球所有航线上都取得竞争优势,而通过船公司之间的并购,一方面可以不断壮大实力、提高竞争力,为其打入全球航线、扩大竞争优势创造有利条件;另一方面,船公司之间的并购活动对实现资源共享、大幅度提高营运效率、降低营运成本、进一步抢占市场份额具有重要意义。

🖋 知识链接

班轮公司为何热衷组建航运联盟?

从 2018 年年初到 2019 年 4 月,国际航运业出现了区别于传统航运联盟的 3 个行业新联盟,它们分别是马士基联手 IBM 推出的基于区块链技术的数字行业平台 TradeLens,中远海运集运联手 9 大船公司、码头及技术公司成立的全球航运商业网络(Global Shipping Business Network,GSBN)以及由全球四大集装箱班轮公司——马士基航运与地中海航运、赫伯罗特和 ONE 公司发起成立的数字集装箱航运协会(Digital Container Shipping Association,DCSA)。

业内专家认为,以前班轮公司进行收购、造大船、成立航运联盟,除了生存需要,其实也是为了掌握行业话语权。那对于航运数字化技术的标准和区块链这两个代表未来全球航运业话语权的核心,航运巨头必将争夺得更加激烈,组成新航运联盟有助于它们早日达成目标。

从 2017 年 4 月 1 日起,全球集装箱班轮运输市场上的 2M 联盟、海洋联盟和 THE 联盟三大新联盟正式开启运作。自此,集装箱运输市场基本被几大航运联盟掌控。

上海海事大学教授徐剑华称,在今天,三大航运联盟在亚欧航线、跨太平洋航线、跨大西洋航线三条全球集装箱主干航线上合计运力占到市场份额近九成,亚欧航线上三大联盟运力占比更是达到 100％。

徐剑华认为,当初形成航运联盟的原因之一,是因为在船舶大型化以后,每条船的舱位利用率要达到 90％以上才能实现规模效益。虽然 2017 年开始全球承运商减到 10 家,但任何一家班轮公司想单独填满一条 20000 TEU 船舶的所有舱位仍旧很困难。建立联盟后,班轮公司之间可以共享舱位,实现其规模效益。但联盟成立后,也无疑增强了班轮公司的竞争力和话语权。因为联盟可以通过增加航线频率、扩大服务范围、调整运力降低运价波动等方式获得更大的收益。形成联盟以后,在与上游供应商以及下游企业如港口等谈判过程中无疑更有话语权。

有数据显示,2018 年,前四大航运公司占全球集装箱航运市场的 60％。其中最大航运公司马士基(19％)的市场份额大于 2012 年之前全球任何班轮联盟的市场份额。如今的联盟已经变得过于庞大和强大,它们已成为独立航运公司进入东西方贸易航线的障碍,也使得港口失去了优势地位,港口不得不通过加大基础设施建设以及各优惠政策争取航运联盟船舶靠港,港口之间的竞争变得更加激烈。

正因为航运联盟让班轮公司利益实现最大化、尝到了甜头,在新的核心技术竞争中,班轮公司还是采取了联盟的形式,只是这次排列组合不同于以往。新成立的三大行业联盟中包含的班轮公司与目前传统三大航运联盟有了交叉覆盖。GSBN包括中远海运集运、达飞集团、上港集团、和记港口集团等在内的多家国际知名港航企业;DCSA由四大班轮公司发起成立,如今达飞集团、长荣海运、现代商船、阳明海运和以星航运都已加入该联盟;TradeLens则是马士基与IBM合作。至此,DCSA拥有全球接近70%的运力,马士基、达飞集团都同时加入了两大联盟。

上海国际航运研究中心国际航运研究所所长助理郑静文表示,几大联盟主要是航运创新技术方面的联盟,和传统的班轮联盟不一样。目前大家对于数字化、区块链这些新技术如何运用在航运领域还不熟悉,大家一起摸着石头过河。

GSBN联盟宗旨是聚焦于国际航运业,推动航运业数字化标准的制定,提升行业协作水平,推动行业内传统流程的变革和创新。DCSA成立的宗旨是制定集装箱行业通用信息技术标准,规范数字化发展,为集装箱航运业的数字化、信息技术标准化和互通性铺平道路。这两大组织不约而同地将目光投向传统航运业务之外,举各方之力,专注于供应链环节和航运新技术、新标准。

新联盟有助班轮公司抢占未来行业最强话语权。2019年,全球班轮公司都在忙于"成立联盟,加入联盟"。这是一场数字化和区块链的联盟及标准的较量,为争得话语权和控制权以及在行业的一席之地。有业内人士表示,谁能制定航运数字化技术的标准和建立区块链,就抢占了国际航运业未来规则和标准的制高点,班轮公司成立新联盟,就是在争取未来行业内的最强话语权。

有专家认为,在航运业,区块链技术的潜力不容否认,它可以通过自动化航运公司、港口和海关之间的数据连接,节省数十亿美元。

随着TradeLens近期的不断壮大,将可以提供全球海运集装箱货物接近一半的数据。迄今为止,TradeLens平台上已有100多个参与方,已经记录了超过1000万次航运事件,并每周处理成千上万的单证文件,为发货人、航运公司、货代、海关官员、港口机构、内陆运输供应商等成员提供能建立信任的交易共享视图。对数据所有权和对数据访问权限的承诺有助于确保隐私和信息机密性,同时使参与者能够更有效地协作,以实时访问运输数据。

相比TradeLens,同样致力于打造开放的数字化平台的GSBN无疑将迎来很大的考验,自宣布成立以来,它至今并未有任何新的消息。业内人士表示,该联盟或许会厚积薄发。

而对于2019年4月才成立的DCSA与其他两个联盟有所不同,该联盟为非营利性组织,它们不打算开发或者运营数字化平台,商业化事宜不在其讨论范围。资料显示,DCSA的首批项目之一就是建立行业标准,以克服技术接口和数据缺乏共同基础的困难。除此之外,该联盟还将着重打造标准化流程的行业蓝图。

有业内人士认为,未来国际航运业的霸主,一定是在这次竞争胜出,并在国际航运数字化标准以及航运区块链方面具有绝对话语权的船公司。但不论将来谁胜出,目前航运业的数字化进程一直十分缓慢,有组织能创建一套通用的标准,可以为全行业的数字化发展铺平道路,帮助托运人跟踪货运,并为所有利益相关者提供更好的可视性,都是一件好事,有利于行业发展。

资料来源:陆民敏.班轮公司为何热衷组建航运联盟[EB/OL].(2019-06-24)[2020-05-20].http://www.zgsyb.com/news.html? aid=497314.

任务实施

选择集装箱水运承运人应考虑的因素有：①装运日期；②运输速度；③运输费用；④服务质量；⑤公司信誉与实力。

任务训练

一、单选题

MSC 是（　　）公司的缩写。

A. 以星航运　　　　B. 马士基航运　　　　C. 地中海航运　　　　D. 美国总统航运

二、多选题

1. 集装箱班轮公司的合作经营方式有（　　）。

A. 舱位租用　　　　B. 舱位共享　　　　C. 舱位互换　　　　D. 航运联盟

2. 选择集装箱水运承运人应考虑的因素有（　　）。

A. 装运日期　　　　B. 服务质量　　　　C. 运输速度　　　　D. 班轮公会

三、简答题

1. 简述国际货运代理人和无船承运人的区别与联系。

2. 国际集装箱班轮公司的经营方式可分为几种？各有何特点？

项目二　集装箱货物装载

学习目标

技能目标

1. 能识别不同种类的集装箱;
2. 能识别集装箱的各种标记及结构;
3. 能描述各类货物的装箱要求;
4. 能规划集装箱货物装载活动;
5. 能正确计算集装箱的需用量;
6. 能对集装箱货物装载方法做正确选择;
7. 能对集装箱船公司的空箱调运做正确管理;
8. 能对集装箱租赁业务做正确管理。

知识目标

1. 掌握集装箱结构和各部分名称;
2. 掌握集装箱的标记;
3. 掌握集装箱货物的种类;
4. 掌握集装箱货物装载的一般要求;
5. 掌握各类集装箱货物的装载要求;
6. 掌握集装箱需用量的计算方法;
7. 理解集装箱空箱调运的原因及途径;
8. 理解集装箱租赁业务。

素养目标

1. 养成集装箱货物装载的意识;
2. 形成货物标准化、分类化装卸管理的意识。

项目导学

关键词:国际标准集装箱;集装箱的类型;集装箱的标记;集装箱货物装载;空箱调运;集装箱租赁。

【引例】

国际标准集装箱

集装箱运输的初期,集装箱的结构和规格各不相同,影响了集装箱在国际上的流通,亟须制定集装箱的国际通用标准,以利于集装箱运输的发展。集装箱标准化,不仅能提高集装箱作为共同运输单元在海、陆、空运输中的通用性和互换性,而且能够提高集装箱运输的安全性和经济性,促进国际集装箱多式联运的发展。同时,集装箱的标准化还给集装箱的载运工具和装卸机械提供了选型、设计和制造的依据,从而使集装箱运输成为相互衔接配套、专业化和高效率的运输系统。

思考:

1. 现使用的集装箱的规格尺寸有哪几种?
2. 两个 20 ft 集装箱和一个 40 ft 集装箱的长度一样长吗?

任务一　集装箱的认知

任务描述

A 洗衣机厂 1000 台洗衣机需由青岛港海运出口到韩国釜山港,洗衣机外形尺寸为长 590 mm×宽 600 mm×高 850 mm,重量为 78 kg。请问此类货物是适箱货吗?如是,应选择哪种类型的集装箱?

任务资讯

教学动画:如何正确选择集装箱　　教学游戏:集装箱的选择　　教学微课:集装箱的标记

教学微课:集装箱箱号的表示方法　　教学动画:常用的集装箱规格　　教学微课:集装箱的种类

一、国际标准集装箱

集装箱是一种大型、标准化的货物运输设备,便于机械装卸,具有足够的强度,可长期反复使用。国际上不同的国家、地区和组织,对集装箱定义的表述有所不同,目前,包括中国在内的许多国家基本上都采用国际标准化组织(ISO)对集装箱的定义。

(一)集装箱的定义

国际标准化组织对集装箱的定义为:"集装箱是一种运输设备,应满足以下要求:具有足够的强度,可长期反复使用;适于一种或多种运输方式的运送,途中转运时箱内货物不需换装;具有快速装卸和搬运的装置,特别便于从一种运输方式转移到另一种运输方式;便于货物装满和卸空;具有 1 m³ 及 1 m³ 以上的容积。"集装箱这一术语,不包括车辆和一般包装。

除了国际标准化组织的定义之外,还有《1972 年集装箱关务公约》《国际集装箱安全公约》

对集装箱下了定义,内容基本上大同小异。

知识链接

《1972年集装箱关务公约》关于集装箱的定义

《1972年集装箱关务公约》(*Customs Covention on Containers*,1972),对集装箱做了如下定义。集装箱一词指符合下列条件的一种运输装备(货箱、可移动货罐或其他类似结构物):①全部或部分封闭而构成装载货物的空间;②具有耐久性,因而其坚固程度能适合于重复使用;③经专门设计,便于以一种或多种运输方式运输货物,无须中途换装;④其设计便于操作,特别是在改变运输方式时便于操作;⑤其设计便于装满和卸空;⑥内部容积在 $1\ m^3$ 或 $1\ m^3$ 以上。集装箱一词包括有关型号集装箱所适用的附件和设备,如果集装箱带有这种附件和设备。集装箱一词不包括车辆、车辆附件和备件或包装。

《国际集装箱安全公约》关于集装箱的定义

《国际集装箱安全公约》第2条,对集装箱下了如下定义。集装箱是指一种运输装备:①具有耐久性,因而其坚固程度足能适合重复使用。②经专门设计,便于以一种或多种运输方式运输货物而无须中途换装。③为了坚固和(或)便于装卸,设有角件。④四个外底角所围闭的面积应为下列两者之一:至少为 $14\ m^2$ ($150\ ft^2$);如顶部装有角件,则至少为 $7\ m^2$ ($75\ ft^2$)。

集装箱一词不包括车辆及包装,但集装箱在底盘车上运送时,则底盘车包括在内。

(二)国际标准集装箱的规格尺寸

国际标准集装箱是指根据国际标准化组织 104 技术委员会制定的国际标准来制造和使用的国际通用集装箱。目前,按照最新的国际标准 ISO 668—2013,国际标准集装箱规格尺寸主要是第Ⅰ系列的 5 种箱型共 15 种规格,其规格尺寸如表 2-1 所示。

国际标准集装箱的尺寸可分为外部尺寸和最大内部尺寸。

集装箱外部尺寸是指包括集装箱永久性附件在内的集装箱外部最大的长、宽、高尺寸。它是确定集装箱能否在船舶、底盘车、卡车、火车之间进行换装的主要参数,是各运输部门必须掌握的一项重要技术资料。实际应用中常用公称尺寸来表示。

表 2-1 第Ⅰ系列国际标准集装箱规格尺寸

集装箱型号	长度 L				宽度 W				高度 H				额定质量 R^a(总质量)	
	mm	公差	ft and in	公差 in	mm	公差 ft	公差 in		mm	公差	ft and in	公差 in	kg	lb
1EEE	13716	0 / -10	45'	0 / $-\frac{3}{8}$	2438	0 / -5	8	0 / $-\frac{3}{16}$	2896[b]	0 / -5	9'6"[b]	0 / $-\frac{3}{16}$	30480[a]	67200[a]
1EE									2591[b]	0 / -5	8'6"[b]	0 / $-\frac{3}{16}$		

续表

集装箱型号	长度 L				宽度 W				高度 H				额定质量 R^a（总质量）	
	mm	公差	ft and in	公差 in	mm	公差	ft	公差 in	mm	公差	ft and in	公差 in	kg	lb
1AAA									2896^b	0 −5	$9'6''^b$	0 $-\frac{3}{16}$		
1AA	12192	0 −10	40′	0 $-\frac{3}{8}$	2438	0 −5	8	0 $-\frac{3}{16}$	2591^b	0 −5	$8'6''^b$	0 $-\frac{3}{16}$	30480^a	67200^a
1A									2438	0 −5	8′	0 $-\frac{3}{16}$		
1AX									＜2438		＜8′			
1BBB									2896^b	0 −5	$9'6''^b$	0 $-\frac{3}{16}$		
1BB	9125	0 −10	$29'11\frac{1}{4}''$	0 $-\frac{3}{8}$	2438	0 −5	8	0 $-\frac{3}{16}$	2591^b	0 −5	$8'6''^b$	0 $-\frac{3}{16}$	30480^a	67200^a
1B									2438	0 −5	8′	0 $-\frac{3}{16}$		
1BX									＜2438		＜8′			
1CC									2591^b	0 −5	$8'6''^b$	0 $-\frac{3}{16}$		
1C	6058	0 −6	$19'10\frac{1}{2}''$	0 $-\frac{1}{4}$	2438	0 −5	8	0 $-\frac{3}{16}$	2438	0 −5	8′	0 $-\frac{3}{16}$	30480^a	67200^a
1CX									＜2438		＜8′			
1D	2991	0 −5	$9'9\frac{3}{4}''$	0 $-\frac{3}{16}$	2438	0 −5	8	0 $-\frac{3}{16}$	2438	0 −5	8′	0 $-\frac{3}{16}$	10160	22400
1DX									＜2438		＜8′			

注：(1)表中 1 ft＝30.474 cm,1 in＝2.54 cm,1 ft＝12 in。

(2)表中尺寸为集装箱的外部尺寸。

(3)b 表示某些国家对车辆和装载货物的总高度载荷有法规限制。

集装箱内部尺寸是指不考虑顶角件凸入箱内部分时,集装箱内接最大长方体的长、宽、高尺寸。为了使国际标准集装箱的内部能合适地装载托盘和一定数量的货物,国际标准集装箱也有规定的内部尺寸标准,如表 2-2 所示。集装箱内部长度为箱门内侧板面至端壁内衬板之间的距离,宽度为两内侧衬板之间的距离,高度为自箱底板面至箱顶板最下面的距离。它决定箱内所装货物的最大尺寸。集装箱内部尺寸决定了集装箱装载货物的内容积。

表 2－2　集装箱最小内部尺寸

单位:mm

集装箱型号	最小内部尺寸			最小门框开口尺寸	
	高度	宽度	长度	高度	宽度
1EEE	箱体外部高度减去 241	2330	13542	2566	2286
1EE			13542	2261	
1AAA			11998	2566	
1AA			11998	2261	
1A			11998	2134	
1BBB			8931	2566	
1BB			8931	2261	
1B			8931	2134	
1CC			5867	2261	
1C			5867	2134	
1D			2802	2134	

集装箱制造材料不同,其内容积略有差异。集装箱的内尺寸和内容积是发货人、货运站等装箱人必须掌握的重要技术资料。

国际集装箱运输中,目前使用最多的是 1AAA 型、1AA 型和 1CC 型集装箱,在实际使用中常以集装箱的长度作为区别标准,如 20 ft 集装箱指的是 1CC 型集装箱,40 ft 集装箱指的是 1AA 型集装箱,40HC 集装箱指的是 1AAA 型。

(三)国际标准集装箱长度的尺寸关系

关于第 I 系列集装箱的长度尺寸标准,需要说明的是,由于在火车或卡车的同一车皮、堆场的同一箱位、集装箱船舶的同一箱位,凡可以装载或者堆存一个 40 ft 集装箱的位置,必须可同时装载或堆存两个 20 ft 集装箱或一个 30 ft 与一个 10 ft 集装箱,所以,实际上除了 40 ft 集装箱的长度正好是 40 ft 外,30 ft、20 ft、10 ft 集装箱的长度都不足尺,其长度均小于其公称尺寸。国际集装箱标准规定,各集装箱长度之间的间距必须为 3 in(76 mm)。其长度尺寸关系见图 2－1。

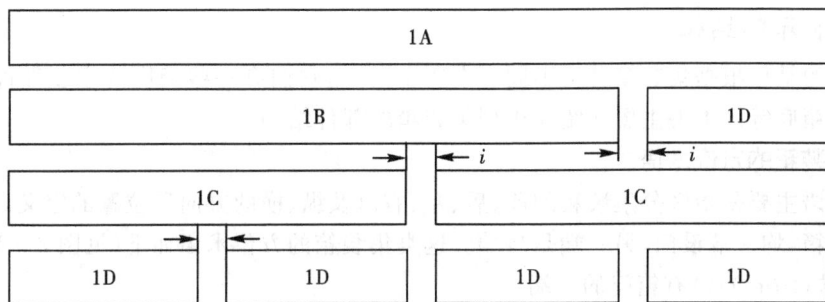

图 2－1　第 I 系列各类型集装箱长度之间的关系

(四)集装箱计算单位

集装箱计算单位(twenty-feet equivalent unit,TEU),又称标箱、标准箱、换算单位、国际标准箱单位,是计算集装箱箱数的换算单位。

各国大部分集装箱运输,都采用 20 ft 和 40 ft 长的两种集装箱。为使集装箱箱数计算统一化,把 20 ft 集装箱作为一个计算单位,40 ft 集装箱作为两个计算单位,以利于统计集装箱的吞吐量、船舶载箱能力、营运量等。有时也以 40 ft 集装箱作为计量单位,称为 FEU,即 forty-feet equivalent unit。

我国的统计标准是以 TEU 作为换算单位,由交通运输部制定、统计局批准的《交通运输综合统计报表制度》规定的各种规格集装箱折算 TEU 的系数如表 2-3 所示。

表 2-3　我国集装箱折算标准箱(TEU)系数表

箱型	数量	折算系数
45 ft箱	1	2.25
40 ft箱	1	2
30 ft箱	1	1.5
20 ft箱	1	1
10 ft箱	1	0.5

另外,在码头作业时,统计集装箱数量时常用到的一个术语是自然箱(natural unit),也称实物箱。自然箱是不进行换算的实物箱,即 45 ft 集装箱、40 ft 集装箱、30 ft 集装箱、20 ft集装箱或 10 ft 集装箱均作为一个自然箱统计。

(五)集装箱的额定质量、自重和载重

额定质量(rating)是指集装箱的空箱质量和箱内装载货物的最大容许质量之和,即最大工作总质量(max gross mass),简称最大总重,以 R 表示。

自重(tare),又称空箱质量,以 T 表示。它是包括各种集装箱在正常状态下应备有的附件和各种设备,如机械式冷藏集装箱的机械制冷装置及其所需要的燃油,台架式集装箱上两侧的立柱,敞顶集装箱上的帆布顶蓬等。

载重(net 或 payload),又称载货质量,以 P 表示。它是集装箱最大容许承载的货物质量,包括集装箱在正常状态下所需的货物紧固设备及垫货材料等在内的质量。

额定质量、自重和载重关系表示如下:$P = R - T$。

二、集装箱的结构

集装箱的结构根据集装箱种类不同而有所不同,但它们有一些相同的主要部件,如侧壁、端壁、箱门、箱底等。本书主要介绍通用型集装箱的部件结构。

(一)集装箱的方位术语

方位术语主要是指区分集装箱的前、后、左、右以及纵、横的方向和位置的定义。85%以上的通用集装箱,均一端设门,另一端是盲端。这类集装箱的方位术语如下(见图 2-2)。

(1)前端(front):没有箱门的一端。

(2)后端(rear):有箱门的一端,一般称为端门。

如集装箱两端结构相同,则应避免使用前端和后端这两个术语,若必须使用,应依据标记、

铭牌等特征加以区别。

(3)左侧(left):从集装箱后端往前端看,左边的一侧。

(4)右侧(right):从集装箱后端往前端看,右边的一侧。

由于集装箱在公路上行驶时,有箱门的后端都必须装在拖车的后方,因此有的标准把左侧称为公路侧,右侧称为路缘侧。

(5)路缘侧(curbside):当集装箱底盘车在公路上沿右侧向前行驶时,靠近路缘的一侧。

(6)公路侧(roadside):当集装箱底盘车在公路上沿右侧向前行驶时,靠近马路中央的一侧。

(7)纵向(longitudinal):集装箱的前后方向。

(8)横向(transverse):集装箱的左右、与纵向垂直的方向。

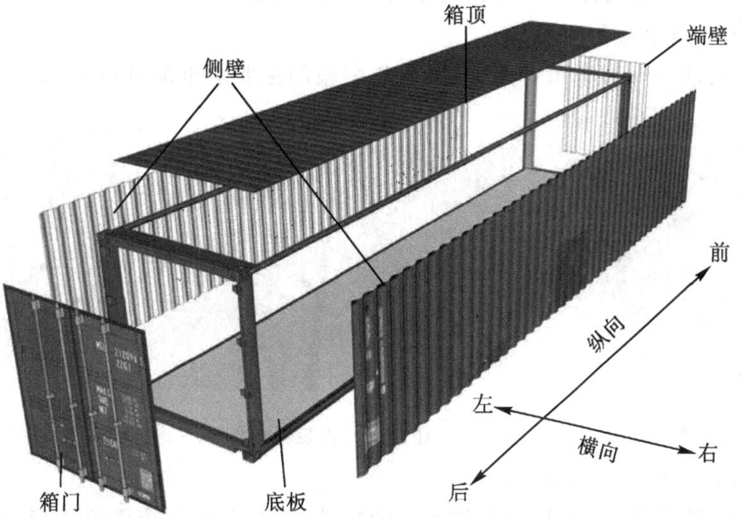

图 2-2 集装箱方位术语示意图

(二)主要结构

集装箱通常是六面形的箱体。它由两个侧壁、一个端壁、一个箱顶、一个箱底和一对箱门所组成。

1. 侧壁(side wall)

侧壁是与上侧梁、下侧梁和角结构相连接,形成封闭的板壁(不包括上侧梁、下侧梁和角结构在内)。在侧壁的里面一般有侧柱,以加强侧壁的强度。

2. 端壁(end wall)

端壁是在端框架平面内与端框架相连接形成封闭的板壁(不包括端框架在内)。在端壁的里面一般设有端柱,以加强端壁的强度。

3. 箱顶(roof)

箱顶是在端架上和上侧梁范围内,由顶板和顶梁组合而成的组合件(使集装箱封顶,并应具有标准规定的强度)。

4. 箱底(floor)

箱底是铺在底梁上承托载荷的板,一般由底梁和下端梁支撑,是集装箱的主要承载构件。

— 41 —

箱内装货的载荷由底板承载后,通过底梁传导给下侧梁,因此底板必须有足够的强度,通常用硬木板或胶合板制成。木板应为搭接或榫接,也可采用开槽结构。

5. 箱门(door)

箱门指设在箱端(侧)的门,通常为两扇后端开启的门,用铰链安装在角柱上,并用门锁装置进行关闭。箱门为两扇相对、可开启270°的门,也有在侧壁开门的集装箱。

(三)主要部件

1. 角件(corner fitting)

集装箱箱体的8个角上都设有角件。角件用于支承、堆码、装卸和栓固集装箱。集装箱上部的角件称顶角件,下部的角件称底角件。角件在三个面上各有一个长孔,孔的尺寸与集装箱装卸设备上的旋锁相匹配,如图2-3、图2-4所示。我国国家标准《系列1集装箱　角件》(GB/T 1835—2006)对角件的尺寸和使用有具体的规定。

2. 角柱(corner post)

角柱指连接顶角件与底角件的立柱,是集装箱的主要承重部件,如图2-5所示。

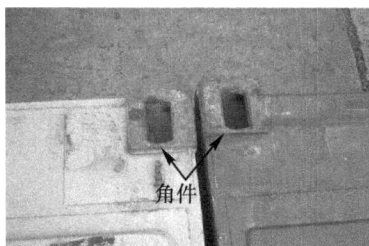

图2-3　角件的形状　　图2-4　集装箱角件　　图2-5　集装箱角柱

3. 角结构(corner structures)

角结构指由顶角件、角柱和底角件组成的构件,是承受集装箱堆码载荷的强力构件。角件和角柱均为铸钢件,用焊接方法连接在一起。铸钢件应按国家标准进行热处理。集装箱的重量通过角结构传递。所以,在集装箱堆码时上下层集装箱的角件应对准,不能偏码。最底层的集装箱必须堆置在堆场画线规定的范围,否则会压坏场地。

4. 上端梁(top end transverse member)

上端梁指箱体端部与左、右顶角件连接的横向构件。

5. 下端梁(bottom end transverse member)

下端梁指箱体端部与左、右底角件连接的横向构件。

6. 门楣(door header)

门楣指箱门上方的梁。

7. 门槛(door sill)

门槛指箱门下方的梁。

8. 侧梁(top side rail)

侧梁指侧壁上部与前、后顶角件连接的纵向构件。左面的称左上侧梁,右面的称右上侧梁。

9. 下侧梁(bottom side rail)

下侧梁指侧壁下部与前、后底角件连接的纵向构件。左面的称左下侧梁,右面的称右下侧梁。

10. 顶板(roof sheet)

顶板指箱体顶部的板。顶板要求用一张整板制成,不得用铆接或焊接成的板,以防铆钉松动或焊缝开裂而造成漏水。

11. 顶梁(roof bows)

顶梁指在顶板下连接上侧梁,用于支承箱顶的横向构件。

12. 底梁(floor bearers or cross member)

底梁是在底板下连接下侧梁,用于支承底板的横向构件。底梁从箱门起一直排列到端板为止。底梁一般用"C""Z"或"T"形型钢或其他断面的型钢制作。

13. 底结构和底框架(base structures and base frame)

底结构由集装箱底部的四个角件、左右两根下侧梁、下端梁、门槛、底板和底梁组成。在1C 和 1CC 型集装箱的底结构上还设有叉槽,1A 和 1AA 型集装箱的底结构上,有的设有鹅颈槽。而底框架是由下侧梁和底梁组成的框架。

14. 叉槽(fork-lift pockets)

叉槽横向贯穿箱底结构,是供叉举集装箱用的槽,如图 2-6 所示。20 ft 集装箱上一般设一对叉槽,必要时也可以设两对叉槽。40 ft 集装箱上一般不设叉槽。通过叉槽一般不能叉实箱,只能叉空箱。

15. 鹅颈槽(gooseneck tunnel)

鹅颈槽是设在集装箱箱底前部,用以配合鹅颈式底盘车上的凹槽,如图 2-7 所示。目的是降低车载箱体的总高度,使其不超过涵洞或道路立交桥的高度限制,只有 40 ft 集装箱的底部设有鹅颈槽。

图 2-6 叉槽

图 2-7 鹅颈槽

16. 端框架(end frame)

端框架是指集装箱前端的框架,由前面的两组角结构、上端梁和下端梁组成。后端的框架实际为门框架,它由后面的两组角结构、门楣和门槛组成。

17. 侧壁板(side wall or panel)

侧壁板是指由上、下侧梁和角结构围起来的波形板,其厚度为 1.6~2.0 mm,波形板的波高约为 36 mm,节距约为 278 mm。侧壁板可以由数段拼焊而成,焊缝应当是竖向的,不允许出现水平方向的拼板焊缝。在侧壁的里面一般有侧柱,以加强侧壁的强度。左侧与右侧壁板的结构对称,在每侧的壁板上可以装设 1~2 个通风罩。

18. 气窗(ventilator)

气窗是供箱体内外空气交换的装置。

19. 端板（end panel）

端板是覆盖在集装箱端部外表面的板。

(四)门锁装置

集装箱箱门锁装置示意图如图 2-8 所示。

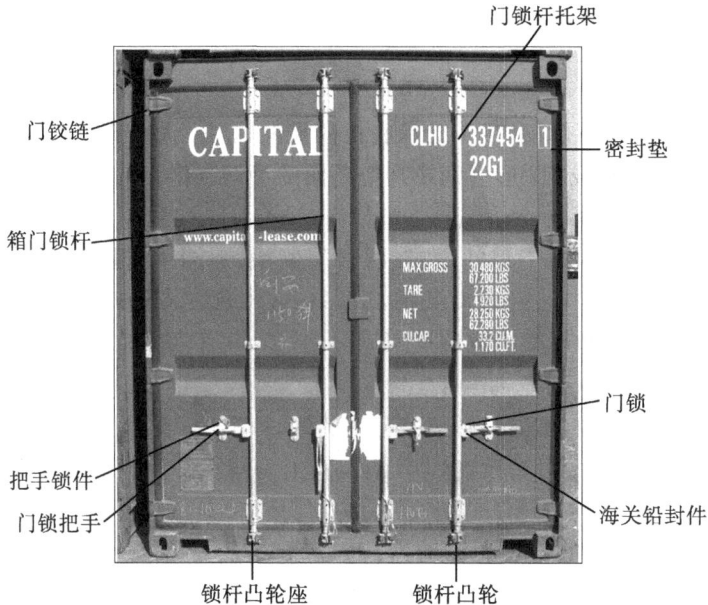

图 2-8　集装箱箱门锁装置示意图

1. 门铰链（door hinge）

门铰链指连接箱门与角柱以支撑箱门,保证箱门能自由转动的零件。

2. 箱门密封垫（door seal gasket）

箱门密封垫是指箱门周边为保证密封而设的零件。密封垫的材料一般采用氯丁橡胶。

3. 箱门搭扣件（door holder）

箱门搭扣件是指进行装卸货物作业时,保证箱门开启状态的零件。它设在箱门下方和相对应的侧壁上,有采用钩环的,也有采用钩链或绳索的。

4. 箱门锁杆（door locking bar or door locking rod）

箱门锁杆是指设在箱门上垂直的轴或杆。锁杆两端有凸轮,锁杆转动后凸轮即嵌入锁杆凸轮座内,把箱门锁住。锁杆还起着加强箱门承托力的作用。

5. 门锁杆托架（door lock rod bracket）

门锁杆托架指焊接在门上用以托住锁杆的装置。

6. 锁杆凸轮（locking bar cams）

锁杆凸轮是指设于锁杆端部的门锁件,通过锁件的转动,把凸轮嵌入凸轮座内,将门锁住。

7. 锁杆凸轮座（locking bar cam retainer or keeper）

锁杆凸轮座是指保持凸轮成闭锁状态的内承装置,又称卡铁。

8. 门锁把手（door locking handle）

门锁把手是开闭箱门用的零件,其一端焊接在锁杆上,握住门把手使锁杆旋转,从而使锁杆凸轮与锁杆凸轮柱啮合,把箱门锁住。

9. 把手锁件(door locking handle retainer or handle lock)

把手锁件指锁杆中央带有门把手,两端部带有凸轮,依靠门把手旋转锁杆的装置。

10. 海关铅封件(customs seal retainer)

海关铅封件通常设在箱门的把手锁件上,海关用于施加铅封的设置,一般都采用孔的形式。

知识链接

集装箱铅封小知识

集装箱铅封是货物装入集装箱并正确地关闭箱门后,由特定人员施加的类似于锁扣的设备,如图2-9所示。集装箱铅封根据施加人员不同可分为海关封志、商检封志和商业封志。集装箱铅封一经正确锁上,除非暴力破坏(即剪开),否则无法打开,破坏后的集装箱铅封无法重新使用。每个集装箱铅封上都有唯一的编号标志。只要集装箱外观完整,集装箱门正确关闭,集装箱铅封正常锁上,则可以证明该集装箱在运输途中未经私自开封,箱内情况由装箱人在装箱时监督负责。

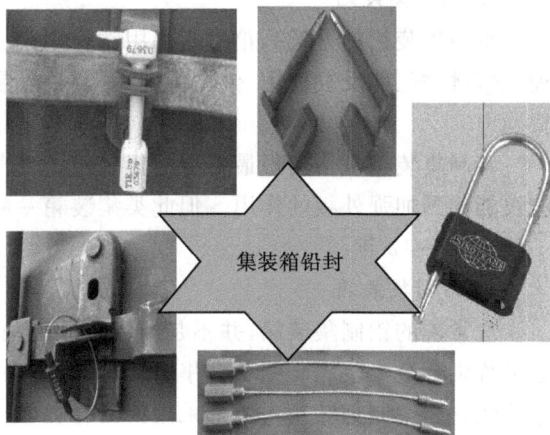

图2-9 集装箱铅封

海关封志是不允许随意开拆的,否则是要负法律责任的。

以下两种情况通常海关会施加封志:

一是海关开箱查验。海关查验就是海关人员把集装箱打开,或全部掏出来查看,为了让货主不致以为是别人非法查看的,封上一个海关封志告诉货主,这是海关查的。同时,海关的查验记录上也必须记下海关的封志号。

二是海关转关。海关转关就是从口岸海关进口的货物,转送到内陆海关申报。

箱号是集装箱箱体的唯一标志。封号在运输过程中是可能换封的,也就是说,运输过程中可能会有多个封号。提单号是与集装箱中所装的货物关联的,可能是一个,也可能是多个。也就是说,一个集装箱中可以装多个提单的货,没有数量限制。如果集装箱(货柜)只装了一家托运人一家收货人的货那就只有一个提单号、一个柜号、一个封条号。如果是散货拼柜的,那有多少托运人的货就有多少个提单号,而柜号和封条号都只有一个而已。

集装箱铅封号,既不是海关给的,也不是码头给的,是船东的,是发货人所委托的单位在码头提到空柜出场时在码头领取的。不同船公司的集装箱铅封号编号方式不一样。集装箱铅封号和封条是一一对应的,工厂装完柜之后,自己锁住封条,以标识工厂认可柜门锁住前的装货数量,而重柜还场时,码头也会记载柜子信息,工厂不能随意更改封条。船东作为货物的承运方,保障货物完整无缺的唯一方式就是,柜子运到目的港之后,封条号和之前提柜时的封条号一致,封条号完整无损。

三、集装箱的分类

为了适应装运不同种类货物的需要,出现了不同类型的集装箱。除按照外部规格尺寸分类外,还根据集装箱不同的用途、制造材料及结构分为不同的种类。

(一)按集装箱的制造材料分类

由于集装箱在运输途中常受各种外力的作用和环境的影响,因此集装箱的制造材料要有足够的刚度和强度,应尽量采用质量轻、强度高、耐用、维修保养费用低的材料。

从目前采用的集装箱材料看,一个集装箱往往不是由单一材料做成的,而是以某种材料为主,在集装箱的不同结构处采用不同的材料。因此,按制造材料来分类,实际是按集装箱的主体材料即主要结构(侧壁、端壁、箱顶)采用的材料来分的。

1. 钢制集装箱

钢制集装箱的框架和箱壁板都用钢材制成。其优点是强度大、结构牢固、焊接性好、易修理、水密性好、能反复使用、价格低廉;主要缺点是抗腐蚀能力差,自重大从而相应地降低了装货能力。

钢制集装箱是使用得最普遍的集装箱。现在的钢制集装箱都采用波纹钢板作为外板,其波纹能起到加强外板的作用。但此类集装箱一般每年需要进行两次除锈涂漆,使用年限较短,一般为11～12年。

2. 铝制集装箱

通常说的铝制集装箱,并不是纯铝制成的,而是各主要部件使用最适量的各种轻铝合金,故又称铝合金集装箱。铝合金集装箱有两种:一种是钢架铝板;另一种为框架两端用钢材,其余用铝材。铝制集装箱一般都采用铝镁合金,最大优点是自重轻,故同一尺寸的铝制集装箱比钢制集装箱能装更多的货物。

铝制集装箱的优点是防腐性能强、弹性好不易变形、加工方便,因此主要用来制造特种集装箱,如冷藏集装箱。其主要缺点是造价高,价格比钢制集装箱贵30%;焊接性能差,因而受碰撞时易损坏。所以其角件、角柱、框架结构等仍使用钢材。此类集装箱的使用年限长,一般为15～16年。

3. 玻璃钢集装箱

此类集装箱是在钢制框架上装上玻璃钢复合板制成的。玻璃钢集装箱的特点是强度大、刚性好,不需要防挠材,容积可增加7%左右。玻璃钢的隔热性、防腐性、耐化学性都比较好,能防止箱内产生结露现象,有利于保护箱内货物不遭受湿损。玻璃钢板可以整块制造,防水性好,还容易清洗。此外,这种集装箱还有不生锈、容易着色的优点。由于维修简单,维修费用也低。玻璃钢集装箱的主要缺点是自重大,造价高。玻璃钢集装箱的自重与一般钢制集装箱相差无几,使用年限也相近。在工作实践中,玻璃钢集装箱较少应用。

4. 不锈钢集装箱

不锈钢是一种新的集装箱材料,它的主要优点是强度高、不生锈、外表美观,在整个使用期内无须进行维修保养,故使用率高,耐蚀性能强,一般多用于制作罐式集装箱。主要缺点是价格昂贵,投资大。

(二)按集装箱的用途分类

1. 通用集装箱(dry cargo container,DC;general purpose container,GP)

这种集装箱也称为杂货集装箱、干货集装箱,其结构常为封闭式,可分为一端开门、两端开门与侧壁设有侧门三类,如图 2-10 所示。通用集装箱的门均有水密性,可 270°开启。有的通用集装箱,其侧壁可以全部打开,属于敞侧式集装箱,主要便于在铁路运输中进行拆装箱作业。

图 2-10　通用集装箱示意图

通用集装箱适用范围很大,在各种集装箱中,通用集装箱所占的比重达九成以上。除需制冷、保温的货物与少数特殊货物(如液体、牲畜、植物等)外,只要在尺寸和重量方面适合用集装箱装运的货物(适箱货),均可用通用集装箱装运。

通用集装箱通常装载的具体商品有文化用品、化工用品、电子机械、工艺品、医药用品、日用品、纺织品及仪器零件等。不受温度变化影响的各类固体散货、颗粒或粉末状的货物都可以用这种集装箱装运。

2. 保温集装箱(keep constant temperature container)

保温集装箱又称控温集装箱,是为了运输需要冷藏或保温的货物而设计的集装箱。这类集装箱的所有箱壁都采用导热率低的隔热材料而制成,可分为以下三种。

(1)冷藏集装箱(reefer container,RF)。冷藏集装箱是以运输冷藏、冷冻食品为主,能保持所定温度的保温集装箱。它专为运输如鱼、肉、新鲜水果、蔬菜等食品而特殊设计的。目前国际上采用的冷藏集装箱基本上分为两种:

①机械式冷藏集装箱。机械式冷藏集装箱又叫冷冻集装箱,集装箱内带有冷冻机,它是目前世界各国使用最普遍的一种冷藏集装箱。通常称的冷藏集装箱,一般都是指这一种集装箱。这种冷藏集装箱的冷冻装置与集装箱本体组成一个整体,冷冻装置安装在集装箱体内,不会妨碍船上或陆上集装箱专用机械的搬运和装卸(见图 2-11)。

图 2-11　机械式冷藏集装箱示意图

机械式冷藏集装箱只要一供电,冷冻机运转,就给箱内供应冷空气。在船上,它由船舶发电机供电。在码头上,它由陆上电源供电。在公路上运输时,它由带有发电机组的专用底盘车供电。在铁路上,它靠货车上装有发电机组的专用车辆进行供电。冷冻集装箱的标准电源为

220 V,60 Hz,3 相,当装有内藏式变压器后,世界各主要港口的电源都可以使用。

机械式冷藏集装箱在通常的大气温度下能使箱内温度保持在$-25\ ℃\sim+25\ ℃$的任一温度上。冷藏集装箱本身是没有冻结能力的,因此在装载冷冻或低温货时,装箱前一般对货物要求进行预冷,使货物的温度降低到给定温度以下,然后装箱。准确地说,冷藏集装箱是一种带有冷冻装置的,能把具有一定温度的货物保持在该温度上进行运输的隔热集装箱。冷藏集装箱在运输不需要冷冻的低温货物(如新鲜的水果和蔬菜)时,由于要使箱内的二氧化碳保持较低的标准,故在箱门上装有通风口,以供应适量的新鲜空气。

②离合式冷藏集装箱。离合式冷藏集装箱又称外置式或夹箍式冷藏集装箱。该种集装箱的本体不带冷冻装置,在其端壁的中心线上设有上、下两个孔,下面的孔是冷风进气孔,上面的孔是冷风出气孔,在冷风孔上设有自动开闭的盖,打开盖后可与船上冷风管连接,冷气再由冷风出气孔回到冷冻机舱进行循环,以保持箱内所需的温度,从而达到冷却的目的。因此,离合式冷藏集装箱实际上是一种隔热集装箱。

离合式冷藏集装箱的主要优点是箱内能保持一定低的温度;冷风由箱底吹出,箱内温度分布良好;冷冻机的故障率较低;由于冷冻装置在箱体外,箱内容积比机械式冷藏集装箱大,自重轻,可以多装货。它的主要缺点是舱内因需设管道,损失舱容,船舶投资增加;集装箱在陆上保管时,接拆冷冻装置费时。

需要注意的是,冷藏集装箱与干货集装箱箱壁比,内容积小一些,以 40HQ 为例,冷藏集装箱的内容积约为 67 m³,而干货集装箱的内容积约为 76 m³。

(2)隔热集装箱(insulated container)。隔热集装箱是为载运水果、蔬菜等货物,防止温度上升过大,以保持货物鲜度而具有充分隔热结构的集装箱。隔热集装箱通常用干冰作制冷剂,保温时间为 72 小时左右。其作用就是使货物在运输过程中不会受到极端温度波动的影响。

(3)通风集装箱(ventilated container)。通风集装箱是为装运水果、蔬菜等不需要冷冻而具有呼吸作用的货物,在端壁和侧壁上设有通风孔的集装箱。此类集装箱与干货集装箱外表类似,区别是箱壁具有与外界进行气流交换的装置,在侧壁或端壁上设有 4~6 个通风孔。当船舶驶进温差较大的地域时,通风集装箱可防止由于箱内温度变化造成结露和水湿而使货物变质。通风集装箱适于装载球根类作物、食品及其他需要通风、容易水湿变质的货物。若将通风孔关闭,通风集装箱可作为干货集装箱使用。

3. 开顶集装箱(open top container,OT)

开顶集装箱,又称敞顶集装箱,如图 2-12 所示。开顶集装箱除箱顶可以拆下外,其他结构与通用集装箱类似。开顶集装箱又分"硬顶"和"软顶"两种。"硬顶"是指顶篷用一整块钢板制成;"软顶"是指顶篷用帆布、塑料布制成,以可拆式扩伸弓梁支撑。这种集装箱没有刚性箱顶,但有可折叠式顶梁支撑的帆布、塑料布或涂塑布制成的顶篷,装运时用防水布覆盖顶部,其水密要求和干货箱一样。开顶集装箱主要适用于装载大型货物和重型货物,如钢材、木材、玻璃等。货物可用吊车从箱顶吊入箱内,这样不易损坏货物,可减轻装箱的劳动强度,又便于在箱内把货物固定。

由于开顶集装箱顶部进水是不能及时排出的,可能会积存在底部而损坏货物,因此原则上开顶集装箱装在舱内,不允许装在甲板上,但特殊情况例外。

图 2 - 12 开顶集装箱示意图

4. 框架集装箱(flat rack container,FR)

框架集装箱也称台架式集装箱,如图 2 - 13 所示。框架集装箱分为两种:一种是集装箱只有四个角柱,没有箱顶和四壁;另一种是没有箱顶和侧壁,但在端壁和端门各有一块折板。装货时,折板可视货物情况折平至箱底板或拆掉。这种集装箱可以从前后、左右及上方进行装卸作业,适合装载超长、超宽、超高和超重的货物,如重型机械、钢材、钢管、木材、钢锭等。框架集装箱没有水密性,因此怕水湿的货物不能装运,或用帆布遮盖装运。

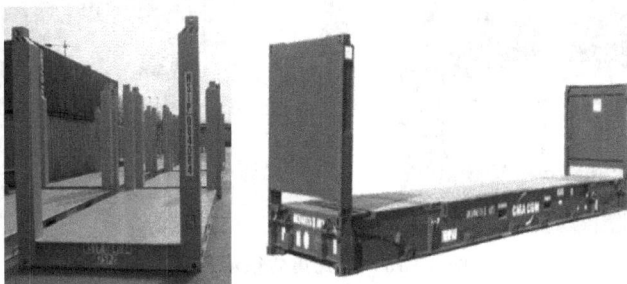

图 2 - 13 框架集装箱示意图

框架集装箱的主要特点是箱底较厚,箱底的强度比一般集装箱强度大;集装箱内部高度比一般集装箱低;没有水密性,怕水湿的货物不能装运(在陆上运输中或堆场上储存时,为了不淋湿货物应有帆布遮盖);在下侧梁和角柱上设有系环,集装箱两侧设有立柱或栅栏,可将货物系紧,防止坍塌。

5. 平台集装箱(platform container,PF)

平台集装箱也称平板式集装箱,如图 2 - 14 所示。这种集装箱是在框架式集装箱基础上再简化而只保留底板的一种特殊结构集装箱。平台集装箱的长度和宽度与国际标准集装箱的箱底尺寸相同,可使用与其他集装箱相同的紧固件和起吊装置。有的平台集装箱既有顶角件,又有底角件;有的平台集装箱只有底角件。有的平台集装箱在底板两侧还设有供铲运车操作用的凹槽,底板的侧面和端门还装有系紧装置。

用两个以上的平台集装箱可以并在一起组成装货平台,用以装载特大件货物。

平台集装箱被国际标准化组织正式采纳,打破了过去一直认为集装箱必须具有一定容积的概念。

— 49 —

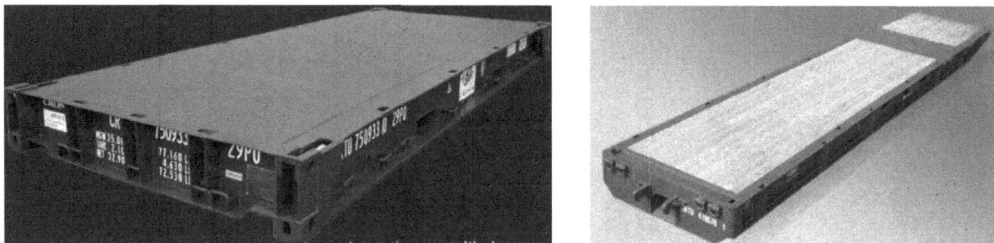

图 2-14　平台集装箱示意图

6. 罐式集装箱(tank container,TK)

罐式集装箱是专门用于装运油类(如动植物油)、酒类、液体食品、化学品等液体货物的集装箱,还可以装运酒精和其他液体危险品,如图 2-15 所示。罐式集装箱主要由罐体和箱体框架两部分构成。箱体框架的尺寸符合国际标准的要求,角柱上也装有国际标准角件,装卸时与国际标准箱相同。

图 2-15　罐式集装箱示意图

罐体的材料有钢制和不锈钢两种,根据所装货物的需要而定。如罐体全部用不锈钢,则价格昂贵。目前,有的在钢板上包一层不锈钢,或在罐的内壁涂一层环氧树脂,用以代替不锈钢,便可防止液体货物和罐壁的腐蚀。罐体的外壁采用保温材料,形成双层结构,使罐内液体与外界充分隔热。对装载随外界温度变化而增加黏度的货物,装卸时需要加温,故在罐体内设有加热器。在运输途中为了能从外界随时观察罐内的货温,罐上还设有温度计。罐体顶部设有装货口,装货口的盖子具有水密性;罐底设有排出阀。

需要注意的是:如果罐内货物呈半罐状态,则货物会对罐壁产生巨大的冲击力;装载危险货物时,罐式集装箱的结构和制造材料要符合国家有关危险货物在运输、装卸和贮存中的法律规定,并应备有专门的消防和安全设备。

7. 散货集装箱(bulk container,BK)

散货集装箱是一种密闭式集装箱,有玻璃钢制和钢制两种,如图 2-16 所示。前者由于侧壁强度较大,故一般装载麦芽和化学品等相对密度较大的散货;后者原则上用于装载相对密度较小的谷物。散货集装箱还可以用来装载杂货,为了防止装载杂货时箱内的货物移动和倒塌,箱底和侧壁上设有系环,以便能系紧货物。

散货集装箱除了顶部设有箱门外,在箱顶还设有 2～3 个装载口,装载口有圆形和方形两种。散货集装箱顶部的装货口设有水密性良好的盖,以防雨水进入箱内。有的散货集装箱上还设有投放熏蒸药品用的开口,以及排除熏蒸气体的排出口。

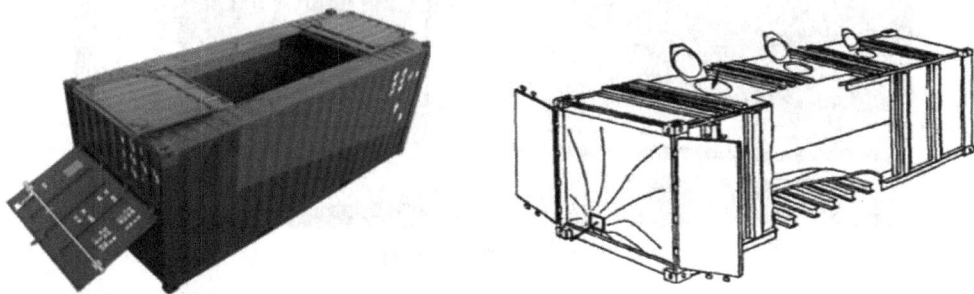

图 2-16 散货集装箱示意图

8. 动物集装箱(pen container)

动物集装箱是指装运鸡、鸭、鹅等活家禽和牛、马、羊、猪等活家畜用的集装箱,如图 2-17 所示。箱顶采用胶合板覆盖,能遮蔽太阳;侧面和端面都有金属网制的窗,能良好地通风;侧壁的下方设有清扫口和排水口,并配有上下移动的拉门,便于清洁。集装箱上还装有喂食口。

动物集装箱在船上必须装在甲板上,因为甲板上空气流通,便于清扫和照顾。而且不允许多层堆装,所以其强度可低于国际标准集装箱的要求,其总重也较轻。

图 2-17 动物集装箱示意图

9. 其他类型集装箱

集装箱除了以上种类外,还有一些特殊用途的集装箱,主要是干货集装箱的变形,如服装集装箱、汽车集装箱等。

服装集装箱是在干货集装箱内侧梁上装有许多横杆,每根横杆垂下若干绳扣。如图2-18所示,成衣利用衣架上的钩,直接挂在绳扣上。这种服装装载法无须包装,节约了大量的包装材料和费用,也省去了包装劳动。这种集装箱和普通干货集装箱的区别仅在于内侧上梁的强度需略加强。将横杆上的绳扣收起,这类集装箱就能作为普通干货集装箱使用。

汽车集装箱是在简易箱底上装一个钢制框架,一般设有端壁和侧壁,箱底应采用防滑钢板,如图 2-19 所示。汽车集装箱有装单层和装双层两种。

随着国际贸易的发展,商品结构不断变化,今后还会出现各种不同类型的专用或多用途的集装箱。

— 51 —

图 2-18　服装集装箱

图 2-19　汽车集装箱

四、集装箱标记

为了便于对集装箱在流通和使用过程中进行识别和管理,便于单据编制和信息传输,国际标准化组织制定了关于集装箱编码、识别和标记的国际标准。我国依据该标准制定了国家标准《集装箱　代码、识别和标记》(GB/T 1836—2017),规定了集装箱标记的内容、标记字体的尺寸、位置等。

国际标准化组织规定的集装箱标记有"必备标记"和"自选标记"两类,每一类标记又分"识别标记"和"作业标记"两种。除此之外,还必须有一些允许集装箱在各国间通行的牌照,称为"通行标记"。每类标记都必须按规定大小标识在集装箱规定的位置上。

(一)必备标记

1.识别标记

识别标记包括箱主代码、设备识别代码、顺序号、核对数字四部分,共 11 个字符,它们必须同时使用,构成集装箱的唯一识别号码,如图 2-20 所示。在实践工作中,一般将其称为集装箱号。

(1)箱主代码(owner prefix)。箱主代码即集装箱所有人代码,用 3 个大写拉丁字母表示,由箱主自己规定。为防止箱主号出现重复,所有箱主在使用代码之前须向设在巴黎的国际集装箱局(BIC)登记注册,国际集装箱局每半年定期公布在册的箱主代码一览表。表 2-4 为部分集装箱箱主代码。

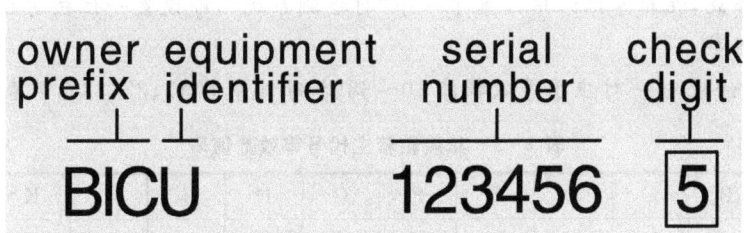

图 2-20 箱主代码、设备识别代码、顺序号、核对数字示意图

表 2-4 部分集装箱箱主代码

公司	箱主代码
COSCO SHIPPING DEVELOPMENT (ASIA) CO. ,LTD	CSLU,CCLU
MAERSK A/S	MSKU,MAEU,COZU
CMA-CGM	APLU,CMAU,ECMU
EVERGREEN MARINE CORP LTD	EMCU
MSC-MEDITERRANEAN SHIPPING COMPANY S. A.	MSCU,MSDU,MEDU

资料来源:根据国际集装箱网站整理。

注:(1)一个公司可申请多个箱主代号。

(2)标于柜子上的箱主代号约六成为班轮公司,四成为租箱公司(这些公司几乎不涉足班轮运输业,却拥有许多货柜专供出租)。常见的租箱公司有:①Florens;②TEX;③TRITON;④SeaCo;⑤CAI等。

(2)设备识别代码(equipment identifier)。设备识别代码指与集装箱有关各种设备的代码,分别为"U""J""Z"三个字母。"U"表示集装箱;"J"表示集装箱所配置的挂装设备;"Z"表示集装箱专用车和底盘车。

箱主代码和设备识别代码一般 4 个字母连续排列,如 BICU,其箱主代码为 BIC,设备识别代码为 U。

(3)顺序号(serial number)。顺序号即集装箱编号,用 6 位阿拉伯数字表示,由箱主或经营人自行编制,通常箱主或经营人会将其划分为几部分,表示类型、尺寸、制造批次等。若有效数字不足 6 位,则在前面加"0",补足 6 位。例如有效数字为 1234,则顺序号应为 001234。

(4)核对数字(check digit)。核对数字也称校验码,用一位阿拉伯数字表示,位于顺序号之后,置于方框之中。它由前 4 个字母和 6 个数字经过校验规则运算得出,用来判断箱主代码、设备识别代码和顺序号的记录是否准确。

知识链接

核对数字的作用

设置核对数字的目的,是防止箱号在记录时发生差错。运营中的集装箱频繁地在各种运输方式之间转换,如从火车到卡车再到船舶等,不断地从这个国家到那个国家,进出车站、码头、堆场、集装箱货运站。每进行一次转换和交接,就要记录一次箱号。在多次记录中,如果偶然发生差错,记错一个字符,就会使该集装箱从此"不知下落"。为不致出现此类"丢失"集装箱

及所装货物的事故,在箱号记录中设置了一个"自检测系统",即设置一位核对数字。核对数字的计算方法如下①:

①将字母 A~Z 一一对应于等效数值 10~38(扣除其中的 11、22、33),如表 2-5 所示。

表 2-5　集装箱箱主代号等效数值表

字母	A	B	C	D	E	F	G	H	I	J	K	L	M
数字	10	12	13	14	15	16	17	18	19	20	21	23	24
字母	N	O	P	Q	R	S	T	U	V	W	X	Y	Z
数字	25	26	27	28	29	30	31	32	34	35	36	37	38

②将箱主代码 4 位字母与顺序号 6 位阿拉伯数字视为一组,共 10 个字符,列出对应的数字。

③采用加权系数法进行计算,分别乘以 $2^0 \sim 2^9$ 的加权系数。计算公式为

$$S = \sum_{i=0}^{9} C_i \times 2^i \quad (C_i 为 10 个数字中第 i 个数字)$$

④将计算所得的 S 值除以模数 11,其余数即为核对数字。(注:若余数为 10 或 0,则核对数字为 0。这是理论上的计算方法,在实际应用中,可以通过查表的方法获得。)

2. 作业标记

作业标记包括额定质量和自重、超高标记、空陆水联运集装箱标记、登箱顶触电警告标记。

(1)额定质量和自重标记。集装箱的自重(空箱质量)和箱内装载货物的最大容许质量之和,即最大工作总质量(max gross mass)。国家标准《集装箱　代码、识别和标记》规定,标打在集装箱上的"最大总质量"应与《国际集装箱安全公约》所列标牌完全一致,质量的单位用千克(kg)和磅(lb)同时表示,如图 2-21 所示。需要注意的是,由于集装箱所使用的制造材料和制造工厂不同,就是同一种类的集装箱,其尺寸和质量参数也有差异。通常这些参数标识于右侧门板上端。

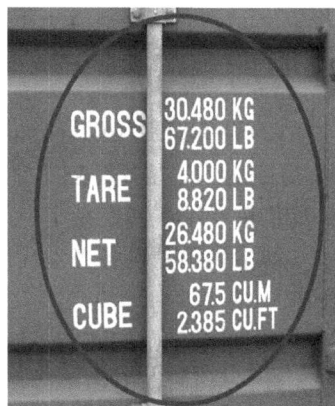

图 2-21　额定质量和自重标记

(2)空陆水联运集装箱标记。空陆水联运集装箱是可在飞机、船舶、卡车、火车之间联运的集装箱,其容积为 1 m³ 或 1 m³ 以上,装有顶角件和底角件,具有与飞机机舱内栓固系统相配合的栓固装置,箱底可全部冲洗并能用滚装装卸系统进行装运。此种集装箱适用于空运,并可与地面运输方式(如公路、铁路及水运)相互交接联运。由于此种集装箱的自重较轻,结构较弱,强度仅能堆码两层,为此,国际化标准化组织规定了特殊的标记(见图 2-22)。表示的含义是:在陆地上堆码时只允许在箱上堆码 2 层;在海上运输时,不准在甲板上堆码;在舱内堆码时只能堆装 1 层。

该标记应置于侧壁和端壁的左上角。标记颜色为黑色。

———————————

①核对数字可以在国际集装箱局网站上在线计算。网址为 https://www.bic-code.org/check-digit-calculator/。

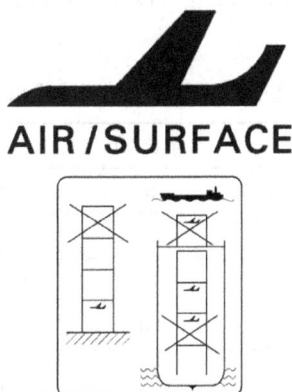

图 2 - 22 空陆水联运集装箱标记

(3)登箱顶触电警告标记。凡装有登箱顶梯子的集装箱应设登箱顶触电警告标记(见图 2 - 23)。该标记一般在罐式集装箱中使用,位于邻近登箱顶的扶梯处,以警告登梯者有触电危险并加以注意。

(4)超高标记。凡高度超过 2.6 m(8.5 ft)的集装箱应贴上此标记[见图 2 - 24(a)]。每个集装箱应设有 2 个此标记,一般标在侧壁的右下方。该标记上部的高度数字以米(m)表示,最小数值为 0.1 m,此值不得低于箱体的实际高度。下部的高度数字为英制尺寸,按英寸(in)取整,亦不低于箱体的实际高度,为节省图版面积,英尺和英寸的表示方法分别用"′"和"″"表示。

同时还应在箱体每端和每侧角件间的上端梁和上侧梁上标打长度至少为 300 mm(12 in)黄黑斜条的条形标记[见图 2 - 24(b)]。

注:三角标志内的底色为黄色

图 2 - 23 登箱顶触电警告标记

(a)

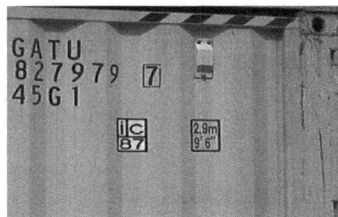

(b)

图 2 - 24 超高标记

(二)自选标记

1. 识别标记

识别标记主要由尺寸代码与类型代码组成。

(1)尺寸代码。尺寸代码用于表示集装箱的尺寸大小,由 2 个字符组成,如表 2 - 6 所示。

第一个字符表示箱长,其中以 1 位阿拉伯数字表示标准箱长,例如 10 ft 箱长代号为"1",20 ft 箱长代号为"2",30 ft 箱长代号为"3",40 ft 箱长代号为"4"。5~9 为"未定号"。另外,英文字母 A~P 为特殊箱长的集装箱代号;R 为未定号。

第二个字符表示箱宽与箱高。其中箱宽 8 ft 的集装箱,高度不同代码不同。8 ft 箱高代号为"0";8 ft 6 in 箱高代号为"2";9 ft 箱高代号为"4";9 ft 6 in 箱高代号为"5";高于 9 ft 6 in,

代号为"6";半高箱(箱高 4 ft 3 in)代号为"8";低于 4 ft,代号为"9"。另外,用英文字母反映箱宽不是 8 ft 的特殊宽度集装箱。

表 2 - 6　常见箱型的尺寸代码表

尺寸代码	箱长/ft	箱高/ft
22	20	8′6″
42	40	8′6″
44	40	9′
45	40	9′6″
L5	45	9′6″

(2)类型代码。类型代码表示集装箱的用途和特征。其中第一个字符为拉丁字母,表示集装箱的类型。例如:G(general)表示通用集装箱;V(ventilated)表示通风集装箱;B(bulk)表示干散货集装箱;R(reefer)表示保温集装箱中的冷藏集装箱,H(heated)表示保温集装箱中的隔热集装箱;U(up)表示开顶集装箱;P(platform)表示平台式集装箱;A(air)表示空陆水联运集装箱;S(sample)表示以货物命名的集装箱。第二个字符为阿拉伯数字,表示某类型集装箱的特征。如通用集装箱,一端或两端开箱门,类型代表为 G0。

2. 作业标记(最大净货载)

根据工业上的需要,除了标打集装箱最大总质量和空箱质量外,还可标打最大净货载的数据。如果标打最大净货载,应标打在最大总质量和空箱质量之后,具体标打如下:

最大总质量(MAX GROSS)　　00 000kg (00 000 lb)

空箱质量(TARE)　　　　　　00 000kg (00 000 lb)

净货载(NET)　　　　　　　00 000kg (00 000 lb)

(三)通行标记

集装箱上主要的通行标记有国际铁路联盟标记、安全合格牌照、集装箱批准牌照及检验合格徽等。

1. 国际铁路联盟标记

各国铁路有各自的规章制度,手续极为复杂。为简化手续,国际铁路联盟制定了《国际铁路联盟条例》。该条例对集装箱技术条件做了许多规定,凡符合《国际铁路联盟条例》规定的技术条件的集装箱都可以获得"国际铁路联盟标记"。在欧洲铁路上运输集装箱时,必须有该标记。

国际铁路联盟标记如图 2-25 所示。方框上部的"ic"表示国际铁路联盟;下部的数字表示各铁路公司的代号,例如 33 代表中国,81 代表德国,87 代表法国,70 代表英国等。

图 2-25　国际铁路联盟标记

2. CSC 牌照

CSC 牌照包含三部分内容,分别是批准牌照、免疫牌和安全合格牌照,如图 2-26 所示。

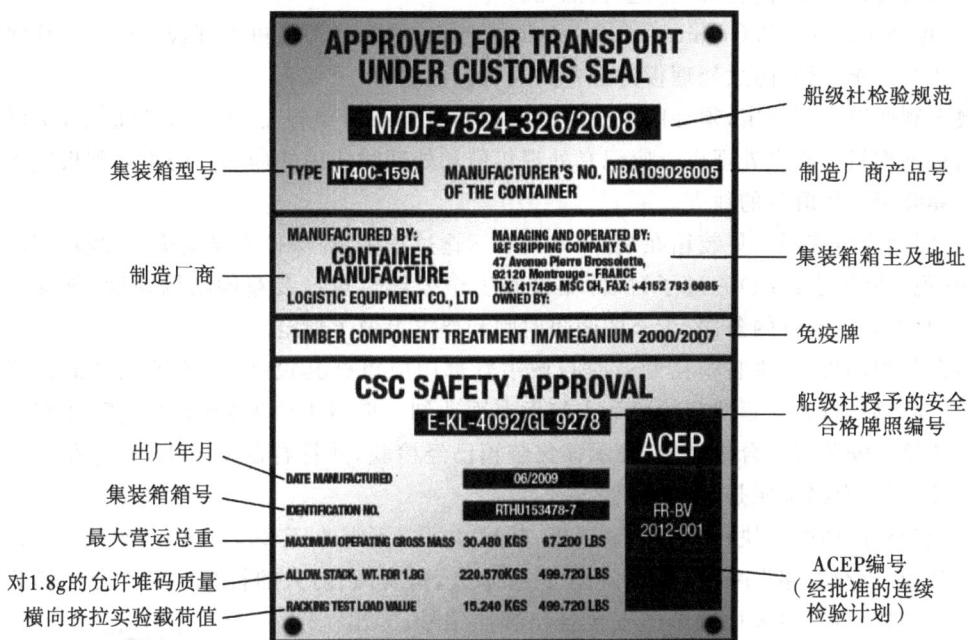

图 2-26　CSC 牌照

（1）批准牌照。联合国欧洲经济委员会（ECE）为使集装箱进出各国国境时,不必开箱检查箱内货物以加速集装箱的流通,于 1956 年制定了能使集装箱顺利通关各国国境的公约,即《集装箱海关公约》（简称 CCC 公约）。该公约于 1972 年在日内瓦经修订后,1975 年 12 月 6 日起生效。1959 年联合国欧洲经济委员会又制定了为便于装在箱内货物报关的《关于在国际公路运输手册担保下进行国际货物运输的报关公约》（简称 TIR 公约）。

用于运输海关加封货物的集装箱,如符合规定的技术条件,主管当局可以在制造阶段按定型设计批准,也可以在制成以后逐个地或按同一型号的一定数目的集装箱加以批准。经主管当局批准后,可以获得批准牌照。被批准人在使用集装箱运输海关加封货物前,应将批准牌照安装在批准的集装箱上。批准牌照应永久安装在十分明显并与其他官方批准牌照相近的地方。

批准牌照是一块长方形的耐腐蚀金属板,尺寸要求不得小于 200 mm×100 mm。该牌照上应以英文或法文用经久和易读的方法标明如下内容：

①应记有"APPROVED FOR TRANSPORT UNDER CUSTOMS SEAL（经批准作为海关加封字样）"。

②以国名或国际公路运输中用以标示机动车辆登记国别的识别符号（字母）、批准证明书的号码（数字）以及批准的年份。

③集装箱制造厂的产品型号（集装箱按类型批准时,表明该类型集装箱的标志或字母）。

④集装箱制造厂的产品编号（集装箱制造厂商对集装箱规定的序列号码）。

如果集装箱已经不符合批准时所规定的技术条件,在它被用来运输海关加封货物以前,应

— 57 —

当恢复到其批准时所具有的状态,以便重新符合上述技术条件。

如果集装箱的主要特征已经改变,对该集装箱的批准应立即停止使用,在它能够用来运输海关加封货物以前,应由主管当局重新批准。

(2)免疫牌。免疫牌(immunization plate 或 rating plate)即防虫处理板。对于运往澳大利亚和新西兰的集装箱,防虫处理板是必备的通行标记之一。

澳大利亚卫生部规定,须经防虫处理的集装箱应向政府申报,由有关部门检定,认可以后发给防虫处理板。防虫处理板上应记有处理年份和处理时使用的药名。防虫处理板应牢固地安装在集装箱上较醒目的地方。

(3)安全合格牌照。集装箱在装卸、堆码和运输过程中,为保护人身安全,原政府间海事协商组织(现国际海事组织)通过了《国际集装箱安全公约》,对集装箱的结构强度、集装箱的制造、流通时所必须具备的条件、维修的间隔时间和要求等做了规定。

根据公约的规定,集装箱在制造时行政主管部门应审查其设计,并要求观察集装箱的试验,试验合格后,行政主管部门给申请人签发书面通知。取得书面通知的制造商,才有权在制造的集装箱上安装安全合格牌照,表示该集装箱已经检验,并符合制造要求,允许在流通中使用。因此,安全合格牌照是通行标记之一。

安全合格牌照是一块长方形的金属板,其尺寸要求不得小于 200 mm×100 mm。牌照上应标有"CSC 安全合格"字样,制作材料应具有永久、耐腐蚀、防火的特征。安全合格牌照的主要标示内容如下:①船级社授予的安全合格牌照编号;②出厂年月;③集装箱号;④最大营运总重(以 kg 和 lb 表示);⑤对1.8g 的允许堆码质量(以 kg 和 lb 表示);⑥横向挤拉实验载荷数值(以 kg 和 lb 表示);⑦ACEP(approved continuous examination programme,连续检验计划)编号。

3. 检验合格徽

检验机关根据 ISO 的要求对集装箱进行各种试验,确认集装箱在运输过程中对运输工具的安全,试验合格后应在箱门上贴有代表该检验机关的检验合格徽。凡贴有检验合格徽的集装箱可以认为是 ISO 的标准集装箱。中国船级社的检验合格徽如图 2-27 所示。

图 2-27　中国船级社的检验合格徽

知识链接

船级社

船级社(classification society,或称验船协会,有时统称为验船机构)是一个建立和维护船舶和离岸设施的建造和操作的相关技术标准的机构。它通常为民间组织,使命是"促进海上人命、财产安全和防止海域污染"。船级社的主要业务是对新造船舶进行技术检验,合格者给予船舶的各项安全设施并授给相应证书;根据检验业务的需要,制定相应的技术规范和标准;受本国或他国政府委托,代表其参与海事活动。有的船级社也接受陆上工程设施的检验业务。船级社的业务可以分为入级服务、法定服务和工业服务三大类。

入级服务包括船舶、海上设施、集装箱及相关工业产品的入级检验和发证工作。

法定服务是按照船旗国政府有关法令及船旗国政府缔结的国际公约的规定,由政府主管部门或政府授权的有资格的组织所指派的验船师进行的强制性的检验或审核。目前船级社进行的法定服务包括法定检验和 ISM 规则认证。

船级社提供的工业服务包括质量体系认证、工程检验、货物检验、船舶和海上设施的公证检验、技术咨询、计算和评估及其他服务。

(四)集装箱标记的书写

1. 标记的位置

集装箱箱主代码及设备识别码、顺序号、核对数字以及总重和自重等的必备标记应按图 2-28 及图 2-29 所示位置标识。集装箱尺寸类型代码和集装箱净载重等自选标记,应涂刷于必备标记的下面。

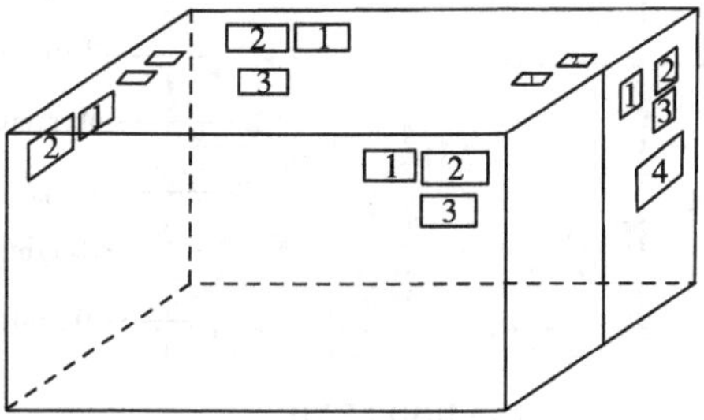

1—箱主代码及设备标识码；2—顺序号、核对数字；
3—集装箱尺寸及类型代码；4—集装箱总重、自重和容积。

图 2-28　集装箱标记位置立体图示

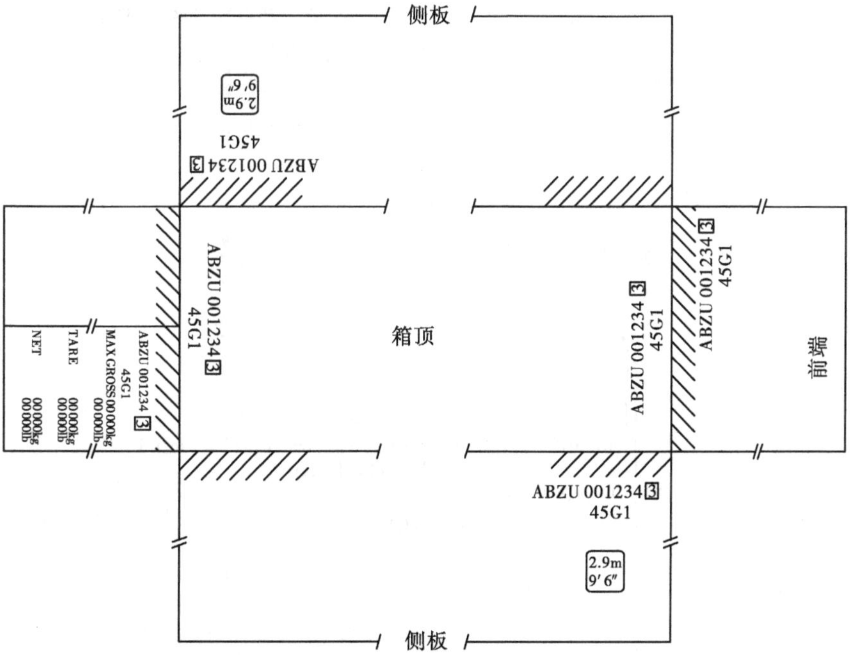

图 2-29　集装箱标记位置平面图示

2. 标记的书写方法

集装箱的箱主代码及设备识别代码、顺序号和核对数字成单行横排表示。箱主代码和顺序号之间至少应留有一个字符的间隙;顺序号和核对数字之间也应留有一个字符的间隙。核对数字周围可以加一个方框圈起,也可以不加。当不能横排时,也可以采用竖排形式。图 2 - 30 为国际集装箱局集装箱标记书写范例。

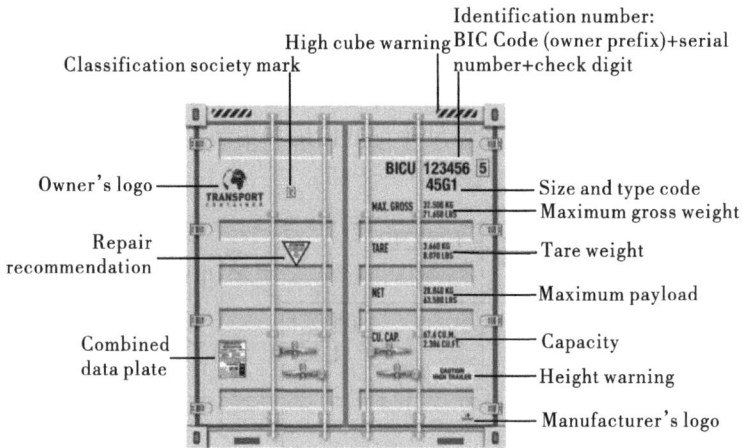

（a）DOOR END

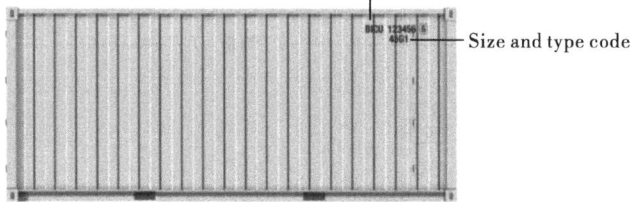

（b）SIDE

（c）TOP

Identification number: BIC Code (owner prefix) +serial
number+check digit
(can also be vertical)

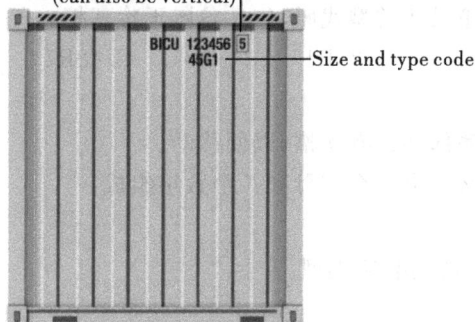

BICU 123456 5
45G1 ——Size and type code

（d）FRONT END

图 2-30　集装箱标记书写范例

任务实施

　　适箱货一般指适于装集装箱的货类。最适合的货类是指贵重商品、轻泡件杂货、家用电器、各种纺织品、医药、各种轻工业品等。所以,洗衣机是适箱货。

　　洗衣机在运输和保管条件方面无特殊要求,应选择通用集装箱。

任务训练

一、单选题

1. 下列属于海运集装箱标记的是（　　）。

A. HJCU8747654　　　B. HJC8747654　　　C. HJCU874765　　　D. HJCK8747654

2. 有一批新鲜的水果要用集装箱进行运输,应该选用（　　）。

A. 杂货集装箱　　　B. 开顶集装箱　　　C. 框架集装箱　　　D. 冷藏集装箱

3. 一个集装箱的尺寸类型代号是 42G1,下列描述正确的是（　　）。

A. 20 ft 的通用集装箱　　　　　　B. 20 ft 的冷藏集装箱

C. 40 ft 的通用集装箱　　　　　　D. 40 ft 的冷藏集装箱

4.（　　）是计算集装箱箱数的换算单位,也称国际标准箱单位。

A. 10 ft 换算单位　　　　　　B. 20 ft 换算单位

C. 30 ft 换算单位　　　　　　D. 40 ft 换算单位

5. 根据国际标准化组织的标准,凡集装箱高度超过（　　）的集装箱应在箱体标出超高标记。

A. 8.0 ft　　　B. 8.5 ft　　　C. 8.4 ft　　　D. 8.6 ft

6. 下列选项中,（　　）最适合采用集装箱来运输。

A. 废钢铁　　　B. 家用电器　　　C. 原木　　　D. 汽车

二、多选题

1. 下列集装箱缩写代码中,（　　）表示通用集装箱。

A. GP　　　B. DC　　　C. TK　　　D. FR

2. 下列标记中,（　　）标记属于集装箱必备标记中的识别标记。

A. 箱主代号　　　B. 额定质量　　　C. 顺序号　　　D. 核对数字

3. 集装箱外部尺寸是指包括集装箱永久性附件在内的最大（　　）尺寸。

A. 长　　　　　　　　B. 宽　　　　　　　　C. 高　　　　　　　　D. 深

4. 识读下列集装箱尺寸类型代码，（　　）属于冷高柜。

A. 22R1　　　　　　　B. 25R1　　　　　　　C. 42R1　　　　　　　D. 45R1

三、判断题

1. 各类集装箱的底部都设有叉槽，以便移动。　　　　　　　　　　　　　　（　　）

2. 集装箱的箱号必须由 4 个字母和 7 个数字组成。　　　　　　　　　　　（　　）

四、填空题

写出图 2-31 所示的集装箱类型。

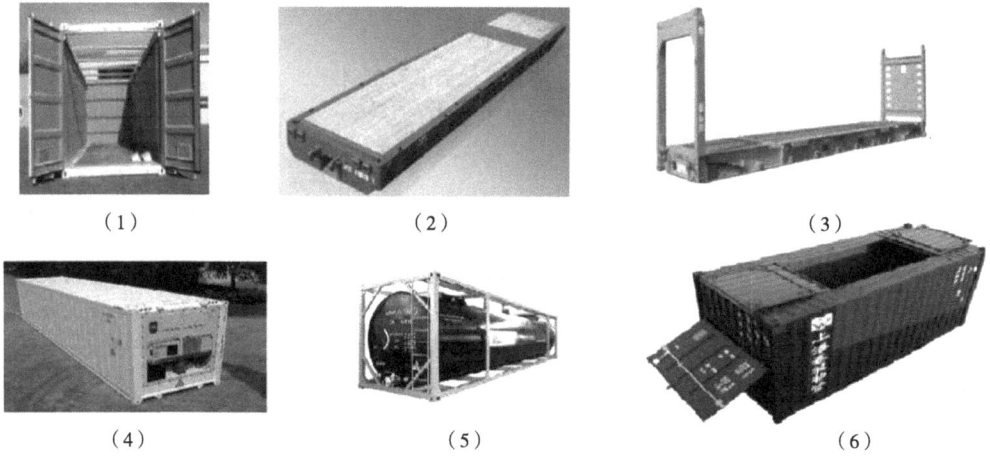

（1）　　　　　　　　　　　（2）　　　　　　　　　　　（3）

（4）　　　　　　　　　　　（5）　　　　　　　　　　　（6）

图 2-31　集装箱示例

五、简答题

观察图 2-32 所示集装箱箱体，回答以下问题。

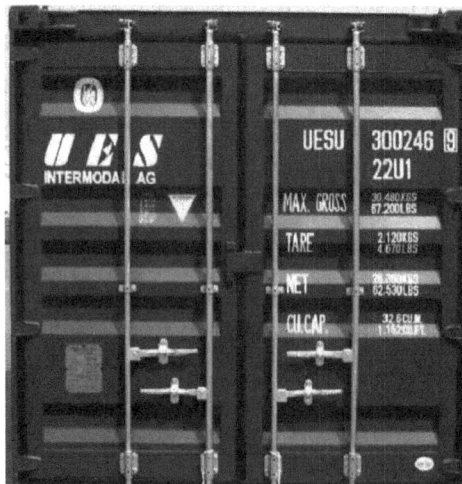

图 2-32　集装箱箱体

（1）该箱的长宽高是多少？

(2)该箱的载重、箱重及内容积分别是多少?

(3)该箱侧面有叉槽吗?

(4)该箱属于哪种类型的集装箱?适合装载哪些货物?

任务二　集装箱装箱

任务描述

A 洗衣机厂 1000 台洗衣机由青岛港海运出口到韩国釜山港,洗衣机外形尺寸为长 590 mm×宽 600 mm×高 850 mm,重量为 78 kg。计算需要装 20 ft 通用集装箱多少个,或 40 ft 通用集装箱多少个。

任务资讯

教学微课:纸箱货的装箱操作　　　　教学微课:适载集装箱的选择

一、安全装箱的重要性

货物从生产商到消费者,必定要经过长途跋涉的运输过程,若想将货物完好无缺地运送到消费者手中,安全装箱是非常重要的。货物的安全运输不能只靠承运人单方面的努力,而会涉及承运人、包装公司、运输公司等各方,各方都需要对所托运货物是否处于可运输的适合状态进行检查,及时对存在的问题采取措施,确保各个环节的安全。集装箱装箱操作的安全性决定了货物运输的安全。

安全装箱不能简单地定义为运用货物的摩擦和紧凑堆存以保证安全运送货物,而应该是"安全地装箱,保护货物,避免在装载过程中可能出现的危险",应该包含避免货物受到各种形式的损害的保护措施。

安全装箱并不是一个独立的问题,要全面地解决这个问题,需要多方面考虑以及多学科知识。从最广泛的角度来看,安全装箱基于以下因素:①运输货物的特点;②货物的结构、生产特性;③所使用的包装方法和包装材料;④所选用的货物运输装置;⑤包装方法;⑥保护措施;⑦为了保证安全装载所选用的材料;⑧运输方式和路线。

通常,负责整个装箱过程的人所起的作用举足轻重,只有当所有的操作人员接受了很好的培训并拥有相关经验才能尽量避免损失。只有运用了恰当的安全装箱方式才能避免运输过程中货物、装备、公共财产以及外部环境遭受任何损害,才能使集装箱充分发挥保护货物的功能,使货物能够安全地到达目的地,并且保证装拆箱工人的安全。

二、集装箱货物分析

集装箱货物装箱前应先根据所运输货物的种类、包装、性质及其运输要求选择合适的集装箱。对货物种类与性质进行了解,目的是看其对选箱、装箱及装卸工艺等有无特殊要求。

(一)明确货物的属性

1. 货物的种类与性质

为了保证集装箱运输中货物的完好,承运人应了解货物的品名、性质、包装种类等。不同的货物具有不同的特性,如吸湿性、黏附染尘性、易腐性等。

2. 货物的尺寸与重量

了解货物的尺寸与重量,合理选用适应其尺寸和重量的集装箱及可配载货物。任何情况下,集装箱所装货物的重量都不得超过集装箱的载重。

3. 货物的包装

包装的种类有多种,如纸箱、木箱、铁桶等。不同货物包装要求的装箱工艺也不同。了解货物的包装方式及包装材料,以判断货物的包装强度和包装材料是否符合航线上的运输条件和装卸条件的要求。

知识链接

常见的包装类型如表 2-7 所示。

表 2-7 常见包装类型

中文名称	英文名称	中文名称	英文名称
纸箱	carton	木箱	wooden case
板条箱	crate	袋	bag
麻袋	gunny bag	布袋	cloth bag
塑料袋	plastic bag	木桶	wooden cask
铁桶	iron drum	塑料桶	plastic case
瓶	bottle	托盘	pallet
卷	roll	包、捆	bale,bundle
篓,篮	basket	件	package

(二)集装箱货物的种类

1. 按货物适于集装箱装运的程度分类

不是所有种类的货物都适于使用集装箱来运输。根据货物适于集装箱(这里的"适于"是指货物的运输包装形态、尺寸、密度和化学性质与集装箱的内部尺寸、载重量标准较为匹配,装货后能使集装箱的容积利用率及载重量利用率达到最高水平)的程度,在集装箱运输中一般把各类货物分为四个类别:

(1)最适合于集装箱的货物。这类货物一般本身价值高,其外形尺度、体积和重量以及特性最适合集装箱运输。但这类货物中有很多是极易破损或被盗的,如医药用品、小型电器、仪器、小五金、纺织品、烟、酒、包装食品等。

(2)适合于集装箱的货物。这类货物一般指本身价值和运价低于最适箱货物,但其属性适宜于装集装箱,包括金属制品、纸浆(板)、某些装饰材料、电线等。

(3)边缘集装箱货物。这类货物在物理性质及形态上可用集装箱装载,但由于其本身价值和运价都较低,使用集装箱运输不够经济,如原木、生铁、散货等。

(4)不适于集装箱的货物。这类货物由于其本身属性,在物理形态和经济原因方面不适宜使用集装箱装载,如废钢铁、大型构件、机械设备、沙子等。这些货物中有一部分如采用专用运输设施和工具来运输更为合适。

目前,集装箱运输的货物种类越来越多。过去一般采用租船运输的货物,如价值较高且批量不大的固体散货,如精矿粉、散粮、超尺度货物、小型汽车、鲜活易腐货物和活动物,由于集装箱种类不断增加,尤其是特种箱的使用,现在可使用集装箱来运输,而且还有不断增加的趋势。

2. **按货物性质分类**

(1)普通货物(general cargo)。普通货物是指不需要用特殊方法进行装卸和保管、可按件计数的货物。其特点是批量不大,品种较多,单价较高,具有较强的运费负担能力,经常用定期船运输。普通货物包括各种轻工业品、纺织机械、衣服类货物等。普通货物根据其包装形式和货物的性质又可分为清洁货和污货两类。

①清洁货(clean cargo),又称"细货"(fine cargo)或"精良货",是指货物本身清洁而干燥,在积载和保管时本身无特殊要求,如与其他货物混载,不会损坏或污染其他货物的货物。如纺织品、橡胶制品、陶瓷器、漆器、电气制品、玩具等。

②污货(dirty cargo),又称"粗货"(rough cargo,troublesome cargo),是指货物本身的性质和状态容易发潮、发热、风化、融解、发臭等,容易对其他货物造成严重湿损、污损和熏染气味的货物。如胡椒、樟脑、牛皮、水泥、石墨、油脂、沥青等。

(2)典型货物。典型货物是按货物性质和形态本身已包装的、需采用与该包装相适应的装载方法的货物。此类货物对装卸要求较高。

①箱装货物。箱装货物主要是指木箱装载货物,其尺寸大小不一,从 50 kg 以下的包装货物到几吨重的大型机械木箱均为箱装货。通常采用木板箱、板条箱、钢丝板条箱。通常装载的货物主要有玻璃制品、电器制品、瓷器制品等。

②纸板箱货物。纸板箱货物一般用于包装比较精细的和比较轻的货物,包括水果类、酒类、办公用品、工艺品、玩具等。

③捆包货物。捆包货物一般指根据货物的品种形态需要捆包的货物,包括纤维制品、羊毛、棉花、棉布、纺织品、纸张等。

④袋装货物。袋装货物是指装在纸袋、塑料袋、布袋、麻袋内的货物。用纸袋装载的货物有水泥、砂糖;用塑料袋装载的货物有肥料、化学药品、可可、奶粉等;用麻袋装载的货物有粮食;用布袋装载的一般为粉末状货物。

⑤鼓桶类货物。鼓桶类货物是指货物的包装形式是圆形或鼓形的,包括油类、液体和粉末化学制品、酒精、糖浆等。桶按包装材质可分为铁桶、木桶、纸板桶等。

⑥滚动类货物。按货物本身形态划分,滚动类货物可分为卷盘货和滚筒货。卷纸、卷钢、钢丝绳、电缆、盘条等属于卷盘货;塑料薄膜、柏油纸、钢瓶等属于滚筒货。轮胎等也属于滚动类货物。

⑦托盘货物。托盘货物是指货物本身需装在托盘上的货物。

(3)特殊货物。特殊货物是指在货物性质上、质量上、价值上或货物形态上具有特殊性,运输时需要特殊集装箱装载的货物。特殊货物可分为以下几种:

①超尺度和超重货物,是指货物的尺寸超过国际标准集装箱的尺寸而装不下的货物,或单件货物质量超过国际标准集装箱的最大载重量的货物,如大型机械设备、动力电缆等。

②冷藏货物,是指需要保持在特定温度下进行运输的货物,如肉类食品、水果、蔬菜、奶类

制品等。

③液体、气体货物,是指需要装在容器内进行运输的散装液体或气体货物,如酒精、酱油、葡萄糖、食用油、乳胶、天然气、液化气等。

④干散货物,是指散装在箱内无包装的货物,包括谷物、麦芽、树脂等。

⑤活动植物,是指需要提供维持正常生命活动环境的货物,如猪、牛、羊、马等家禽家畜,花卉、树苗等植物。

⑥危险货物,是指具有易燃、易爆、毒害、腐蚀和放射性危害而需要安全防护的货物,如烟花爆竹、农药等。

⑦贵重货物,是指单件货物价格比较昂贵的货物,如精密仪器、手工艺品、出土文物等。

3. 按货运形态分类

在集装箱货物运输中,按货流组织不同的形态可把集装箱分为整箱货和拼箱货两种。

(1)整箱货(full container load,FCL)。整箱货指发货人一次托运的货物数量较多,足以装满一个或多个集装箱的货载。发货人自行装箱,负责填写装箱单、场站收据,并办好加封等手续。这意味着承运人接收的货物是外表状态良好、铅封完整的集装箱;货物运抵目的地时,承运人将同样的集装箱交付收货人,收货人自行将货物从集装箱中卸出。整箱货习惯上理解为一个发货人和一个收货人。

(2)拼箱货(less than container load,LCL)。拼箱货指发货人一次托运的货物数量较少,不足以装满一个集装箱,即需要与其他发货人的货物拼装于一个集装箱内进行运输。承运人以货物原有的形态从各发货人手中接收货物,由承运人组织装箱运输,运到目的地后承运人将货物从箱中卸出后,以原来的形态向各收货人交付。拼箱货物的装、拆箱一般在码头、内陆货运站、中转站、铁路办理站和集装箱货运站进行。拼箱货习惯上理解为多个发货人和多个收货人。

三、集装箱的选择

集装箱的选择主要是对集装箱类型的选择、集装箱规格的选择。

(一)集装箱类型的选择

目前使用的集装箱有通用集装箱、冷藏集装箱、罐式集装箱、散货集装箱等多种类型,不同类型的集装箱是根据不同类型货物及运输的实际要求而设计制造的。对集装箱箱型种类的选择主要应根据货物的种类、性质、包装形式和运输要求来进行。如对运输没有特殊要求的普通干散货物,可选择使用最普遍的封闭式通用集装箱;含水量较大的货物或不需要保温运输的鲜货等可选择使用通风集装箱;在运输途中对温度有一定要求的货物可选择使用保温、冷藏、冷冻集装箱;超高、超长、超宽或必须用机械(吊车、叉车等)装箱的货物可选择使用开顶、框架、平台集装箱;散装液体货物可选择罐式集装箱。表2-8列出了各类货物适用的箱型供参考。

表2-8 各类货物适用的集装箱类型

集装箱货物种类		适合的集装箱类型
普通货物	清洁货物	通用集装箱、通风集装箱、开顶集装箱、冷藏集装箱
	污染货物	通用集装箱、通风集装箱、开顶集装箱、冷藏集装箱
特殊货物	冷藏、冷冻货物	冷藏集装箱
	易腐货物	冷藏集装箱、通风集装箱

集装箱货物种类		适合的集装箱类型
特殊货物	活动物、植物	动物集装箱、通风集装箱
	大件货物	开顶集装箱、框架集装箱、平台集装箱
	液体、气体货物	罐式集装箱、通用集装箱
	干散货物	散货集装箱、通用集装箱
	贵重货物	通用集装箱
	危险货物	通用集装箱、框架集装箱、冷藏集装箱

(二)集装箱规格的选择

国际集装箱的规格尺寸有多种,不同规格的集装箱的最大载重量、容积都有较大的差别。应根据集装箱货物的数量、批量和货物的密度选择不同规格尺寸的集装箱。

一般来说,货物密度与集装箱的容重两者应相适应。

所谓货物密度是货物单位体积的货物质量,以平均每立方英尺或每立方米货物体积的货重作为货物的密度单位。

$$货物密度 = \frac{货物总质量}{货物体积}$$

对于集装箱来说,用集装箱的最大载重量除以集装箱的容积,所得之商叫作集装箱的容重。

$$集装箱容重 = \frac{集装箱的最大载重量}{集装箱的容积}$$

在实务中,货物装入箱内时,货物与货物之间、货物与集装箱内衬板之间、货物与集装箱顶板之间都会产生无法利用的空隙,被称为弃位。实际当中,在比较集装箱的容重与货物的货物密度时,上式集装箱的容重应修订如下:

$$集装箱容重 = \frac{集装箱的最大载重量}{集装箱的容积 - 装箱弃位}$$

或者 $$箱容利用率 = 集装箱有效内容积 / 集装箱总内容积$$

$$集装箱容重 = \frac{集装箱的最大载重量}{集装箱的容积 \times 箱容利用率}$$

通常在初步计算时,箱容利用率取80%,装箱技术好的可以达到85%以上,有些货物如箱包类箱容利用率更高,能达到90%以上。部分集装箱容重如表2-9所示。

表2-9 部分集装箱容重

集装箱种类	最大载重量		集装箱容积		箱容利用率100%的容重		箱容利用率80%的容重	
	kg	lb	m³	ft³	kg/m³	lb/ft³	kg/m³	lb/ft³
20 ft 杂货	21790	48047	33.2	1172	656.3	41	820.4	51.3
40 ft 杂货	27630	60924	67.8	2426	407.5	25.1	509.4	31.4
20 ft 敞顶	21480	47363	28.4	1005	756.3	47.1	954.4	58.9
20 ft 台架式	21230	46812	28.5	1007	744.9	46.5	931.1	58.1

注:此表只作为参考,实际容重按所使用集装箱的实际载重和容积计算。

如果货物密度大于箱的容重,这种货一般称为重货,选用的集装箱规格不宜过大。

如果货物密度小于箱的容重,这种货一般称为轻货,宜选用大规格集装箱。

为使集装箱的容积和载重量得到充分利用,在选箱时应选择容重与货物密度相接近的集装箱。

在实际工作中,除了考虑集装箱的容积和载重量是否可以容纳下所托运的货物外,还要考虑尽可能地节约运费。通常船公司确定的运价表中,一个 40 ft 箱的运费是 20 ft 箱运费的 1.7 倍。如果货物可以使用两个 20 ft 箱或一个 40 ft 箱时,那么,应首选使用一个 40 ft 箱。

四、集装箱需用量的确定

(一)按货物密度和集装箱容重计算集装箱数量

(1)如果货物密度大于集装箱的容重,则用货物质量除以集装箱的最大载重量,即得所需要的集装箱箱数。

(2)如果货物密度小于集装箱的容重,则用货物体积除以集装箱的有效容积,即得所需要的集装箱数。

(3)如果货物密度等于集装箱的容重,则无论按重量计算还是按容积计算都可求得集装箱的需要量。

注意:及时区分所装货物是重货还是轻货两种不同的情况,对提高装箱效率很重要。

【例 2-1】所装货物为纸板箱包装的汽车零部件,共 750 箱,体积为 117.3 m^3,质量为 20330 kg,问:此类货物使用 20 ft 集装箱还是 40 ft 集装箱?需要多少个呢?(假设箱容积利用率为 80%。)

(1)计算货物密度。

货物密度=货物的质量/货物体积=20330÷117.3=173.3(kg/m^3)

(2)选择集装箱箱型:查找和货物密度最相近的集装箱的容重。箱容积率为 80% 时,20 ft 的集装箱容重为 820.4 kg/m^3,40 ft 的集装箱容重为 509.4 kg/m^3。所以选择 40 ft 集装箱。

(3)断定货物是轻货还是重货。

173.3 kg/m^3 < 509.4 kg/m^3

货物密度小于箱的容重,故所装货物为轻货。

(4)计算集装箱的有效容积、该种货物最大装载量。

集装箱的有效容积=所选集装箱的容积×容积利用率=67.8×80%=54.24(m^3)

某货物单位集装箱的最大装载量=集装箱的有效容积×单位货物的质量/单位货物体积= 54.24×173.3=9399.792(kg) < 40 ft 集装箱的最大装载量

所需 40 ft 集装箱数=117.3÷54.24≈2.2

如果使用 3 个 40 ft 集装箱,第三个 40 ft 集装箱的利用率会很低。考虑到使用了 2 个 40 ft 集装箱后,剩余的货物体积为:

117.3-54.24×2=8.82(m^3) < 20 ft 集装箱的容积

8.82×173.3=1528.506(kg) < 20 ft 集装箱的最大装载量

所以,可以选用两个 40 ft 集装箱和一个 20 ft 集装箱。

(二)按货物码放位置精确计算集装箱数量

对于规则形状的货物应该按照它在集装箱内摆放的多少来计算需要的集装箱数量,有些圆桶状或长方形的包装货物的容积利用率是较低的。

【例 2-2】假设使用 20 ft 集装箱,内部尺寸为长 5.92 m×宽 2.34 m×高 2.41 m,现向集装箱内装入的商品为纸箱包装,纸箱的体积为长 36 cm×宽 28 cm×高 12 cm(假设该货物不可倒置)。

计算集装箱的需要量,就要先计算一个集装箱内可以装进多少个包装箱。

(1)货物的长对着集装箱的长:

长的方向:592÷36=16

宽的方向:234÷28=8

高的方向:241÷12=20

共装:16×8×20=2560(个)

(2)货物的宽对着集装箱的长:

长的方向:592÷28=21

宽的方向:234÷36=6

高的方向:241÷12=20

共装:21×6×20=2520(个)

(3)若交错摆放,可装 2660[(16×7+21)×20]个。

比较三种装法,装入最多的为最大装箱数量。若采用第三种装法,可以最大地利用集装箱的空间。

五、集装箱使用前的检查

集装箱在装载货物前,必须进行严格的检查。一个有缺陷的集装箱,轻则导致货损,重则可能在运输或装卸过程中造成箱毁人亡事故。货主或货运部门在用空箱进行装货前,首先要对集装箱进行必要检查,以确保该集装箱技术上处于良好状态。对集装箱的检查包括以下内容。

1. 集装箱的外部检查

外部检查是指对集装箱进行六面察看,主要看其外表有无损伤。如发现有弯曲、凹痕、擦伤等痕迹时,应在其损伤周围进行仔细检查,同时对该损伤的内侧也应进行检查。

2. 集装箱的内部检查

内部检查是对集装箱的内侧进行六面察看,主要看是否漏水、漏光,有无污点、水迹等。可将集装箱门关闭,在其内部察看有无漏光现象,以确认是否存在破孔,也可通过内衬板上有无水湿痕迹判断其有无破孔现象。另外,还应检查集装箱内表面有无凸出物,以免对货物造成伤害。

3. 箱门检查

检查箱门是否完好,门锁装置是否处于正常状态,箱门的四周是否水密,能否 270°开启等。

4. 清洁检查

清洁检查是指集装箱内有无残留物、污染、锈蚀异味、水湿,如不符合要求,应予以清扫,甚至更换。

5. 附件的检查

主要检查固定货物用的环、眼的安装状态,框架集装箱支柱的状态,开顶集装箱专用篷布有无破损和安装用索具的状态,通风集装箱和冷冻集装箱的通风孔、闭锁装置和排水阀的状态是否正常。

经过检查的集装箱应符合以下要求:

(1)符合集装箱的各种技术标准,具有合格检验证书;

(2)集装箱的外表状态良好,没有明显损伤、变形、破口等异常现象,板壁凹损应不大于30 mm,任何部分凸损不得超过角配件外端面;

(3)箱门完好,水密、门锁完整;

(4)箱内清洁、干燥,无异味,无污染和残留物,衬板、涂料完好;

(5)附属件的强度、数量满足有关规定和运输要求;

(6)集装箱本身的机械设备(冷冻、通风等完好)能正常使用。

六、集装箱货物的装箱

(一)集装箱货物装载的一般要求

1. 合理分配货物重量

货物在集装箱内重量分布应均匀。如果集装箱某一部位装载的负荷过重,则有可能使箱子底部结构发生弯曲或脱开。在吊机和其他机械作业时,由于箱内货物重量分布不均,作业时集装箱会发生倾斜,致使作业不能进行。此外,在陆上运输时,如存在上述情况,拖车因前后轮的负荷差异过大,也会发生故障。

装载时要使箱底上的负荷平衡,箱内负荷不得偏于一端或一侧,特别是要严格禁止负荷重心偏在一端的情况。所以,在货物装箱时,首先应根据货物的体积、重量、外包装的强度以及货物性质进行分类,把外包装坚固、重量较重的货物装在集装箱的底部,外包装较脆弱、重量较轻的货物装在集装箱上部,装载过程中使货物在箱底形成均匀分布(见图 2-33);其次,任何情况下箱内所装货物的重量不能超过集装箱的最大装载量,集装箱的最大载重量由集装箱的总重减去集装箱的自重求得,总重和自重一般都标在集装箱的箱门上;最后,要避免产生集中载荷,如装载机械设备等重货时,箱底应铺上木板等衬垫材料,尽量分散其负荷。标准集装箱底面平均单位面积的安全负荷大致如下:20 ft 集装箱为 1330×9.8 N/m²,40 ft 集装箱为 980×9.8 N/m²。

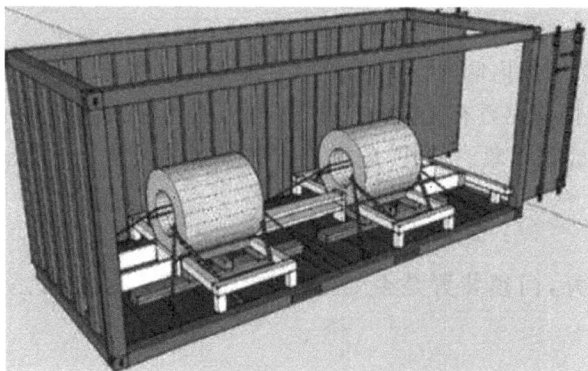

图 2-33 货物分布均匀装箱示意图

2. 货物的必要衬垫

衬垫是指根据商品不同形状及薄弱部位,用于固定商品,确保商品在运输过程中不致移动,同时具有缓冲作用的包装构件。衬垫一般包括木质衬垫、横梁、木板、胶合板、硬质纤维板、滑板、垫子、纸、防水布、帆布、塑料板、金属片、纸板、包装纸、油纸、滑石粉等。衬垫的主要作用有:①防止水蒸气;②避免潮湿;③防止被污染;④防止机械性损坏。

按使用和应用情况,衬垫的种类可以分为底部衬垫、内层衬垫、顶部衬垫、侧垫。

装载货物时,要根据包装的强度和货物的特性来决定对其进行必要的衬垫。外包装脆弱的货物、易碎货物应夹衬缓冲材料,防止货物相互碰撞挤压;为填补货物之间和货物与集装箱侧壁之间的空隙,有必要在货物之间插入垫板、覆盖物之类的隔货材料;货物下端进行必要的衬垫,使质量均匀分布。

衬垫材料选择时要注意使用清洁、干燥的垫料,如使用潮湿的垫料,易发生货损事故。此外,对于出口集装箱货物应采用非植物检疫对象的材料作为衬垫材料。

3. 货物的合理固定

货物在装箱后,一般都会产生空隙。由于空隙的存在,必须对箱内货物进行固定处理,以防止在运输途中,尤其是海上运输中由于船体摇摆而造成的货物坍塌与破损。货物的固定方法主要有以下几种:

(1)支撑,用方形木条等支柱使货物固定。

(2)塞紧,在货物之间或货物与集装箱侧壁之间用方木等支柱在水平方向加以固定,或者插入填塞物、缓冲垫、楔子等防止货物移动。

(3)系紧,用绳索、带子等索具或用网具等捆绑货物。

由于集装箱的侧壁、端壁、门板处的强度较弱,因此,在集装箱内对货物进行固定作业时要注意支撑和塞紧的方法,不要直接支撑在这些地方,应设法使支柱撑在集装箱的主要构件上。此外,也可将衬垫材料、扁平木材等制成栅栏来固定货物。

4. 货物合理混装

货物混装时,要避免相互污染或引起事故。因此,在不同种货物混装时有如下要求。

(1)避免干、湿货物的混装。液体货物或有水分的货物与干燥货物混载时,如果货物出现泄漏渗出汁液或因结露产生水滴,就有可能引起干燥货物发生湿损、污染、腐烂等事故,因此,要尽可能避免混载。当然,如果货物装在坚固的容器内或湿货装在下层,也可以考虑混载。

(2)尽可能不与强臭货物或气味强烈的货物混装。如肥料、鱼粉、兽皮等恶臭货物,以及胡椒、樟脑等强臭货物不得与茶叶、咖啡、烟草等香味品或具有吸臭性的食品混载。对于与这些恶臭、强臭货物混装的其他货物也应采取必要措施,有效阻隔气味。

(3)尽可能不与粉末类货物混装。水泥、肥料、石墨等粉末类货物与清洁货物不得混装。

(4)危险货物之间不得混装。危险货物相互混装,容易引起着火和爆炸等重大事故,不得混装。

(5)包装不同的货物要分别装载。木质包装的货物不要与纸质包装或袋包装的货物混装,防止包装破损。

(二)各类集装箱货物的装载要求

集装箱货物的现场装箱作业,通常有全部用人力装箱、用叉式装卸车(铲车)搬进箱内再人力堆装和全部使用机械装箱三种方法。在这三　教学动画:集装箱装箱

— 71 —

种方法中,第三种方法最理想,装卸率最高,发生货损事故最少。但是即使全部采用机械装箱,装载时如果忽视了货物特性和包装状态,或由于操作不当等原因,也往往会发生货损事故。特别是在内陆地区装载集装箱时,由于装箱人不了解海上货运时集装箱的状态,其装载方法通常都不符合海上货运的要求,从而引起货损事故的发生,因此应熟悉常见集装箱货物的装箱操作方法。

1. 木箱的装箱

木箱的种类繁多,尺寸和重量各异。木箱装载和固定时应注意的问题有:

(1)装载比较重的小型木箱时,可采用骑缝装载法,使上层的木箱压在下层两个木箱的接缝上,最上一层必须加以固定。

(2)装载小型木箱时,如箱门端留有较大的空隙,则必须利用熏蒸过的木板和木条加以固定或撑紧。

(3)装重心较低的重、大木箱只能装一层且不能充分利用箱底面积时,应装在集装箱的中央,底部横向必须用方形木条加以固定。

(4)对于重心高的木箱,仅靠底部固定是不够的,还必须在上面用紧固带拉紧。

(5)装载特别重的大型木箱时,经常会形成集中负荷或偏心负荷,故必须有专用的固定设施,不让货物与集装箱前后端壁接触。

(6)装载木或铁框箱时,通常使用钢丝绳拉紧,或用具有弹性的尼龙带或布带来代替钢带。

木箱装箱示意如图 2-34 所示。

图 2-34 木箱装箱图

2. 纸箱的装箱

纸箱是集装箱货物中最常见的一种包装,一般用于包装比较精细的和轻的货物。纸箱货的尺寸大小不一。如果集装箱内装的纸箱货尺寸较小,而且规格统一,则可进行无空隙堆装。这种装载方式的箱容利用率较高,而且不需要进行固定,是一种最经济理想的装载形式。

如果集装箱内装载同一尺寸的大型纸箱,则箱内常会产生空隙。在集装箱的横向,如空隙为 10 cm 左右,一般不需对货物进行固定,因为在实际装载时,这样大小的空隙可人为地分散开来。但如果空隙较大,货物则需根据具体情况加以固定。当然如果不同尺寸的纸箱进行混装,可以利用其大小变化搭配堆装,以消除空隙。装货前如果可以判定出货物数量装入箱内有较大空隙时,应先将箱底占满,再向上堆装。

纸箱货装箱操作的注意事项如下:

(1)装箱顺序是要从箱里往外装,或从两侧往中间装。

(2)在横向产生 250～300 mm 的空隙时,可以利用上层货物重量相互压紧,不必进行特别处理,但最上层货物则需用填塞的方法来消除空隙。

(3)为了不使下层纸箱受压变形,需要在集装箱的中间层进行衬垫。衬垫材料最好用波纹纸板,其优点是重量轻、价格便宜、摩擦力大、对防止货物滑动效果明显。

(4)装载小型纸箱货时,为了防止塌货,可采用纵横交错的堆装法,如图 2-35 所示。

(5)当箱门端留有较大的空隙时,则需要利用防护材料来固定货物,如图 2-36 所示。

图 2-35 纵横交错堆装法

图 2-36 纸箱装箱图

3. 袋装货物的装箱

袋包装的种类有麻袋、布袋、塑料袋等,主要装载的货物有粮食、咖啡、可可、废料、水泥、粉状化学药品等。通常袋包装材料的抗潮、抗水湿能力较弱。袋装货在装载和固定时应注意的问题有:

(1)装箱前箱内敷设薄膜或帆布,装箱后在货顶部铺设塑料等防水遮盖物;

(2)袋装货一般容易倒塌和滑动,可在袋装货中间插入衬垫板和防滑粗纸或用粘贴剂粘牢;

(3)袋装货一般在中间呈鼓凸形,常用砌墙堆装法和交错堆装法,如图 2-37、图 2-38 所示;

(4)为防止袋装货堆装过高而有塌货的危险,需要用系绑用具加以固定。

图 2-37 砌墙堆装法

图 2-38 交错堆装法

— 73 —

4. 托盘货的装箱

托盘是用于集装、堆放、搬运和运输的放置作为单元负荷的货物和制品的水平平台装置。托盘上一般装载轻的纸箱货、袋装货等。托盘上的纸箱或袋子可以用粘贴法固定,或用钢带与托盘扎成井字形,或用聚乙烯膜收缩包装,将货物与托盘牢固地固定在一起形成托盘货(见图2-39)。托盘货物的四种基本堆砌方式,分别为重叠式、纵横交错式、烟囱式与压缝式堆砌。

托盘货物装箱操作时的注意事项如下:

(1)托盘的尺寸在集装箱内横向只能装一块时,货物必须放在集装箱的中央。

(2)托盘的尺寸在集装箱的横向可放两块时,托盘应紧靠集装箱的两侧放置,再在中央空隙处抵上支撑阻挡的木条加以填充支撑。

(3)当装载两层以上的托盘货时,要在横向或纵向的空隙处加挡木以固定,上层托盘货还需使用跨挡木条塞紧。如果货物比较重,必要时应用钢带把两层托盘货扎紧。

(4)当托盘数为奇数时,应把最后一块托盘放在中央,并用绳索通过系环拉紧。

图2-39 托盘货装箱图

5. 滚筒货物的装箱

滚筒货物一般有卷纸、卷钢、钢丝绳、电缆、盘条等卷盘货,塑料薄膜、柏油纸、钢瓶,以及轮胎等。滚筒货通常需要竖装,在侧壁和端壁上要铺设胶合板使其增强受力的能力。装载时,从箱端开始要堆装紧密,货物之间如有空隙,则应用柔软的衬垫等填塞。

对于滚筒货,一般情况下不宜横装,以防止产生变形或造成货损。如果特殊原因必须横装时,必须使用楔子或相应材料使它离开箱体四壁,而且每一层都要用楔子固定。滚筒货装箱时一定要注意消除其滚动的特性,做到有效、合理地装载。

卷纸、卷钢、钢丝绳、电线等卷盘货在水平装载时要铺满整个箱底。为防止运输中因摇摆产生对箱体四壁的冲撞,必须用若干个坚固的空心木座插在货物和端壁之间,牢固地靠在侧壁上。装载中要采取必要的措施充分保护好端壁和箱门。

(1)卷钢的装载和固定操作。卷钢属于集中负荷的货物,但是热轧卷钢一般比电缆轻。装载卷钢时,货物之间要互相贴紧,并装在集装箱的中央,如图2-40所示。

图 2-40　卷钢货装箱图

（2）盘条的装载和固定操作。只能用机械装载的重货，一般在箱底只能装一层。装载时最好使用井字形的盘条架。大型盘条还可以用直板系板、夹件等在集装箱箱底进行固定。

（3）电缆的装载和固定操作。电缆是绕在电缆盘上进行运输的，装载电缆盘时应注意箱底的局部强度问题。大型电缆盘在集装箱内只能装一层，应使用支架以防止滚动。

（4）轮胎的装载与固定操作。普通卡车用的小型轮胎竖装横装都可以。横装时比较稳定，不需要特别加以固定。大型轮胎一般以竖装为多，应根据轮胎的直径、厚度来研究其装载方法，并加以固定，如图 2-41 所示。

图 2-41　轮胎装箱图

6. 桶类货物的装箱

桶装货一般包括各种油类、液体和粉末类的化学制品、酒精、糖浆等，其包装形式有铁桶、木桶、塑料桶、胶合板桶和纸板桶五种。除桶口在腰部的传统鼓形木桶外，桶装货在集装箱内均以桶口向上的竖立方式堆装。由于桶体呈圆柱形，故在箱内堆装和加固的方法均应根据具体尺寸决定，使其与箱型尺寸相协调。

桶类货物装箱的注意事项如下：在装箱前要严格检查货物是否泄漏。桶类货物和滚筒货物一样以竖装为原则，桶类货物竖装时桶盖朝上，堆装几层时，每层中间要插入垫板使负荷分散以求得稳定。上层桶最好用钢丝绳或绳索捆紧，尽可能实现托盘化。

(1)铁桶的装载和固定。集装箱运输中以 0.2 m³(55 加仑)的铁桶最为常见,如图 2 - 42 所示。这种铁桶在集装箱内可堆两层,每个 20 ft 集装箱内一般可以放 80 桶。装载时要求桶与桶之间要靠紧,对于桶上有凸缘的铁桶,为了使桶与桶之间的凸缘错开,每隔一行要垫一块垫高板,装载第二层时要同样垫上垫高板,而不垫垫高板的这行要垫上胶合板,使上一层的桶装载稳定。

图 2 - 42 铁桶装箱图

(2)木桶的装载和固定。木桶一般是鼓形,两端有铁箍,由于竖装时容易脱盖,故原则上要求横向装载。横装时木桶的两端要垫上木楔,木楔的高度要使桶中央能离开箱底,避免腰部受力。

(3)纸板桶的装载和固定。纸板桶的装载方法与铁桶相似,但其强度较弱,故在装箱时应注意不能使其翻倒而产生破损。装载时必须竖装,装载层数根据桶的强度而定。上下层之间插入胶合板作衬垫,以便分散负荷。

7. 超限货物的装箱

所谓超限货物是指单件长、宽、高的尺寸超过了国际标准集装箱规定尺寸而装载不下的货物。国际标准集装箱都具有统一标准,特别是在尺度方面都有严格的限制,相应的集装箱装卸设备、运载工具等也都是根据这些标准设计制造的。如果货物的尺寸超出这些标准规定值,对装载、装卸、运送各环节都会带来一些困难和问题。但随着集装箱运输的发展,货主对于超尺度货物集装箱化运输的需求不断增多,所以相对于此类大件货物的集装箱装载也在实践中总结出一些方法,以满足货主的需要。

(1)超高货物的装载。超高货物是指货物高度超过集装箱箱门高度的货物。超高货物只能用开顶式集装箱或台架式集装箱装载。装载超高货物不仅需要考虑装载作业本身的可能性,而且还要考虑以下因素:

①道路通过能力的限制。常用的国际标准集装箱的高度为 2591 mm(1AA 型和 1CC 型),在这一高度内一般陆上运输没有问题,但若超出 20 mm 以上,需要事先向交通运输部门提出申请。对高度有限制的路段或隧道等,应用特制的低架式底盘车运输,或改用驳船进行水上运输。装载超高货物前应对运输路线做好周密细致的调查。

②装卸机械作业条件的限制。车站和码头所使用的装卸设备,如装卸桥、跨运车、搬运吊车等都是按标准集装箱设计的,没有考虑装载超高货物等特殊情况。因此,装卸超高货物时,在机械上要临时安装一定的附属工具,如在装卸桥的集装箱专用吊具的四角分别安装钢丝绳来吊装超高集装箱货物。

③船舶装载空间的限制。集装箱船装载超高货物时,只能在舱内或甲板上的最上层。集装箱船舱内的高度一般是每层 2.59 m 的高度。

(2)超宽货物的装载。超宽货物是指货物宽度超过集装箱箱门宽度的货物。集装箱船舶对超宽货物的限制主要由箱格结构入口导槽的形状而定。除受到集装箱结构上的限制外,其还受到装卸作业条件和集装箱船装载条件的限制。对于车站和码头的超宽限制是根据所使用的机械设备的种类而定的,例如,跨运车对超出箱体(单边)10 cm 以上的超宽货就难以进行装卸作业。另外,堆放集装箱时,集装箱之间的空隙大小对超宽货物也有相应的限制。通常日本集装箱船为 200 mm 左右,而其他国家船舶约为 180 mm。装载超宽货时,还必须充分注意货物的横向固定问题,如果超宽货物产生了横向移动,货物就会紧靠在相邻的集装箱上,严重时甚至会戳破相邻集装箱的箱壁,因此,超宽集装箱的固定作业要比普通集装箱更为严格。

(3)超长货物的装载。超长货物,一般只能用台架式集装箱装载。装载时,需将集装箱两端的插板取下,并铺放在货物下部。在有箱格结构的集装箱船上,舱内不能装载超长货物。因为每个箱格都有横向构件,所以只能在其甲板上装载。超长货物的超长量有一定限制,最大不得超过 306 mm(即 1 ft 左右)。

8.冷藏货物的装箱

冷藏货物分为冷冻货物和低温货物两种。

冷冻货物是指在冻结状态下进行运输的货物,运输温度的范围一般在−20 ℃至−10 ℃之间。低温货物是指在还未冻结或表面有一层薄薄的冻结层的状态下进行运输的货物,一般的温度调整范围在−1 ℃至+11 ℃左右。货物要求低温运输主要是为了保持货物的鲜度,有时为了维持货物的呼吸和防止箱内产生水滴而需要在箱内进行通风。通常,运输温度是由发货人书面指定的。

在冷藏货物中,食品类货物占的比重较大,运输质量要求较高;此外还有医药用品、化学用品等冷藏货物。

(1)低温冷藏货物装载。在运输过程中为了防止货物变质需要保持一定的温度。即使是同一种货物,由于运输时间、冻结状态和货物成熟度不同,对运输温度的要求也不同。因此,装货时要注意以下事项:

①在装货过程中,冷冻机应暂时停止运转。

②在装货前,冷冻集装箱内使用的垫木和其他衬垫材料要进行预冷。

③应选用清洁卫生的衬垫物,以避免对货物的污染。

④不要使用纸、板等材料作衬垫,以免堵塞通风管和通风口。

⑤要根据货物的性质和包装形状来选择正确的装载方法。装货时注意不能让货物堵住通风管,箱顶部分要留出适当空隙,使冷气在箱体内有效流通,达到冷却效果。

⑥由于冷藏货要比普通杂货更容易滑动,也容易破损,因此对货物要加以固定。固定货物时可以用网等作衬垫材料,以确保冷气的正常流动。

⑦严格禁止将已降低鲜度或已变质发臭的货物装进箱内,以避免损坏其他正常货物。

低温冷藏货物中的水果、蔬菜等货物,经常进行呼吸作用,从空气中吸收氧气,放出二氧化碳、少量的热和水分。因此,若冷风循环差,会导致氧气量减少,二氧化碳增加,货物的呼吸作用减弱,会使其变质腐烂,特别是在常温运输时,影响更为显著。为此,要使冷风循环畅通,一定要把通风口打开,进行换气,保证货物的供氧。另一种方法是在车厢内释放氧气,使氧气保持一定浓度,从而使新鲜物品保持在低氧状态下,不至于腐烂变质。

(2)冷冻集装箱货物装载。冷冻集装箱在装货前首先应检查该箱是否处于正常状态,检查合格后方能装货,检查的主要内容如下:

①检查集装箱的内装、外表、隔热保温材料等有无损坏,还要检查箱门的气密性和箱内是否干燥、清洁。

②根据所运货物的具体要求,检查通风口的关闭状态。如有的低温货物为了要维持其呼吸作用需要把通风口打开,但有的低温货物却要求把通风口关上,而在运输冷冻货物时一定要把通风口关闭,否则热气将进入箱内引起货损。

③检查集装箱的通风管和排水口是否堵塞。堵塞时,必须进行清除。

冷冻货物装箱时要对集装箱进行预冷,同时检查货物本身是否预冷到指定的温度。装货时不要挡住冷风出口,妨碍冷风在箱内的循环,也不要把货物堆装在风管下面,以免造成冷风循环不畅。装载冷冻货物时,集装箱的通风口必须关闭,形成气密。

9. 干散货的装箱

用散货集装箱运输的散货主要有:麦芽、燕麦、大豆等谷类,粒状和小块状的饲料,粉状和颗粒装的化学制品以及其他如树脂、铝渣、黏土等工业原料的散货。

散货也可采用杂货集装箱运输,但由于杂货集装箱的强度较差,只限于运输干草块、麦芽等较轻的散货,所以在选择运输散货的集装箱时,要充分掌握货物的特性、货物的密度及集装箱的强度等装载条件。

10. 危险货物装箱

所谓危险货物是指具有引火爆炸或货物本身具有毒性、腐蚀性、氧化性并可能危害人体健康或使财物遭受损害的运输对象的总称。

承运人接受危险品货物订舱时,应首先了解和遵守目的港所在国的有关规则,如美国的联邦章程规则、英国的蓝皮书、国际海事组织规则等。其次,要调查清楚该危险品的品名、性质、危险品等级、标志、装载方法、包装容器及发生事故时应采取的措施等。最后,在获得海事部门同意后,承运人才能接受该危险品货物的装运工作。

危险货物的装载工作应由专门从事危险品装箱的站点完成。装载危险货物前,先要仔细检查集装箱的强度、结构是否适合装载危险货物,并对集装箱进行彻底清扫。装载时必须使该危险货物不会产生移动、翻倒、冲击、摩擦、压坏、泄露等危险。

危险货物的装箱要求如下:

(1)装入集装箱的危险货物及其包装应当保持完好,无破损、撒漏或者渗漏,并按照规定进行衬垫和加固,其积载、隔离应当符合相关安全要求。

(2)危险货物的任何部分不得从箱内突出,装箱后即应关门封锁。

(3)性质不相容的危险货物不得同箱装运。

(4)危险货物只有按《国际海运危险货物规则》中有关规定包装后才能装载集装箱运输。

(5)液化气体、压缩气体应装载在符合《国际海运危险货物规则》规定的容器内。

(6)某些干燥的散装危险货物,可装载在《国际海运危险货物规则》规定的散装容器内。

(7)当一票危险货物只构成集装箱内容的一部分,最好应装载于箱门附近。

(8)托运人应保证其所托运货物已正确申报货名、加以包装、做出标志,并具有适运的条件。

(9)集装箱装箱现场检查员应当对船舶载运危险货物集装箱的装箱活动进行现场检查,在装箱完毕后,对符合《海运危险货物集装箱装箱安全技术要求》(JT 672—2006)的签署集装箱装箱证明书。

(10)装有危险货物的集装箱,应至少有四幅规格不小于 250 mm×250 mm 的符合《国际海运危险货物规则》的标牌(危标),张贴于集装箱外部明显的位置,四壁每侧一幅;危险货物拆箱后,该危标即应自箱上去掉或加以遮盖。

(11)装载有危险货物的集装箱应检查外部有无所装内容的破损、撒漏或渗漏迹象,一旦发现有破损、撒漏或渗漏的情况,集装箱在未加以修理前,不予以承运。

(12)装载危险货物的集装箱卸空后,应采取措施保证集装箱没有污染,而使集装箱不具有危险性。

(三)集装箱装箱单

集装箱装箱单(container load plan,CLP;unit packing list,UPL),是详细记载集装箱箱内所装货物名称、数量、尺码、重量、标志和箱内货物积载情况等内容的单据,每个载货集装箱都要制作这样的单据。它是根据已装进集装箱内的货物制作的,对于特殊货物还应加注特定要求。它是集装箱运输的辅助货物舱单。不论是由发货人自己装箱的整箱货(FCL),还是由集装箱货运站负责装箱的拼箱货(LCL),负责装箱的人都要制作装箱单。集装箱装箱单是详细记载每一个集装箱内所装货物详细情况的唯一单据,是一张极其重要的单据。集装箱装箱单内容如表 2-10 所示。

1. **集装箱装箱单的组成**

集装箱装箱单每一个集装箱一份,一式五联,其中:码头、船代、承运人各一联,发货人/装箱人两联。目前,各港口使用的集装箱装箱单大同小异。

2. **集装箱装箱单的作用**

(1)它是发货人向承运人提供集装箱内所装货物的明细清单。

(2)它是在装箱地向海关申报货物出口的单据,也是集装箱船舶进出口报关时向海关提交的载货清单的补充资料。

(3)它作为发货人、集装箱货运站与集装箱码头之间的货物交接单。

(4)它是集装箱装、卸两港编制装、卸船计划的依据。

(5)它是集装箱船舶计算船舶吃水和稳性的基本数据来源。

(6)在卸箱地它作为办理集装箱保税运输手续和拆箱作业的重要单证。

(7)当发生货损时,它是处理索赔事故的原始依据之一。

3. **集装箱装箱单流转程序**

(1)装箱人将货物装箱,缮制实际装箱单一式五联,并在装箱单上签字。

(2)五联装箱单随同货物一起交付给拖车司机,指示司机将集装箱送至集装箱堆场,在司机接箱时应要求司机在装箱单上签字并注明拖车号。

表2-10 集装箱装箱单

CONTAINER LOAD PLAN

装 箱 单

(1) Terminal's Copy 码头联

Reefer Temperature Required 冷藏温度 ℃ °F			
Class 等级	IMDG Page 危规页码	UN No. 联合国编号	Flashpoint 闪点

	Port of Loading 装港	Port of Discharge 卸港	Place of Delivery 交货地
Ship's Name/Voy No. 船名/航次			

	Bill of Lading No. 提单号	Packages & Packing 件数与包装	Gross Weight 毛重	Measurements 尺码	Description of Goods 货名	Marks & Numbers 唛头
Container No. 箱号						
Seal No. 封号	Front 前					
Con.Size 箱型 20' 40' 45' / Cont. Type 箱类 GP=普通箱 TK=油罐箱 RF=冷藏箱 PF=平板箱 OT=开顶箱 HC=高箱 FR=框架箱 HT=挂衣箱						
ISO Code For Container Size/Type 箱型/箱类ISO标准尺码						
Packer's Name/Address 装箱人名称/地址	Door 门			SHIPPER'S/PACKER'S DECLARATIONS: We hereby declare that the container has been thoroughly cleaned without any evidence of cargoes of previous shipment prior to vanning and cargoes has been properly stuffed and secured.		
TEL.NO. 电话号码						

	Received By Drayman 驾驶员签收及车号	Total Packages 总件数	Total Cargo Wt 总货量	Total Meas 总尺码	Remarks 备注
Packing Date 装箱日期					
Packed BY 装箱人签名	Received By Terminals/Date Of Receipt 码头收箱签收和收箱日期		Cont. Tare Wt 集装箱皮重	Cgo/Cont Total Wt 货/箱总重量	

（3）集装箱送至堆场后,司机应要求堆场收箱人员签字并写明收箱日期,以作为集装箱已进港的凭证。

（4）堆场收箱人在五联单上签章后,留下码头联、船代联和承运人联(码头联用以编制装船计划,船代联和承运人联分送给船代和承运人用以缮制积载计划和处理货运事故),并将发货人/装箱人联退还给发货人或货运站。发货人或货运站除自留一份发货人/装箱人联备查外,将另一份发货人/装箱人联寄交给收货人或卸箱港的集装箱货运站,供拆箱时使用。

✒ 任务实施

20 ft 通用集装箱:高 226 cm×宽 235 cm×长 593 cm

货物:高 850 mm×宽 600 mm×长 590 mm

长的方向:593 cm÷590 mm=10

宽的方向:235 cm÷600 mm=3

高的方向:226 cm÷850 mm=2

所以一个 20 ft 集装箱所能装运的货物为:10×3×2=60(台)

1000 台洗衣机需要 20 ft 通用集装箱数量为:1000÷60≈17(个)

40 ft 通用集装箱:高 226 cm×宽 235 cm×长 1190 cm

货物:高 850 mm×宽 600 mm×长 590 mm

长的方向:1190 cm÷590 mm=20

宽的方向:235 cm÷600 mm=3

高的方向:226 cm÷850 mm=2

所以一个 40 ft 集装箱所能装运的货物为:20×3×2=120(台)

1000 台洗衣机需要 40 ft 通用集装箱数量为:1000÷120≈9(个)

任务训练

一、单选题

1. 下列说法中,(   )是正确的。

A. 干、湿货物可以混装   B. 粉末类货物可与清洁货物混装

C. 包装不同的货物要分别装载   D. 危险货物之间可以混装

2. 按照货物是否适箱划分的货物类别中,不包含(   )。

A. 最适箱货   B. 适箱货   C. 清洁货   D. 边缘货

二、多选题

1. 集装箱在装载货物之前应进行严格检查。通常对集装箱的检查有(   )。

A. 箱门的检查   B. 外部检查   C. 内部检查   D. 附属件检查

2. 货物衬垫的作用是(   )。

A. 便于理货   B. 防止货物移动或压损

C. 防止货物水湿、撒漏、震动和受到污染   D. 防止货物丢失

三、技能题

1. 有一批规格相同的装箱货物使用波纹板纸箱包装,共 1000 箱,单箱货物体积为 1 m³,单箱质量为 98 kg,箱容利用率为 85%。

(1)计算货物密度;

(2)根据货物密度选择集装箱箱型;

(3)计算该集装箱对该货物的最大可能装载量;

(4)计算所需要的集装箱数量。

2. 出口瓦楞纸箱包装货物,纸箱尺寸为长 30 cm×宽 25 cm×高 20 cm,毛重为 10 kg,不可倒置,20 ft 集装箱最多可装多少箱货物? 40 ft 集装箱呢?

知识链接

装箱大师

装箱大师 LoadMaster 软件是目前国际市场上集装箱装箱率很高的一套装箱软件。它致力于为客户提供高度优化的集装箱装箱方案,帮助客户降低货物运输环节的费用,适用于各种货柜装箱、卡车装箱、火车装箱、纸箱装箱、托盘(栈板)装箱。

经验数据表明,经过装箱大师软件优化后的装箱方案的装箱率平均可以达到 95％以上,使集装箱装箱率提高了 10％~15％。这就意味着同样一个集装箱、一批货物,使用装箱大师将比过去装入更多的货物,为企业节约更多的运费。

任务三 集装箱箱务管理

任务描述

目前,空箱调运量大是集装箱使用中的问题之一。空箱调运量过大直接导致运输资源的浪费,另外也影响了集装箱运输企业和货主的经济效益。我们可以通过什么途径或方法来解决空箱调运量过大的问题?

任务资讯

集装箱箱务管理是国际集装箱运输中一项十分重要的工作。做好箱务管理工作对加快集装箱的周转、提高集装箱的装载质量、提高企业的经济效益均有重意义。

一、集装箱箱务管理的概念

集装箱箱务管理就是集装箱管理。箱务管理的主要业务有集装箱的使用、租赁、调运、保管、发放、交接、装箱、检验、修理、清洗、熏蒸、跟踪等多项工作。箱务管理业务涉及船公司和集装箱码头,因此在实际工作中集装箱箱务管理包括船公司的箱务管理和集装箱码头箱务管理。

通常情况下,集装箱由承运人配备。承运人配备的集装箱称为船东箱(carrier owned container,COC)。但有时,货主在使用船公司提供的运输服务时,自己提供集装箱用于货物装箱,称为货主自备箱(shipper owned container,SOC)。SOC 多见于货主出售集装箱或调运集装箱或为获取船公司对 SOC 的运费折扣。实际业务中,COC 更为普遍。

船公司的箱务管理通常由船公司专设箱务管理一职,管理本公司的集装箱,其工作内容为记录各集装箱的动态并计算箱量配备情况。集装箱的实际保管、交接等工作由船公司委托一个或几个集装箱堆场分别进行存放、代管。船公司箱务管理人员负责与堆场协调集装箱的供应、使用、回收、维修等具体工作。当本港集装箱使用箱量不足时,箱务管理人员向本公司箱管总部报告,并根据实际情况从附近其他港口调运空箱或向租箱公司租赁集装箱以满足本港需求,保证船舶如期开航。

二、集装箱空箱调运

空箱调运即集装箱放空进行运输。集装箱空箱调运关系到集装箱的利用率、空箱调运费用、货物的及时发送以及企业的经济效益。从理论上说,集装箱运输应尽可能不发生空箱调运。船公司对集装箱的空箱调运量越少,其集装箱的使用效率越高,管理越合理,经济效益越好。但由于集装箱运输本身的复杂性,空箱调运在所难免。

(一)空箱调运的原因

集装箱空箱调运的原因如图 2-43 所示。

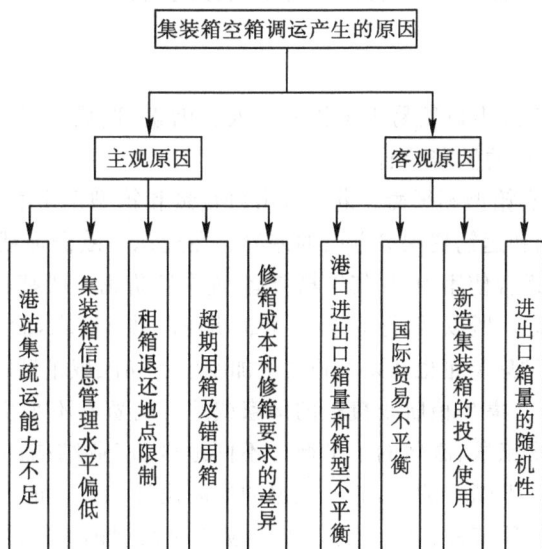

图 2-43　集装箱空箱调运产生的原因

1. 主观原因

主观原因通常是由于管理方式不得当或管理水平低引起的集装箱在时间和空间上的不平衡,从而造成集装箱的供需矛盾。主要有以下原因:

(1)港站集疏运能力不足。港口设施不够完善,港站的集疏运能力较低,使得集装箱不能及时疏运,导致港口严重压箱。因此,集装箱在内陆周转时间会较长,船公司为了满足货主的用箱需求和确保船期,不得不从附近港口或区域调运空箱。

(2)集装箱信息管理水平偏低。目前,船公司很少能与其港口代理方建立完善的集装箱信息管理系统,信息共享率低,导致集装箱流转信息严重滞后,集装箱运输各相关方不能获取实时的空箱需求信息,出现重箱到达目的港后长时间无人提货,重箱在堆场因大量堆积无法及时转为空箱而使发货人没有空箱使用,造成大量的空箱调运;另外,集装箱单证流通不畅,交代手续杂乱而货主不能及时提取箱货,影响了集装箱的周转,导致空箱的调运。

(3)租箱退还地点限制。国际集装箱运输存在进出口箱型和箱量的不平衡,使得箱源分布不尽合理。为了避免或补偿租箱人租期满后在集装箱积压区域大量退租而形成的损失,租箱人和箱主在签订租箱合同时,会严格规定集装箱的退租地点和还箱费用。还箱费用因地而异,从几十到几百美元不等。所以,租箱人在租期届满时,应将租箱调运至指定还箱地点或还箱费用较低的区域,避免支付高额的还箱费用。

(4)超期用箱及错用箱。超期用箱是指客户使用集装箱的时间超过了免费使用期限,影响了集装箱的周转效率。错用箱是指未正确使用承运人指定的集装箱。集装箱错用归根结底是由于相关当事方管理不善或疏忽导致的。只要加强管理,提高相关当事人业务水平,操作认真、谨慎,错用箱是可以避免的。

(5)修箱成本和修箱要求的差异。因区域不同,修箱成本和船公司对修箱要求也会有所差异,船公司出于经济上或质量上的考虑,一般会选择离港口较近的、技术水平较高的且修箱成本较低的集装箱修理厂。例如,在日本集装箱修理工时价为 35 美元左右,而我国集装箱修理工时价只要 3.3 美元左右;此外,某些修理厂有乱报修理项目、不照实作出修理估价单或高报修箱价格等现象。

2. 客观原因

客观原因主要是由于进出口贸易不平衡等非人为因素,造成的进出口集装箱数量和箱型的不平衡,从而引起集装箱的供需矛盾。

(1)港口进出口箱量和箱型不平衡。港口进出口箱量和箱型不平衡的主要原因是进出口货物在性质、种类、装卸费用和运输费用等方面的差异。在远东—欧洲航线上,西行货物一般都是重量小体积大的轻泡货,适合使用 40 ft 集装箱装运,而东行货物一般都是重量大体积小的重货,适合使用 20 ft 集装箱装运。所以,西行的 40 ft 集装箱经常供不应求,而东行的 20 ft 集装箱严重供给不足。除此之外,特种集装箱也在某种程度上加剧了不同区域箱型的不平衡情况。

(2)国际贸易不平衡。集装箱航线覆盖的国家或地区的贸易不平衡比比皆是,世界主要航线基本都存在集装箱货物流量、流向的不平衡。不同地区、产业结构的不同,使得各国进出口使用的集装箱箱量和类型不同。例如,亚洲国家的产品设计和研发能力相对于欧美国家较低,欧美企业经常将产品制造环节外包给劳动力成本较低的亚洲国家。因此,远东—欧洲航线和远东—北美航线是全球货运量最不平衡的航线。这两大航线上远东货物的出口量远远超过进口量,班轮从北美和欧洲返航时运载的空箱占了舱位的 20% 左右。除此之外,季节性因素也会导致集装箱进出口不平衡。西方国家通常在圣诞节后迎来淡季,直到四五月份回温。只有实现集装箱"重去重回",才能物尽其用,充分发挥其价值。

(3)新造集装箱的投入使用。我国是全球集装箱制造大国,生产的通用集装箱占世界产量的 95% 以上,集装箱的产销量一直位于世界领先地位。据相关机构统计,仅中国国际海运集装箱(集团)股份有限公司一家就占了全球集装箱市场份额的一半,其下属的集装箱制造工厂分布于我国主要沿海港口城市,向全球输送通用集装箱、冷藏集装箱、罐式集装箱等。由于受出口贸易量的制约,我国生产的集装箱不能全部转为重箱运到海外,因此出现了大量的新空箱调运到海外。

(4)进出口箱量的随机性。国际贸易不平衡是一种较为长期可预测的现象,而各港进出口箱量却具有随机性的特点,这增加了船公司的运营难度。一方面,受到经济形势的影响,不同地区客户的订单需求难以准确预测;另一方面受到政治局势的影响,不同地区的进出口规则也在变化。同时,海上运输的周期一般比较长,容易受到气候等自然因素的影响而难以严格按照船期表到离港。因此,需要船公司有预见性地对各港口的空箱进行调度,从而减少各种随机事件带来的损失。

(二)决定空箱调运方案的主要因素

船公司可以通过购置和租赁的方式获得集装箱。选取合理的集装箱购置与租赁比例,可以使得船公司的经济效益最大化。通常,集装箱的供应和需求总量在市场上是相等的,但是由于市场贸易存在波动性,所以航运市场也会出现短期内供需不平衡的情况。考虑到船公司的经营成本,承运人不能一直无限地购买集装箱,当集装箱在某些时间和空间出现短缺时,可以通过调运空箱或租赁空箱来解决。因此,决定空箱调运方案的主要因素在于:

1. 自有集装箱配备量

船公司在航线范围内配备的集装箱数量的多少直接决定空箱调运的频繁程度。如果在航区范围内配备有足够的自有集装箱,那么在产生空箱需求时,就不必从其他港口或内陆地区调运空箱;如果在航区内配备的集装箱量较少,产生空箱需求时,就不得不从其他港口和内陆地区调运空箱,使得空箱调运频次增加。

但是为了减少空箱调运频率,船公司自身集装箱的配备量不能无限增加,因为这样会使船公司承受巨额购箱成本。所以很多船公司会根据自身的实际情况寻求一个合适的购箱量。

2. 租箱决策

船公司的空箱来源有自购空箱、从其他区域调运空箱、租箱三种。当本港空箱供应紧张时,船公司会考虑租箱和调运空箱两种策略。最终使用哪种策略取决于集装箱租赁费用和调运空箱费用的大小。如果租赁费大于调运费,那么船公司会尽可能选择调运策略;相反,船公司会选择租箱策略或综合使用租箱和调运两种策略。

3. 集装箱售价

当空箱需求产生地的集装箱价格较低时,船公司会考虑在当地购置适量集装箱以满足紧急情况下的用箱需求。集装箱价格较低的地区主要集中在东南亚地区,我国作为集装箱制造大国,集装箱售价相对较低,很多船公司会根据情况购置适量新箱。

4. 运输方式和运价水平

当船公司选择调运空箱时,运输方式及运价的选择也是影响空箱调运的重要因素。水运运价最低,但是容易受气候等条件的限制,有时运输时间较长,从而影响集装箱的使用。公路运输运价最高但相对灵活,铁路运输次之。因此,在进行空箱调运时要综合考虑各种运输方式及运价,在满足空箱需求的基础上尽量降低调运成本。

5. 调运时间与航线

各港口的供给和需求情况存在动态性和随机性。由于船公司船期表上挂靠的港口和各港口的挂靠顺序、挂靠时间是固定的,因此在制订空箱调运方案时必须考虑船期表上港口挂靠时间、顺序的限制,提前做好空箱调运计划。

由此可见,空箱调运是为了解决空箱供给和需求之间的不平衡,是空箱富余港向空箱短缺港调配集装箱的过程。还可以通过租赁空箱来平衡地区间货流的不对等,实现成本最小或效益最高。

(三)解决空箱调运的途径

由于主观原因造成集装箱的供需矛盾,可以通过改善箱务管理,实现集装箱管理现代化,进一步减少空箱调运次数和租箱数量。其他原因造成的空箱调运,可采用的措施有以下几种。

1. 组建联营体,实现船公司之间集装箱共享

可通过船公司之间的联营与协作,扩大船公司的营运规划,实现集装箱共享。联营体通过互相调节使用空箱,可减少空箱调运量和航线集装箱需备量,节省昂贵的空箱调运费和租箱费。

2. 强化集装箱集疏运系统,缩短集装箱周转时间

通过做好集装箱内陆运输各环节工作,保证集装箱运输各环节紧密配合,缩短集装箱周转时间和在港时间,以提供足够箱源,不致因缺少空箱而进行空箱调运。

3. 船公司和集装箱制造厂商相互合作

利用厂商向其他国家和港口发货之际,船公司可以与集装箱制造厂商合作,以免费运输服务的方式来换取新箱的有限使用权,以达到双赢效果。例如,中远海运集运公司积极与制箱厂和箱主合作,将新箱配货装船,以免费用箱(free use)或单程用箱(one way use)的方式帮助箱厂将新箱交运至规定地点,节省了可观的用箱费用。

4. 船公司和租箱公司联盟合作

采用灵活租箱,船公司可以同集装箱租赁公司签署租箱合同。根据实际用箱需求,在缺箱点或调运费用较高的港口和地区起租集装箱,而在空箱充足的港口将集装箱退还给租箱公司。这样既满足了用箱需要,又节省了堆场费和空箱调运费。船公司也可做"二次租箱",即把承租的集装箱再转租出去。租箱公司参与使用某一航线上船舶的空舱位,使船公司更高效地移动空箱。租箱公司还可以全面管理集装箱班轮公司所有的集装箱,对于小型船公司来说,可以降低成本。

5. 强化集装箱跟踪管理系统,实现箱务管理现代化

通过优化计算机集装箱跟踪管理系统,采用电子数据交换(EDI)技术,以最快、最准确的方式掌握集装箱信息,科学而合理地进行空箱调运,做到最大限度减少空箱调运量及调运距离。

6. 进行科学论证与选择,以租箱代替空箱调运

当某港集装箱空箱紧缺时,可以采用两种方案予以解决:一是从其他港调运本公司的空箱;二是租用租箱公司的空箱。这时就应比较两者的成本,采用成本低的方案。尤其应注意寻找合适的机会,如某租箱公司正好箱流不平衡,需将空箱调回,这时采用"单程租赁"方式租用,可能享受很低的租箱费用。

(四)集装箱空箱调运的方式

集装箱班轮公司的箱管部门必须掌握集装箱的利用情况,做好集装箱空箱的调运计划,力求高效率、低成本地完成集装箱的调运。空箱调运有下面几种方式。

1. 港到港的调运

港到港的调运分成国际调运和国内调运两种情况。

(1)国际调运。货源不平衡及各航线货物流向不平衡等原因,会造成各港的空箱数量的不平衡,因此必须将某港的剩余空箱调运到空箱不足的港口以供使用。

箱管部门与货运部门配合,及时掌握各港的空箱数量以及各港的空箱需求量,及时做好调运计划,通过在各港的船代部门(集装箱代理人)做好报关、装运等工作,及时将根据调运计划安排的空箱按类型、数量调运到指定的港口。一般情况下,尽可能安排本公司的船舶运载空箱,可利用船舶的剩余舱位进行空箱的调运,特殊情况下利用其他船公司的船舶运输。但此时

因为要负担大量的空箱运输费用,所以尽量不用其他船公司的船舶承运,以降低成本。

(2)国内调运。因为在国内调运不需海关报关手续,所以国内运输中箱管部门做好调运计划后,须安排船舶将空箱运至目的港。

通过水路运输空箱时,箱管部门一方面要与货运部门配合,掌握空箱的需求情况;另一方面必须与航运部门合作,了解船舶的配船情况,尽量充分利用船舶的剩余舱位进行空箱的调运,尽量不影响重箱的载量,以降低运输成本,提高运输效率。

2. 港到堆场、货运站、中转站的调运

从其他港口调运到集装箱码头的空箱,如果没有及时安排港到堆场、货运站的调运,就会造成集装箱码头空箱的压港现象,因此箱管部门必须及时掌握空箱的到达时间、数量,及时为各堆场、货运站、内陆运输部门签发"集装箱设备交接单",联系运输单位,采用直取方式或尽早将空箱调运到各堆场、货运站等地。

3. 堆场、货运站之间的调运

由于集装箱码头的主要任务是集装箱的装卸作业,所以只有少部分的空箱堆存在集装箱码头,而大量的空箱堆存在与船公司签订集装箱堆存协议的集装箱堆场和货运站。因此各集装箱堆场和货运站之间空箱的使用存在不平衡现象,箱管部门应根据集装箱堆场和货运站的空箱需求量,进行堆场、货运站等地之间的空箱调运。

场地之间调运时,箱管部门应制订调运计划,联系运输单位(水运、公路、铁路),签发"集装箱设备交接单",将空箱从指定的提箱地点运至指定的收箱地点。

4. 临时租用的空箱调运

在集装箱运输过程中,当出现船公司的空箱储备量不足时,船公司可以采取空箱调运的方式以弥补缺口。但调运空箱需要一定的时间,无法满足目前的需要。此时船公司的箱管部门会采取临时租箱,或向其他公司临时租用集装箱的方式解决。箱管部门应向租箱公司或其他船公司联系,提出租用集装箱申请,经其同意并取得租箱公司或其他船公司签发的"集装箱设备交接单"后,联系运输公司,到指定的场地,将租箱公司或其他船公司空箱运至本公司的集装箱堆场或货运站,并做好设备交接手续。

5. 还箱时的调运

船公司租用集装箱一般同时采用长期、短期和临时租箱等方式,以减少使用集装箱的成本。在运输市场不景气或货源不足的情况下,为了降低运输成本,箱管部门会及时返还部分租用的集装箱。

箱管部门应与集装箱租赁公司联系还箱的手续,将空箱运至集装箱租赁公司指定的地点并办理交接手续。

6. 其他

(1)拆空的集装箱一般由货方(或其代理)、内陆承运人负责还箱运输。箱管部门应及时掌握该集装箱的动态,使空箱及时使用。

(2)集装箱在修理、清洗、改装、熏蒸、检验时,箱管部门应做好调运计划,联系运输公司将集装箱运至指定地点,以便使集装箱满足载货要求,加快集装箱的周转。

三、集装箱租赁业务

通常,装载货物的集装箱一般是由各种类型的承运人所拥有并提供使用的。由于集装箱较为昂贵,一个 20 ft 标准箱的购置价大约在 2400 美元左右,随着集装箱运输业务的发展,承运人如果都自行配备所有的集装箱,势必占用大量的资金。对于船公司而言,租赁集装箱是其对自购集装箱的有益补充,尤其是随着货量的季节性波动,船公司的用箱需求呈现明显的波动,如果仅为满足旺季用箱需求而大量订造新箱,可能导致淡季空箱大量闲置,增加空箱堆存成本、调运成本及维修、保养、折旧费用。

到目前为止,供出租使用的集装箱数量已占世界集装箱总量的 40％以上,而且还有继续增长的趋势。2018 年年底,全球市场上七家较具规模的箱租企业控制 19578000 TEU,合计份额为 90.69％。其中,2016 年完成并购重组的 Triton 控制 6145000 TEU,份额为 28.46％;中远海运集团旗下中远海发子公司 Florens 控制 3800000 TEU,份额为 17.60％;2015—2016 年大并购之前的行业第一 Textainer 控制 3411000 TEU,份额为 15.80％。上述三家企业在行业中有着绝对的领先地位。

(一)集装箱租赁业在集装箱运输中的作用

(1)船公司或其他集装箱运输经营人因业务发展需要增加集装箱数量或需要对长期使用的集装箱进行更新时,可以采用以租代购的方式补充和更新,以减少集装箱占用的资金,减轻资金筹措和利息负担,或将资金用于其他需要的方面和项目。

(2)在来回程货源不平衡的情况下,或因季节、货流不同而需要不同箱型时,班轮公司可通过单程租赁或其他临时租赁方式解决供需平衡,节省空箱调运费用,提高集装箱的利用率。班轮公司自备集装箱,由于航线运量不平衡情况的客观存在,必定要花费大量的空箱调运费,而采用租箱可以避免这些费用,提高船公司的经济效益。

(3)班轮公司自备集装箱,其尺寸、型号具有一定的比例要求,这就带来了置箱结构上的风险。采用租箱就可对所需特种箱型随时予以调整,以减少自有箱中利用率低的特种箱,又能保证运输的实际需要,规避由此带来的风险;此外,专业集装箱租赁公司的出现与发展使箱务管理这一块业务独立了出来。

船公司和集装箱运输经营人应根据自身的实际情况,以降低经营成本为目标决定集装箱的购置或租用数量。

(二)集装箱的租赁方式

目前在世界各地集装箱租赁方式很多,对各种租赁方式名称的说法也不统一,但总的来说集装箱租赁方式可分为期租、程租、灵活租赁三大类。

1. 期租

集装箱期租是指租用人在一定时间内租用集装箱的租赁方式。在租期内租箱人可以像使用自己的集装箱一样自由使用。

根据租用期限的长短,期租可分为长期与短期两种形式。长期租赁一般有较长的期限(一年或以上);短期租赁一般是以租赁人实际需要的使用期限租用集装箱,时间一般较短(几个月)。

长期租赁对租箱公司来讲,可以保证在较长时期内有稳定收入,所以长期租赁的租金一般较低。长期租赁又可分为金融租赁和实际使用期租赁两种方式。其区别在于金融租赁是指租用期满后租箱人将买下租用的集装箱;实际使用期租赁是指租用期满后租箱人将集装箱退还给租箱公司。

同长期租赁相比,短期租赁较为灵活,租箱人可以根据自己需要确定租箱时间、地点及租期,但租金较高。租箱人一般用这种方式租箱来保证临时需要。

2. 程租

程租也称作即期租赁,是指租期由航程时间决定的租赁方式,一般分为单程租赁和来回程租赁两种。

在单程租赁的情况下,租箱人仅在起运港至目的港单程使用集装箱。在起运地租箱,在目的地还箱,可以减少空箱回运,如果从集装箱租赁行情好的地方采用单程租赁到行情差的地方,租箱人一般需要支付提箱费或还箱费,以弥补租箱公司调运空箱的费用。这种租赁方式一般用于一条航线上来回程货源不平衡的场合。

来回程租赁一般用于来回程有货运的航线,这种方式的租期由来回程所需时间决定,有时可不限于一个来回程。

程租方式一般对提箱、还箱地点有严格限制,且租金较期租要高。

3. 灵活租赁

灵活租赁是在租期上类似于长期租赁(一般为一年),而在集装箱的具体使用上类似于短期租赁或程租的租赁方式。在灵活租赁合同中,除明确租期外还订有租箱人每月提箱、还箱的数量和地点。在这种租赁方式下,租箱人在租期内至少保证租用一定数量的集装箱(一般可以多租),这就类似于长期租赁;但在具体使用过程中这些集装箱并不是固定不变的,租箱人可根据自己的实际需要,在合同规定的时间、地点、数量下随租随还,这又类似于短期租赁或程租。采用这种租赁方式可使租箱人更好地适应货源不平衡、季节不平衡等变化的需要。

灵活租赁租金较程租低,与长期租赁接近。

无论采用以上哪一种租赁方式,租金都按租箱人实际使用集装箱的天数计算。租金是指每箱每天需要支付的租费。

(三)集装箱租赁合同及主要条款

集装箱租赁合同(container lease agreement,以下简称租箱合同)是规定租箱人与租箱公司双方权利、责任、义务和费用的协议与合同文本。

租箱人在签署合同之前一般要与租箱公司(或其代理人)商定租箱方式、数量、租金、交/还箱期、地点、租/退箱费用、损害修理责任及保险事宜。租箱合同的主要条款一般有以下方面内容。

1. 交箱条款

交箱条款主要是制约租箱公司的条款,指租箱公司应在合同规定的时间和地点将符合合同条件的集装箱交给租箱人。其内容主要有:

(1)交箱期。交箱期是指租箱公司将集装箱交给租箱人的时间。为了给双方都提供一些方便,交箱期通常规定一个期限,一般为7～30天。

(2)交箱量。为了适应市场上箱、货供求关系的变化,合同中对交箱量有两种规定方法:一种是规定交箱数量(或最低交箱量);另一种是实际交箱量(可高于或低于前者)。一般而言,采取哪一种交箱量主要取决于租赁市场的箱、货供求关系。通常,租箱公司都希望租箱人超量租箱。

(3)交箱时箱况。租箱公司交给租箱人的集装箱应符合有关的国际公约与标准的规定,同时租箱人还箱时应保证集装箱保持和接近原来的状况。为了保证这一点,双方在提箱时应共同检验集装箱的状况。租箱人交箱时集装箱的状况是通过双方签署的设备交接单来体现的。在具体操作中,规定租箱人雇用的司机和堆场的箱管员、门卫可作为双方代表,签署设备交接单。

2. 还箱条款

租箱合同中的还箱条款主要是制约租箱人的条款,是指租箱人应在租用期满后,按合同规定的时间和地点,将状况良好的集装箱还给租箱公司。其主要内容有:

(1)还箱时间。还箱时间指规定的还箱日期。在实际租箱业务中,经常有到期不能归还或没有到期却要提前归还的情况(一般统称为不适当还箱)。如是超期还箱,合同一般通过对超期天数加收租金的方式解决。如果可能提前还箱,则要求事先订立提前终止条款,有该条款时,租箱人可提前还箱;如未订立此条款,即使提前还箱,租箱人仍需补交提前日期的追加租金。

(2)还箱地点。租箱人应按合同规定的或租箱公司另用书面形式确认的具体地点还箱。在订立合同时,租箱人应尽量使还箱地点与集装箱最终使用地点一致或接近,这样可以减少空箱运输费用。

(3)还箱时集装箱状况。租箱人在还箱时应保证外表状态良好,即保证使集装箱保持提箱时双方签订的设备交接单上说明的状况。该条款一般规定,如果还箱时外表有损坏,租箱人应承担修理责任与费用。在签订合同时,也可通过订立损害修理条款(DPP 条款)让租箱人按规定另付损害修理费用,在一定范围内的损害由租箱公司负责。

租箱合同中一般还规定,还箱期满若干天(有的是 30 天)后,租箱人仍未还箱,租箱公司将以集装箱全损来处理。租箱人应按合同规定的金额支付赔偿金,在租箱公司未收到赔偿金前,租箱人仍需按实际天数支付租金。

3. 损害修理责任条款

租箱人还箱时,应按设备交接单上记载的状况还箱,如有损坏,则应负责将集装箱修理好后还箱或承担修理费用。

如租箱合同中订立损害修理条款并按规定付费,则租箱人对租箱期内所造成的损坏,在一定程度上不负修理责任,可将未修理的集装箱退还租箱公司。不论集装箱在租箱期内是否损坏,损害修理费用一律不予退还。

损害修理条款从某种意义上讲,相当于租箱人对租箱期内集装箱损害进行了保险(但不是向保险公司)。但租箱人必须了解,损害修理费用一般只保集装箱的部分损害,不承担全损和共同海损等责任。习惯上只负责比集装箱当时价值低一些的一个固定限额(如 80%),损害修理实际费用在这个限额之内,由租箱公司承担;如超过此限额,则超过部分仍需租箱人承担,损害修理费用一般按租箱天数收取。

4. 租箱人的义务与责任

在租箱业务中,租箱人除支付租金和承担有关损害修理责任外,对租赁期间所不能控制的事件,如战争、内乱、政府行为、公敌行为、劳资争端、自然灾害等所导致的集装箱损坏、扣押、没收等情况,租箱人也不能借上述原因推卸责任。归纳起来,租箱合同中有关租箱人的主要责任和义务有如下几种。

(1)按合同规定的时间、方式支付租金。

(2)租赁期内,承租人与租箱公司共同承担《国际集装箱安全公约》规定的检验和修理责任。

(3)承租人在租赁期内,应遵守本国或他国的一切涉及集装箱的法律、法令、法规并承担相关的费用及罚款。

(4)租箱人应承担租期内箱体的全损或灭失责任。

（5）租箱人可在所租赁的集装箱外表贴上自己的标志,但不得任意变动原有的标志。

（6）租赁期内,租箱人应按有关规定使用集装箱,不得超负荷装载或长期堆存有损箱体的货物。

（7）租赁期内,租箱人应对箱子进行良好的保养及维修,主要包括集装箱的清洗、防污、油漆以及更换必要的部件。

（8）租赁期内,承租人应对第三者造成的箱体损害责任负责。

（9）支付除租金、损害修理费用外的有关费用。

5. 租金及费用支付条款

租箱人应按时支付合同中规定承担的各种费用及租金,不按时支付费用和租金,则构成违约,租箱公司有权采取适当的行动,直至收回集装箱。租箱合同的租金与费用支付条款,主要包括下列内容:

（1）租期。所谓租期,即自租箱公司向租箱人交箱之日起至租箱公司接受还箱的次日为止的一段时间。一般租箱合同均规定以租箱人提箱日为起租日,退租日则根据租箱合同规定的租期或实际用箱时间确定。长期租赁的退租时间根据合同而定;灵活租赁的退租日则以租箱人将集装箱退还至租箱公司指定的堆场时间计算。应注意的是,承租人在终止租箱时应按合同规定的时间事先通知租箱公司,不得任意延长租期或扣留使用集装箱。

（2）租金计算方法。租金按每箱天计收,租用天数一般从交箱当日起算,至租箱公司接受还箱次日为止。在超期还箱情况下,超期天数按合同规定的租金另行支付(通常比正常租金高一倍)。如合同中有提前终止条款,租箱人支付提前终止费用(一般相当于5～7天租金)后,租期到集装箱进入还箱堆场日终止;若合同中无此条款,则从还箱之日至租期届满之日仍需按合同租金费率支付租金。

（3）租金支付方式。租金支付方式一般有按月支付和按季支付两种。租箱人应在收到租金支付通知单后,在规定的时间内(一般为30天)支付,如延误则需按合同规定的费率加付利息。

（4）交、还箱手续费。租箱人应按合同规定支付交、还箱手续费。该费用主要用来抵偿因在堆场交、还箱所产生的费用(装卸车费、单证费等),其数额参照租箱堆场的费用规定或租箱合同的约定。此外,租箱人提箱时通常还需额外向租箱堆场交纳集装箱吊上(下)费用。

在实际情况中,有时会出现租箱人提、还箱日期往往不能与合同规定的提、还箱日期完全吻合,或集装箱在租期内灭失,以及租箱人不按时支付租金等情况,这些都会影响到租金的计收,具体应视不同情况进行调整。

6. 转租

在集装箱灵活租赁方式下,集装箱承租人可以将所租用的集装箱转租,而无须办理退租和起租手续。通常的做法是原租箱人与转租的租箱人直接办理集装箱的交接,然后由租箱公司的代理人、原租箱人和转租的租箱人及时将交接证明或将转租集装箱的箱号记录等寄交租箱公司。

7. 保险条款

集装箱的保险是租箱业务的主要内容之一。在集装箱租赁期内,集装箱的保险可由承租人自行投保,也可由承租人与租箱公司协商投保。

（1）保险条件。

①每一个集装箱为一个单独的投保单位。

②被保险人对投保的集装箱应做好维修、保养工作。

③保险期可视具体情况修改,例如在租期内的集装箱损坏修理率超过一定比例,租箱公司有权修订保险条款。

(2)保险方式。

①限额保险,即保险公司有限度地承担集装箱的损坏修理费,超出投保限度部分由承租人支付。

②全值保险,即保险公司按保单或协议规定的使用价值支付修理费用,其使用价值根据对集装箱规定的金额决定。

(3)除外责任。保险公司对以下原因造成的集装箱损坏、修理不承担责任:

①战争、敌对行为、武装冲突;

②政府行为;

③集装箱内在的缺陷造成的损坏;

④集装箱的自然损耗、正常磨损;

⑤超负荷装载导致的损坏;

⑥装载高度易燃、易爆、易腐蚀等烈性危险品;

⑦对第三者造成的损害赔偿;

⑧间接损失;

⑨共同海损分摊;

⑩救助费用分摊。

(4)损坏修理程序。

①提出损坏报告;

②对集装箱进行检验;

③修理。

(5)保险期与退租。集装箱的保险期限从租箱合同约定的交箱日起生效,至集装箱退还租箱公司指定的租箱堆场时终止。如由租箱人投保,应在对集装箱进行修复后才能退租。如发生集装箱全损,则退租日期为租箱公司收到有效证明文件之日。

(6)保险金。

①保险金与租金同时支付给租箱公司。

②保险金与租金一起按每箱天计算,若租金有免费期,保险金也不能减免。

③保险金可根据租箱人使用集装箱的情况确定,租箱公司可定期对出租集装箱进行测试和调整。

8.设备标志更改条款

租箱人可以在租赁的集装箱体外表贴上自己的标志,但须征得租箱公司同意。在长期租赁情况下,租箱公司一般接受租箱人更改原有标志加上自己标志的要求,但还箱时,租箱人必须除去更改加上的标志,恢复原来标志或承担恢复费用。如租箱公司负责承担该项工作时,则费用仍应由租箱人负担。设备标志更改常见于融资租赁箱。

全球七大租箱公司名称及箱主代码如表2-11所示。

表 2-11 全球七大租箱公司箱主代码表

公司名称	公司缩写	箱主代码
Triton International Ltd	Triton	TRHU,TRIU,TRVU
Florens Asset Management Company Limited	Florens	FCLU,PGXU,CBHU
Textainer Equipment Management Limited	Textainer	TRIU,TTNU
Seaco SRL	Seaco	DNAU,EMAU,SELU
CAI International，Inc.	CAI	SKYU,CAXU,CAIU
Beacon Intermodal Leasing LLC	Beacon	BEAU,BMOU
SeaCube Containers LLC	SeaCube	WBPU,SZLU,MTSU

资料来源:前瞻经济学人、国际集装箱局。

对于各船公司与其他集装箱运输经营人来讲,租箱业务都是较经常性的业务。在租箱业务中,租箱人除根据自己的需要租用合适类型的集装箱外,还应根据自己的实际情况,以及各租箱公司的业务范围、信誉、费率和其他限制规定等做出比较,根据各公司租赁特点选择合适的公司订立合同。

知识链接

one way free use

集装箱租赁中,有一种比较特殊的情况,称为 one way free use。其操作方式为租箱公司向班轮公司提供一个航次的免费用箱,条件是班轮公司配货之后将集装箱运到租箱公司指定的卸货港并还给租箱公司。这种做法的目的在于帮助租箱公司调运集装箱。通过这种方式,租箱公司可实现低成本调运空箱,班轮公司也可节省一笔租箱费用。one way free use 使用时应注意,租箱公司提供的免费期仅限双方约定的一个航程,如超期使用或未应用于指定航程,则班轮公司应按租约支付租金。

四、集装箱损坏、灭失、超期使用的处理

(一)集装箱灭失、损坏的处理

海上国际集装箱运输的各区段承运人、港口、内陆集装箱中转站、集装箱货运站对其所管辖的集装箱和集装箱货物的灭失、损坏负责,并按照"交接前由交方承担,交接后由接方承担"的原则划分责任。但如果在交接后 180 天内,接方能提出证据证明交接后的集装箱、集装箱货物的灭失、损坏是由交方原因造成的,交方应按有关规定负赔偿责任,赔偿标准如表 2-12 中远海运主要箱型集装箱丢失、全损赔款标准(部分)所示。

表 2-12 中远海运主要箱型集装箱丢失、全损赔款标准(部分)

箱型	20GP	40GP	40HQ	45HQ	20RH	40RH	20FL
赔款金额/USD	3000	4800	5100	6900	24000	30000	6900

资料来源:中远海运集装箱有限公司网站。

在实践中,除法律另有规定外,承运人与托运人根据集装箱货物交接方式按下列规定对集装箱货物的灭失或损坏负责:

(1)由承运人负责装箱、拆箱的货物,从承运人收到货物后至运达目的地交付收货人之前的期间内,箱内货物的灭失或损坏由承运人负责。

(2)由托运人负责装箱的货物,从装箱托运交付后至交付收货人之前的期间内,如箱体完好、封志完整无误,箱内货物的灭失或损坏由托运人负责;如箱体损坏或封志破损,箱内货物灭失或损坏由承运人负责。

(3)由于托运人对集装箱货物申报不实或集装箱货物包装不当造成人员伤亡,并且使运输工具、货物自身或其他货物集装箱损坏的,由托运人负责。

(4)由于装箱人或拆箱人的过失造成人员伤亡并使运输工具、集装箱、集装箱货物损坏的,由装箱人或拆箱人负责。

集装箱在使用过程中经常会遭受损坏,损坏的集装箱必须经过修理使其恢复到原来的完好状态才能使用,因此集装箱修理是集装箱使用过程中不可缺少的一项重要工作,实践中不能提供合格的集装箱修理业务,就无法正常地开展集装箱运输工作。经过修理的集装箱,其尺寸、结构和强度必须满足有关集装箱的国际、国内标准的要求,所以集装箱的修理人员必须熟知集装箱特性和有关集装箱的国际、国内标准,取得检验机关认可并获得证书者方能负责修理集装箱。

一些有实力的集装箱堆场,一般都具有集装箱修理业务的资质,作为船公司的箱管代理人在收到集装箱箱体损坏信息后,安排验箱人员到现场检验集装箱的损坏程度,查明原因,分清责任,并对集装箱损坏的记录信息进行修改,将验箱人员的检验结果报船公司或责任方,根据修理费用向责任方索赔,根据船公司的确认或责任方同意付款确认,安排坏箱进行修理。箱体修复后,派验箱人员到现场检验,确认合格后,向船公司汇报,更改此箱的记录信息并尽快使该箱进入周转。

(二)集装箱超期使用的处理

为了保证集装箱的周转流通速度,船公司一般规定货方有一定时间的集装箱免费使用时间,但超过规定的免费使用时间,船公司要向货方收取集装箱超期使用费。在实务中,将出口时的交付迟延以及进口时的超期使用称为集装箱滞期。出口时的交付迟延所产生的不合理费用也被称为集装箱滞箱费(container detention charges),即出口滞箱费,是指从货物出口方在集装箱堆场提取空箱的次日零点起,至托运人将重箱交付给承运人装船运输为止的时间,超过了承运方允许的免费使用期,货方拖延交付重箱主要影响了约定的装船进度而产生的费用;进口时的超期使用费则是指集装箱到达进口目的港次日的零点起,至货方归还空箱到承运人指定的集装箱堆场为止的时间,超过了承运人许可的免费用箱期,致使空箱未按时归还,影响了集装箱再次使用而产生的不合理费用,也叫作重箱滞箱费(container demurrage charges),即进口滞箱费。

各船公司的滞箱费率标准略有不同,通常按日计算,不满一日时按比例计算。通常根据箱型分别按进口、出口制定集装箱超期使用费计算标准。表2-13是某集装箱班轮公司制定的在国内华东和华北地区港口进出口箱超期使用费标准。

表 2-13　华东和华北地区进出口箱超期使用费标准

Port	IB DND(Domestic Trade Only)			OB DND(Domestic Trade Only)			Remark
	type	day	20'/40' charge per day	type	day	20'/40' charge per day	
East and North China	GP/HQ	1～7	free	GP/HQ	1～11	free	Calendar day Cover first day
		8～14	CNY60/120		11～14	CNY60/120	
		15～21	CNY120/240		15～21	CNY120/240	
		≥22	CNY180/360		≥22	CNY180/360	
	OT/FL/PL	1～7	Free	OT/FL/PL	1～10	Free	
		8～14	CNY90/180		11～14	CNY90/180	
		15～21	CNY180/360		15～21	CNY180/360	
		≥22	CNY360/720		≥22	CNY360/720	
	RF/RQ	1～10	free	RF/RQ	1～5	free	
		11～14	CNY180/360		6～10	CNY180/360	
		15～21	CNY330/670		11～20	CNY330/670	
		≥22	CNY670/1340		≥21	CNY670/1340	

Notes：

1. The inbound DND is calculated at 00:00 AM from the first day of discharge from vessel till the day of empty container return to carrier's designated facility.

2. The outbound DND is calculated at 00:00 AM from the first day of empty pick-up till the day the laden container is loaded on board at CY port or delivered from the inland facility.

3. The tariff is calculated by calendar day, i. e. including Saturday, Sunday & National Holidays.

4. Any storage and reefer charge at port or inland facility is not included the tariff, all these charges should be paid by customer directly.

5. No VAT for foreign trades is included and the VAT for domestic trades is included.

6. The tariff covers all foreign trades and domestic trade in main land China.

7. Whatever CY or Door, all shipments are complied with the tariff.

8. Terminated export bookings will not enjoy free time.

知识链接

免堆存期

免堆存期(free storage)是指码头允许免费堆存的时间,从集装箱卸到码头开始计算,到集装箱提走为止。免堆存期是指集装箱在港区堆放的时间,超过免堆存期即收取滞港费。集装箱堆存在码头的免堆存期取决于码头的规定。

滞箱费和滞港费是两个不同的概念。滞箱费按照船公司的规定来收取,也就是说,使用船公司的箱子超过了免费用箱的时间,船公司要收取滞箱费。免用箱期正常是7天左右,有些港口因为中转或其他方面的原因,可以向船公司申请到10～14天,更长的可以申请到21天。而超过了堆存的时间要付滞港费,是指超过码头所规定免费堆放(使用)时间而没有提走(清空)的集装箱所产生的超期堆存(占用使用码头)的费用。表2-14为上港集团库存使用费收费标准。进口免堆存期一般在1～4天,通常比较难申请,因为这是码头向船公司收取的堆场费,如果免堆存费,就要由船公司承担这笔费用。

表 2-14 上港集团库存使用费收费标准

箱型		外贸出口指定进栈包干费/(元/箱)	出口预进栈箱/(元/箱·天)	出口箱/(元/箱·天)	中转重箱(全程提单)/(元/箱·天)		进口集装箱/(元/箱·天)			
					第1天至第14天	第15天至离开	第1天至第4天	第5天至第7天	第8天至第10天	第11天至提离港区
普通重箱	20 ft	7.5	30.0	4.0	免	4.0	免	8.0	20.0	70.0
	40 ft	15.0	60.0	8.0	免	8.0	免	16.0	40.0	140.0
普通空箱	20 ft	—	—	4.0	—	—	免	4.0	4.0	4.0
冷藏空箱	40 ft	—	—	8.0	—	—	免	8.0	8.0	8.0
冷藏重箱	20 ft	232.5	180.0	104.0	100.0	104.0	100.0	108.0	120.0	170.0
	40 ft	353.0	360.0	208.0	200.0	108.0	200.0	216.0	240.0	340.0
夏季高温	危险品 20 ft	140.0	—	50.0	40.0	50.0	60.0	60.0	88.0	208.0
	危险品 40 ft	280.0	—	100.0	80.0	100.0	120.0	120.0	176.0	416.0
	油罐箱 20 ft	195.0	—	55.0	40.0	80.0	88.0	88.0	160.0	460.0
	油罐箱 40 ft	390.0	—	110.0	80.0	160.0	176.0	176.0	320.0	920.0
非夏季高温	危险品 20 ft	20.0	—	10.0	免	10.0	20.0	20.0	48.0	168.0
	危险品 40 ft	40.0	—	20.0	免	20.0	40.0	40.0	96.0	336.0
	油罐箱 20 ft	75.0	—	15.0	免	40.0	48.0	48.0	120.0	420.0
	油罐箱 40 ft	150.0	—	30.0	免	80.0	96.0	96.0	240.0	840.0
不能叠放的超限箱	20 ft	7.5	180.0	15.0	免	40.0	免	48.0	120.0	420.0
	40 ft	150.0	360.0	30.0	免	80.0	免	96.0	240.0	840.0

资料来源:上港集团网站。

五、集装箱跟踪管理

集装箱跟踪管理,是指船公司或其箱管部门运用电子计算机技术建立起来的信息传输和数据处理技术对集装箱的动态信息进行管理。其目的是实时掌握和控制集装箱的动态情况。

集装箱的状态信息主要包括闲置空箱(尚未安排运输任务的空箱,也即等待安排运输任务的空箱)、执勤空箱(已被安排运输任务的空箱)、进口实箱(刚从船上卸下的装载着进口货物的集装箱)、出口实箱(即将装船出口的装载着出口货物的集装箱)、残损空箱(不能使用的集装箱,也即等待修理或正在修理的空箱)。

集装箱动态信息的主要来源是通过各港代理在集装箱码头堆场的四道关口"出门""进门""装船""卸船"所提供的设备交接单或装卸船清单中获得。

知识链接

国际集装箱验箱师

集装箱验箱师是被国际一致公认的专职性高技术含量的职位,由国际集装箱出租者协会(International Container Lessors,IICL)为国际集装箱推出的职业资格认证,因其精良的教材、周密的培训、严格的考试,受到了全球租箱与集装箱班轮公司的高度关注,持有该证书意味着高受聘率与优厚的薪酬,大多数人成了租箱、船务、货代、船代、集装箱运输、集装箱码头堆场等公司的高级箱管经理、验箱师。

集装箱验箱师全球统一考试由国际13大集装箱租箱公司联合组建并于每年在全世界30多个国家中的40多个考试中心举办。中国上海是亚洲主要的考试中心,截至2019年,中国已有600多位学员得到了集装箱验箱师称号。

任务实施

对于解决空箱调运,可以采取的途径有:

(1)组建联营体,实现船公司之间集装箱共享。

(2)强化集装箱集疏运系统,缩短集装箱周转时间。

(3)船公司和集装箱制造厂商相互合作。

(4)船公司和租箱公司联盟合作。

(5)强化集装箱跟踪管理系统,实现箱务管理现代化。

(6)进行科学论证与选择,以租箱代替空箱调运。

任务训练

一、单选题

1. 集装箱租箱合同中的还箱条款一般规定,超过合同规定的还箱期(　　)天后,租箱人还未还箱,出租公司可视为集装箱已全损。

A. 60　　　　　　　B. 30　　　　　　　C. 15　　　　　　　D. 21

2. SOC 是(　　)的集装箱的英文缩写。

A. 船公司　　　　B. 租船公司　　　　C. 货主　　　　D. 租船人

3. 集装箱的使用超出了免费使用期时,承运人应向集装箱使用者收取(　　)。

A. 滞期费　　　　B. 储存费　　　　C. 保管费　　　　D. 无须收费

二、多选题

集装箱租赁方式可以分为(　　)。

A. 程租　　　　　B. 期租　　　　　C. 灵活租赁　　　　D. 来回程租赁

三、技能题

在上海港有一货主使用船公司箱进口 20GP 的货物,该箱到港时间是 2020 年 5 月 15 日,还箱时间是 2020 年 6 月 30 日,请按表 2-13 华东和华北地区进出口箱超期使用费标准计算该集装箱超期使用费。

项目三 集装箱码头业务操作

学习目标

技能目标

1. 能规划空集装箱的进场活动；
2. 能对空集装箱进场活动做正确管理；
3. 能规划空集装箱的出场活动；
4. 能对空集装箱出场活动做正确管理；
5. 能规划重集装箱的进场活动；
6. 能对重集装箱进场活动做正确管理；
7. 能规划重集装箱的出场活动；
8. 能对重集装箱出场活动做正确管理；
9. 能根据集装箱的类别分配堆场；
10. 能对集装箱码头堆场划分空箱场地；
11. 能对存放在码头堆场的集装箱进行定位和翻箱管理；
12. 能对待查找或翻箱的集装箱进行位置选择或调取；
13. 能够对集装箱码头前沿业务做正确管理。

知识目标

1. 掌握集装箱码头的布局；
2. 掌握集装箱码头的功能、特点及要求；
3. 掌握集装箱空箱进场的情况分类；
4. 掌握集装箱空箱进场的程序；
5. 掌握集装箱空箱出场的程序；
6. 掌握集装箱重箱进场的程序；
7. 掌握集装箱重箱出场的程序；
8. 掌握集装箱箱位号；
9. 理解集装箱堆场分配的主要分类；
10. 理解集装箱堆场分配的主要依据；
11. 理解集装箱翻箱规则；
12. 了解码头前沿业务。

素养目标

　　1. 具备根据不同集装箱种类和要求进行装卸活动的计划意识；

　　2. 具备集装箱码头资源高效利用的意识。

项目导学

关键词：集装箱码头；码头闸口；码头堆场；码头前沿。

【引例】

天津港集装箱码头有限公司

　　天津港集装箱码头有限公司原名天津港集装箱公司，始建于 1980 年 4 月 1 日，是我国大陆第一个建立的现代化国际集装箱专用码头，1997 年资产重组后更为现名，英文缩写为 TCT。TCT 现拥有两座现代化集装箱专用码头，四个泊位。一期老码头泊位前沿水深 12 m，岸线总长 398 m，可停靠 5 万吨级船舶；二期新码头泊位前沿水深 16 m，岸线总长为 825 m，进出港航道水深 19.5 m，可同时停靠两艘第六代集装箱船舶。

　　TCT 总占地面积为 700000 m²，前方堆场面积为 270000 m²，可堆码 42000 TEU；备有 3 个冷藏箱场地，564 个冷藏箱插座；拥有大型仓库，从事 CY、CFS 拼箱、拆装箱业务；码头前沿设计有 7.5 m 宽的接卸大件专用通道，可在接卸超大、超宽、超长等异型体货物时，无须更换吊具或旋转货物即可快速装卸，确保安全；TCT 备有修箱的设备和设施，具有修理、清洗、检验集装箱的服务功能。

　　TCT 码头年设计吞吐能力为 160 万标准箱，现拥有大型集装箱装卸桥 14 台、场地桥 38 台、拖车 76 台，以及大叉车、小叉车等各种专用机械设备总计 170 余台。近年来，为适应集装箱航运市场船舶日益超大化发展趋势的需要，TCT 投巨资更换了一批老旧设备，先后引进了 10 台具有当今世界先进水平的超巴拿马型装卸桥。这种装卸桥的起重负荷为 61 t，起升高度为：轨上 39 m、轨下 15 m、外伸距 63 m，具有"双箱操作"功能；同时还配套引进了 10 台起重负荷 61 t、可进行"双箱作业"、堆码高度为 5 层集装箱的大型场地桥，具备了接卸第六代及其以上船舶的能力。

　　TCT 码头操作管理系统采用的是比利时 COSMOS 公司提供的集装箱操作管理系统。该系统的船舶进出口操作流程控制、船舶装卸操作实时控制、堆场管理控制等，不但能节省人力、优化堆场空间、使堆场达到其最大堆存能力，而且还能确保码头所有操作数据的安全性和可靠性，优化码头生产能力。

　　先进的装卸设备、现代化的科学管理，使 TCT 创造了一流的装卸效率。目前，码头装卸船最高船时量达 428 自然箱/时，岸桥平均作业效率为 79.1 自然箱/时。

　　卓越的港口设施和高效率的生产服务，吸引着各大船公司在此增线开班。第四代集装箱船"珍河"轮、第五代集装箱船"鲁河"轮、第六代集装箱船"地中海法米娅"轮以及载箱量 8500 TEU 的"中海亚洲"轮、载箱量 9200 TEU 的"地中海帕梅拉"轮都是在这里举行的首航仪式。目前，TCT 已开辟 20 余条国际航线，通往日本、韩国、欧洲、美国、地中海、波斯湾、澳大利亚、新加坡等 160 多个国家和地区的 300 多个港口，并开通了环渤海内支线和沿海内贸运输。

TCT承办全集装箱船、半集装箱船、子母船的装卸运输;承办集装箱的拆箱、装箱、拼箱、堆存、衡量、冷藏、保管、租赁、检验、清洗、维修;承办公路、铁路集装箱运输和零担货物业务;承办经满洲里、二连浩特、阿拉山口三条亚欧大陆桥过境联运业务,并已开通直达西安、成都、新疆集装箱班列运输。

思考:

以天津港集装箱码头为例,简述集装箱码头应具备的条件和主要业务。

任务一　集装箱码头的构成

任务描述

南京港龙潭集装箱有限公司由南京港(集团)有限公司、上海国际港务(集团)股份有限公司、中远码头(南京)有限公司、南京港股份有限公司、中国外运(香港)物流有限公司合资组建,2005年9月正式投入运营。

公司位于长江南京段龙潭水道,码头前沿常年水深12.5 m,最大水深达14.5 m,距吴淞口约300 km。集装箱码头一期码头岸线长910 m,纵深1000 m,项目建设2.5万吨级泊位3个,千吨级泊位2个(水工结构按靠泊5万吨级集装箱船设计),堆场面积500000 m²,拆装箱仓库18000 m²,冷藏箱堆场11400 m²,危险品箱堆场22900 m²,为提高港区综合服务功能,还配有洗修箱车间等。

2015年集装箱码头二期工程码头岸线长1400 m,新三重一空堆场投入使用,通过能力达400万标准箱。

业务员小张到南京港龙潭集装箱有限公司进行业务学习,请问南京港龙潭集装箱码头有哪些设施设备?

任务资讯

一、集装箱码头的概念

集装箱码头(见图3-1)是集装箱运输的枢纽,它外向海洋的国际远洋运输航线,内连国内的铁路、公路、水路等运输线路。因此,集装箱码头是各种运输方式衔接的换装点和集散地。集装箱码头在整个集装箱运输过程中具有重要的地位。做好集装箱码头的建设和管理工作对于加速集装箱及其运载工具的周转、降低运输成本、提高经济效益和社会效益具有极其重要的意义。

二、集装箱码头的构成

集装箱码头是水陆联运的枢纽站,是集装箱货物在转换运输方式时的缓冲地,也是货物的交接点,因此,集装箱码头在整个集装箱运输过程中占有重要地位。

集装箱码头指包括港池、锚地、进港航道、泊位等水域以及货运站、堆场、码头前沿、办公生活区域等陆域范围的能够容纳完整的集装箱装卸操作过程的具有明确界限的场所。根据集装箱码头装卸作业、业务管理的需要,集装箱码头应主要由靠泊设施、码头前沿、堆场、控制室、检查口、集装箱货运站、维修车间等构成。

图 3-1　集装箱码头全景

(一)靠泊设施(wharf)

靠泊设施通常简称泊位(见图 3-2),主要由码头岸线和码头岸壁组成,是沿码头线按停靠一艘设计船舶所需长度划分的,供集装箱船舶停靠和作业的场所。码头岸线供来港装卸的集装箱船舶停靠使用,长度根据所停靠船舶的主要技术参数及有关安全规定而定。码头岸壁一般是指集装箱船停靠时所需的系船设施。岸壁上设有系船柱,用于船靠码头时通过缆绳将船拴住;岸壁上还应设置预防碰撞装置,通常为橡胶材料制作。一座码头可能由一个或几个泊位组成,视其布置形式和位置而定。一个泊位是港口装卸作业的一个基本单元。

图 3-2　泊位示意图

集装箱码头泊位长度一般为 300 m,前沿水深应满足设计船型的吃水要求,一般为12 m以上。泊位长度还应满足船舶安全靠离作业和系缆的要求,一般为一个设计船型的船长和船与船之间必要的安全间隔之和。安全间隔大小根据船舶大小而有所不同,一般为船长的 1/10～1/8。在斜坡式码头与直立式码头之间以及港池的根部,要适当加大安全间隔。在河港中,当流速超过 2 m/s 时,应适当加大安全间隔。

(二)码头前沿(frontier)

码头前沿(见图3-3)是指泊位岸线至集装箱编排场(或称编组场)的这部分之间的码头面积,设有岸边集装箱起重机及其运行轨道。码头前沿主要用来布置岸边式集装箱起重机及其轨道和集装箱牵引车通道,如福州新港国际集装箱码头配备了超巴拿马型岸边式集装箱起重机16台。码头前沿的宽度可根据岸边集装箱起重机的跨距和使用的其他装卸机械种类而定,一般为40 m左右。

码头前沿主要由三部分构成:①从岸壁线到集装箱桥吊第一条轨道(靠海侧)的距离部分,一般为2~3 m;②桥吊的轨道间的距离部分,一般为15~30 m;③从桥吊第二条轨道(靠陆侧)到堆场前的距离部分,一般为10~25 m。

图3-3 码头前沿示意图

集装箱码头前沿除安装了集装箱桥吊和铺有桥吊轨道外,一般还备有高压和低压电箱、船用电话接口、桥吊电缆沟、灯塔等设施。码头前沿应始终保持畅通,以确保集装箱桥吊的装卸效率。

(三)堆场

堆场是集装箱码头堆放集装箱的场地,是集装箱码头最大的工作场所。为提高码头作业效率,堆场分为前方堆场和后方堆场两部分(见图3-4)。

1. 前方堆场

前方堆场又称集装箱编排(组)场(container marshalling yard),是指为加速船舶装卸作业,把准备即将装船的集装箱排列待装以及为即将卸下的集装箱准备好场地和堆放的位置。前方堆场通常布置在码头前沿与集装箱堆场之间,主要作用是保证船舶装卸作业快速而不间断地进行。通常在集装箱编排场上按集装箱的尺寸预先在场地上用白线或黄线画好方格即箱位,箱位上编上"箱位号",当集装箱装船时,可按照船舶的配载图找到这些待装箱的箱位号,有计划有次序地按积载要求将出口集装箱整齐地集中堆放,卸船时将进口集装箱暂时堆放在码头前方,以加速船舶装卸作业。

（a）前方堆场　　　　　　　　　　　　　（b）后方堆场

图 3-4　堆场示意图

2. 后方堆场

后方堆场又称集装箱堆场(container yard,CY),是指进行集装箱交接、保管重箱、安全检查和堆存的场所,有的还包括存放底盘车的场地。堆场面积的大小必须适应集装箱吞吐量的要求,应根据船型的装载能力及到港的船舶密度、装卸工艺系统、集装箱在堆场上的排列形式等计算、分析确定。

集装箱在堆场上的排列形式一般有"纵横排列法"(将集装箱按纵向或横向排列,此法应用较多)和"人字形排列法"(集装箱在堆场放成"人"字形,适用于底盘车装卸作业方式)。

有些国家对集装箱堆场并不分前方堆场或后方堆场,统称为堆场。集装箱后方堆场是集装箱装卸区的组成部分,是集装箱运输"场到场"交接方式的整箱货办理交接的场所。

（四）控制室(control tower)

控制室又称中心控制室,简称"中控",是集装箱码头各项生产作业的中枢,集指挥、监督、协调、控制于一体,是集装箱码头独有的重要的业务部门。由于现代集装箱码头多用计算机系统进行管理,控制室计算机与各部门、各作业现场以及各装卸搬运机械的计算机终端通过有线或无线连接,成为码头各项作业信息的汇集和处理中心。对于尚未实现实时控制的集装箱码头,控制室可设在码头建筑的最高层,以便中控人员能环视整个码头的作业状况。

（五）检查口(gate)

检查口俗称"道口",又称闸口,是公路集装箱进出码头的必经之处,也是划分集装箱责任的分界点,还是处理进出口集装箱有关业务的重要部分,如箱体检验与交接、单证的审核与签发签收、进箱和提箱的堆场位置确定、进出码头集装箱的信息记录等。检查口设在码头的后方靠大门处,按业务需要可分为进场检查口和出场检查口,其集装箱牵引车车道数视集装箱码头的规模而定。

（六）集装箱货运站(container freight station,CFS)

集装箱货运站主要用于装箱和拆箱,承担集装箱码头的辅助功能。集装箱货运站通常设于码头的后方,其侧面靠近码头外接公路或铁路的区域,以方便货主的散件接运,同时又不对整个码头的主要作业造成影响。

(七)维修车间(maintenance shop)

维修车间是集装箱码头对集装箱专用机械设备以及集装箱进行检修和保养的部门。由于集装箱码头的特点,需要使专用机械设备经常保持良好的状态,以保证集装箱码头作业效率的充分发挥。

(八)集装箱清洗场(container washing station)

集装箱清洗场的主要任务是对集装箱污物进行清扫、冲洗,一般设在后方并配有多种清洗设施。

(九)码头办公楼(terminal building)

集装箱码头办公楼是集装箱码头行政、业务管理的大本营,目前已基本上实现了电子化管理,最终达到管理的自动化。

三、集装箱码头的功能

集装箱码头是海运与陆运的连接点,是海陆多式联运的枢纽。一般而言,集装箱码头主要具有以下三个功能:

1. 集装箱码头是海运与陆运的连接点,是海陆多式联运的枢纽

集装箱码头是集装箱物流链中的主要节点,将集装箱海运、集装箱铁路运输、集装箱公路运输联系了起来,是现代集装箱多式联运的枢纽和转换点。

国际集装箱运输都以海运为中心,通过码头这一连接点,将海运与两岸大陆的陆运连接起来,并通过内陆运输,实现货物从发货人直至收货人的运输过程。在集装箱多式联运中,海陆多式联运占有绝大部分的比例,集装箱码头不仅是海上运输和陆上运输的连接点,同时,与运输有关的货物、单证、信息以及集拼、分拨、转运存储等业务管理也在集装箱码头交叉、汇集,从而使集装箱码头成为多式联运的运输和管理的枢纽。

2. 集装箱码头是换装转运的中心

随着集装箱船舶的大型化,国际集装箱海运格局发生了根本的变化,即从原来单一的港到港运输转变为干线与支线相结合,以枢纽港中转为中心的运输,形成了"中心—辐射"的新运输格局。在这一新的运输格局中,集装箱码头,尤其是处于重要地位的大型国际集装箱码头,成为不同区域的国际货物转运中心,通过集装箱码头的装卸转运,把干线与支线有机地结合起来,从而实现大型集装箱船舶的规模效益,实现货物从始发港到目的港的快速运输。

3. 集装箱码头是物流链中最重要的环节之一

现代物流把运输和与运输相关的作业构成一个从生产起点到消费终点的物流链,在这个物流链中,力求在全球寻求最佳的结合点,使综合成本最低、流通时间最短、服务质量最高。正是因为其不可替代的重要地位和作用,集装箱码头已成为现代物流中重要的环节,并为物流的运作提供了一个良好的平台。

教学视频:集装箱码头全景——北滘港的认知

四、集装箱码头的特点及要求

(一)集装箱码头的特点

1. 码头作业:机械化、高效化

由于集装箱船舶越来越大,从航次经济核算分析,允许船舶停留在码头的时间相对较短。

缩短集装箱船舶在码头的停泊时间可以降低停泊成本,提高集装箱运输船舶的航行效率并充分发挥船舶单位运输成本的优势,降低全程水路运输的成本,提高经济效益。

为了保证集装箱船舶在码头以最短的时间装卸完集装箱,现代集装箱专用码头一般都配备了专门化、自动化、高效率化的装卸搬运机械。

2. 码头生产管理:计算机化、信息化

集装箱运输业务的效率来源于管理的现代化,这都以运输信息传递的便利和高速处理为基础。在集装箱码头,信息的传递来源于两个方面:一是码头、外部客户和有关部门之间的信息联系;二是码头内部的现场指挥与生产指挥中心之间的信息联系。前者采用电子数据交换技术,后者采用现场数据输入仪来降低在整个信息传递过程中的出错率。

现代集装箱码头的有效运作,不仅要求员工具有较高的文化素质和熟练的技术,更重要的是要有先进的管理手段。

3. 码头设施:大型化、深水化

随着集装箱运输的发展,件杂货物集装箱化的比例不断提高,集装箱运量不断上升。根据规模经济原理,船舶越大,单位成本越低。因此,为了降低集装箱船舶运输成本,各个集装箱船舶运输公司新投入使用的集装箱船舶越来越大,与此相对应的码头也越来越大。码头前沿水深不断增加,岸线泊位长度延长,堆场及整个码头的区域扩大。

4. 码头投资巨大

码头大型化,装卸搬运机械自动化、专门化、高速化,管理现代化都需要有较大的投资。另外,集装箱码头堆场造价也比普通件杂货码头造价高得多。

(二)集装箱码头的基本要求

集装箱码头必须满足下列基本要求:

(1)具备设计船型所需的泊位、岸线及前沿水深和足够的水域,保证船舶安全靠离。

(2)具备码头前沿所需要的宽度、码头纵深及堆场面积,具有可供发展所需的广阔的陆域,保证集装箱堆存和堆场作业及车辆通道的需要。

(3)具备适应集装箱装卸作业、水平运输作业及堆场作业需要的各种装卸机械及设施,以实现各项作业的高效化。

(4)具有足够的集疏运能力及多渠道的集疏运系统,以保证集装箱及时集中和疏散,快速装卸船舶,防止港口堵塞。

(5)具有维修保养的设施及相应的人员,以保证正常作业的需要。

(6)集装箱码头高科技及现代化的装卸作业和管理工作,要求具有较高素质的管理人员和机械司机。

(7)为满足作业及管理的需要,应具有现代管理和作业的必需手段,采用电子计算机及数据交换系统。

五、集装箱码头的条件

(一)具有供集装箱船舶安全进出港的水域和方便装卸的泊位

集装箱船舶进出港的水域包括航道、排头区等,水域不仅要求足够的水深,同时要求足够的宽度和面积,以供集装箱船舶安全进出港。集装箱码头的泊位是集装箱船舶停靠和作业的主要场所,泊位水深应能满足挂靠的最大集装箱船舶的吃水要求。通常,3000~4000 TEU集装箱船舶的吃水为 12.5 m,5000 TEU 以上集装箱船舶的吃水为 14 m,集装箱深水泊位前沿的水深应能适应这一要求。同时,一个码头泊位的总长(泊位数),应能满足各航线集装箱船舶的挂靠频率,而且每一泊位的长度也应视集装箱船舶的大小面定。目前,3000～4000 TEU 集装箱船舶要求的泊位长度为 300 m,5000 TEU 以上的集装箱船舶的标准泊位长度为 350 m,6000 TEU 以上的集装箱船舶的标准泊位长度为 360 m。

(二)具有一定数量技术性能良好的集装箱专用机械设备

目前我国集装箱码头绝大多数采用集装箱装卸桥龙门吊装卸工艺系统,该工艺系统也为世界各国集装箱码头所采用。这种装卸工艺系统各机种的分工配合是:由集装箱装卸桥承担岸边船舶的集装箱装卸,由集装箱牵引车承担岸边到堆场的集装箱水平搬运,由轮胎式龙门吊承担堆场集装箱的堆取和搬移。集装箱码头不仅要配备数量足够和技术性能良好的集装箱专用机械,还应满足这三个主要作业环节的能力配比,从而保证码头作业连续、高效地进行。

(三)具有宽敞的堆场和必要的堆场设施

堆场占有集装箱码头主要面积,这是因为堆场在集装箱码头中占有十分重要的地位:供出口集装箱暂时堆存,以便发货人报关和码头配载后装船出运;供进口集装箱暂时堆放,以便收货人报关后提运;此外,堆场也是对所有进入码头的集装箱进行调度管理的作业场所。

集装箱船舶的大型化和集装箱码头作业的高效化,对集装箱码头堆场的面积要求也更高,例如一个 350 m 的标准泊位,其配套的堆场面积要求大致为 350 m×500 m＝175000 m²。除足够的堆场面积外,集装箱码头还要为堆场作业配备必要的作业区域和设备设施,如集装箱牵引车道区域、龙门吊行走线路区域、夜间作业的照明设施、冷藏箱区的供电系统堆箱区域、危险品箱的堆箱区域和喷淋降湿设备,以及洗箱熏箱的相关区域和排污系统设施。

(四)具有必要的装拆箱设备和能力

目前,我国集装箱运输中绝大部分采用 CY/CY 交接方式,这使集装箱码头的装拆箱功能被弱化,但由于运输服务的多样化以及国际商品的小批量、多品种化,CFS/CFS 交接方式仍不断出现,特别是有些货主要求码头代装箱、代拆箱,集装箱码头仍应保留必要的装拆箱的设施和能力,以满足集装箱运输市场的要求。

集装箱码头内装拆箱,主要在集装箱货运站内进行。早年,我国集装箱多式联运能力非常弱,集装箱的交接方式多为 CFS/CFS 方式,集装箱码头内的货运站十分繁忙。现在,上海、深圳等经济发达地区集装箱的交接方式已多为 CY/CY 方式,集装箱码头内货运站的作用已大大下降。但在一些经济较不发达的地区,码头内货运站的作用仍然很重要。码头内装拆箱的设施主要包括货物仓库、装拆箱作业堆场和装卸箱作业机械等。

(五)具有完善的计算机生产管理系统

由于集装箱码头机械化、高效化、大规模的作业特点,因此必须配备与之相适应的完善的计算机生产管理系统,采用先进的管理手段和管理方法,充分发挥集装箱码头的最佳效益,同时为货主、船公司提供良好、及时和周到的服务。

由于集装箱这一运输方式高度抽象了货物的物理和化学特点,所以必须通过计算机系统,进行完善的信息管理。现代集装箱码头无一例外地将计算机生产管理系统作为码头建设的重点,其原因一是满足当前生产需要,对集装箱码头的装卸操作进行实时控制;二是根据国际集装箱运输发展的新趋势、新特点、新工艺、新技术不断提升和完善系统功能。

(六)具有通畅的集疏运条件

在集装箱运输系统中,集装箱码头处于重要节点的位置,通过这个节点完成集装箱从发货地到收货地的运输全过程。因此,集装箱码头除本身的硬件、软件技术外,还应与内陆集疏运连成一个有机系统,通过公路、铁路、内河甚至航空等多种运输方式,把分散在内地各处的集装箱汇集到码头装船出口,同时通过内陆集疏运系统将大量卸下的进口集装箱运送到目的地。从国外先进的集装箱运输经验看,内陆集疏运条件是影响集装箱码头发展的一个极其重要的因素。

(七)具有现代化集装箱运输专业人才

人是生产力中最活跃、最有决定性影响的因素,现代化集装箱码头更是如此。先进的管理模式和管理手段,高效的集装箱专用机械和设备,科学的作业程序和方法,无一不需要与之相应的现代化集装箱专业人才。没有国际集装箱运输的专业知识和业务技能,就无法对先进的集装箱运输进行有效的管理,也就不能发挥集装箱码头应有的重要作用。

任务实施

业务员小张在进行实地考察后得出以下结论:南京港龙潭集装箱码头由港口前沿作业区、堆场作业区、集卡运输区及维修服务区这四个区域组成。港口前沿区包括船舶停靠的泊位、码头起重机运行的码头作业区。堆场作业区包括集装箱起重机作业的轨道(区域)、堆场存放区。集卡运输区包括集装箱卡车在码头前沿和泊位之间的行驶停靠区域,以及卡车在码头前沿到门闸、堆场区到门闸、码头或堆场到服务区的行驶区域。维修服务区包括集装箱维修服务区、码头起重机和堆场起重机等机械服务区域、集装箱卡车停靠服务区、其他办公服务区等。

任务训练

集装箱码头业务操作实训

1. 实训目标

通过实训了解码头的构成,较全面认识集装箱码头公司状况;学会搜集、整理分析不同码头的构成。

2. 任务描述

随着集装箱的产生,集装箱运输已经催生了一大批巨无霸式的码头公司,依托码头公司,全球崛起了一个个大型港口。表 3-1 是 2010 年世界集装箱吞吐量排名前十的港口。

表 3-1 2010 年世界集装箱吞吐量排名前十的港口

排名	港口	吞吐量/TEU
1	上海港	29070000
2	新加坡港	28430000
3	香港港	23630000
4	深圳港	22510000
5	釜山港	14280000
6	宁波-舟山港	13140000
7	广州港	12120000
8	青岛港	12010000
9	迪拜港	11500000
10	鹿特丹港	11100000

2010 年,中国港口军团在全球集装箱大港中,收获了过半数席位。上海港、香港港、深圳港、宁波-舟山港、广州港、青岛港分别排位全球第一、第三、第四、第六、第七、第八的席位。余下的第二、第五、第九、第十分别由新加坡港、韩国釜山港、阿联酋迪拜港、荷兰鹿特丹港获得。

而就在 2019 年,全球排名前十的港口中,位次已经发生了太多的变化:全球集装箱港口排名前十的分别为上海港(第一)、新加坡港(第二)、宁波-舟山港(第三)、深圳港(第四)、广州港(第五)、釜山港(第六)、香港港(第七)、青岛港(第八)、天津港(第九)、迪拜港(第十)。

在 2019 年全球一百大港口中,第十一至第二十位分别是:鹿特丹港(第十一)、巴生港(第十二)、安特卫普港(第十三)、厦门港(第十四)、高雄港(第十五)、大连港(第十六)、洛杉矶港(第十七)、丹戎帕拉帕斯港(第十八)、汉堡港(第十九)、长滩港(第二十)。其中,丹戎帕拉斯港与长滩港排名较上年有所上升,分别从第十九升至第十八和从第二十一升至第二十。汉堡港排名出现下降,由第十八名下跌一位至第十九名。其他港口排名情况与上年保持不变。其他上榜的中国港口还有营口港(第二十六)、太仓港(第三十一)、连云港港(第三十四)、日照港(第四十一)、东莞港(第四十六)、福州港(第四十九)、南京港(第五十三)、烟台港(第六十)、唐山港(第六十一)、泉州港(第七十七)、珠海港(第八十一)、海口港(第九十)、嘉兴港(第九十六)。

3. 材料准备

(1)分组:5 人一组。

(2)实训地点:物流实验室、实训基地。

4. 实训步骤

(1)全面了解全球范围内集装箱码头公司的历史与现状,企业的地理位置,服务区位及区位优势;

(2)全面了解企业码头的构成、业务的范围以及种类;

(3)项目专题讨论方案提交格式:利用课堂时间(40 分钟)对资料进行整理,制作成演示幻灯片(PPT)格式,并演示、陈述。

5. 实训考核

考核其分析得是否正确,要求具备完整的分析思路。

交互练习

一、单选题

1. 把货物装进集装箱内或从集装箱内取出,并对这些货物进行贮存、防护和收发交接的作业场所称为( )。

A. 调度场　　　　B. 排列场　　　　C. 控制室　　　　D. 货运站

2. 集装箱码头与其他部门划分责任的地方是( )。

A. 大门　　　　B. 堆场　　　　C. 码头办公室　　　　D. 控制塔

3. 集装箱专用码头布置的主要要求是泊位岸线长为( )m 以上。

A. 200　　　　B. 300　　　　C. 400　　　　D. 500

二、填空题

1. 码头前沿由_____、_____、_____这三段距离组成。

2. 堆场分为_____和_____两部分。

三、多选题

集装箱码头与普通件杂货码头相比具有(　　)特点。

A. 码头大型化

B. 装卸搬运机械专门化、自动化、高速化

C. 管理现代化

D. 码头投资巨大

知识链接

　　盐田国际集装箱码头(以下简称盐田国际),地处中国经济特区深圳,伴随着中国经济改革开放和华南经济的繁荣发展,迅速崛起为世界最大、最先进的集装箱码头之一,并成为全球超大型集装箱船舶首选港,在区域经济和全球外贸运输网络中发挥着举足轻重的作用。

　　盐田国际是和记港口信托的下属机构。和记港口信托是全球首个集装箱码头商业信托,在新加坡上市。盐田国际亦是和记黄埔港口集团环球网络的一员,与其旗下港口及物流公司成员共享集团的资源。和记黄埔港口集团业务遍及 26 个国家,于亚洲、中东、非洲、欧洲、美洲及澳洲等地经营 52 个港口,共 319 个泊位,积累了多年的丰富经验。和记黄埔港口的业务现已扩展至全球其他物流和相关的运输服务,包括邮轮码头和机场管理、配送中心、铁路服务和船只维修设施。2013 年,和记黄埔港口全球的货柜总吞吐量达 7830 万个标准箱。

实力雄厚

　　盐田国际建设有 20 个大型集装箱深水泊位,泊位总长 9078 m,岸边水深达 14～17.6 m,可同时靠泊 10 艘 8000 TEU 以上的大型船舶。泊位配备了 85 台岸吊,有龙门吊 242 台,码头面积为 417 ha。

技术先进

　　盐田国际在 2003 年 10 月成功将码头操作系统升级到 nGen。这个系统是由盐田国际和香港国际货柜码头合作开发的,具有智能化的堆场和船舶策划功能。自 nGen 投产后,每年都定期安排版本升级,提供持续的功能改善。

　　在 nGen 系统的帮助下,控制中心(码头的操作中枢)能管理整个码头的运作。比如,一艘大船即将靠泊,控制中心除了会根据船舶的大小和装卸量,提前分配好泊位、岸吊、拖车等装卸设备以外,还能将堆场龙门吊的目前位置和计划出现位置同时在控制中心电脑屏幕上显示出来。接着,控制中心通过系统,对不同尺寸的集装箱需要配备什么样的设备进行自动分配,使装卸下来的集装箱能够迅速堆存到位。科学、严密,同时具备了预分配任务的 nGen 系统,使盐田国际呈现给顾客世界级的操作效率。盐田国际除了在办公区域通过资讯科技系统辅助生产作业外,还在堆场和桥边作业区域配置了无线应用系统,进行实时通信的系统化管理操作。双向通信的无线手持机和对讲机全面配置在前线作业团队,无线网络覆盖码头作业区的每个角落。这些资讯技术,保障了前线作业团队与控制中心实时的信息沟通,使庞大的码头运作得有条不紊。作为世界级码头,盐田国际为客户提供 24 小时 365 天不间断服务。盐田国际的资讯系统也根据业务的需要,实现全天候运行。系统全年计划外停机时间少于 2.5 小时,单次系统故障在 25 分钟内恢复。至 2013 年底,盐田国际的操作系统已经连续运行 1456 天无计划外停机。

　　2019 年 7 月 9 日,盐田国际"电子飞行"(电子版堆场便条纸)正式上线,实现了外来街车

作业信息无纸化、数据化,提高了用户体验度。

经验丰富

2006 年 10 月 5 日,15500 TEU 的"艾玛·马士基"号停泊盐田国际。这是马士基公司的第一艘 E 级船。截至 2013 年底,全球超过 80% 的大型船舶和超大型船舶均靠泊盐田国际,其中 10000 TEU 以上的超大型船舶所占百分比更是达到 90% 以上。

2019 年 7 月 23 日,盐田国际迎来目前全球最大运载量的集装箱船——"地中海古尔松"号首航。该轮全长 40 m,宽 62 m,可装载 23756 个标准箱,总吨位为 210000 t。

简而言之,盐田国际的软硬件充分展示出其服务大型船舶、超大型船舶的雄厚实力。在大型船舶服务上,盐田国际是世界领航者之一。

任务二　集装箱码头闸口业务

子任务一　空箱进场

任务描述

2018 年 8 月,随着盐田国际 4 个多月的紧张建设,公司为深圳市盐田区 2018 年疏港交通改造重点工程明珠道的改造交上了一份合格的答卷。盐田国际新 A 闸进闸通道(见图 3 - 5)于 2018 年 8 月 17 日上午 8 时起正式投入使用。

图 3 - 5　盐田港区新 A 闸进闸通道

盐田国际新 A 闸建成进闸通道 14 条,包括 1 条超高超宽车道,并且配备一个设有 90 个车位的大型停车场,极大地提高了闸口操作效率及处理能力。新 A 闸增加了码头进闸通道总量,且直通盐排高速,进一步提升了进出港效率,不仅能够缓解疏港交通压力,也将成为应对码头货运高峰期及复杂外贸形势的新举措。

盐田国际新 A 闸工程是盐田区明珠道改造的重要组成部分,该工程实现进出港交通与社会交通的分离,从而减少车流的相互干扰。

集装箱码头的这些闸口通道起到了什么作用?空箱进入集装箱码头有哪些方式?

![任务资讯]

一、码头空箱进场的两种方式

空箱进场包括空箱卸船进场和空箱通过检查口进场。如果是空箱进口卸船的,则在进口之前,必须预先将计划通知码头,码头堆场计划员及时安排堆场场地和装卸机械。该计划的原则为:空箱根据箱尺码、箱型和箱主的不同,分开堆存,码头与船方必须在卸箱时办理设备交接手续。如果空箱是在闸口通过集装箱公路运输进入码头的,集装箱卡车司机向检查口工作人员递交集装箱设备交接单,检查口将箱号、箱型、尺寸、持箱人以及集装箱卡车车牌等信息输入计算机,验箱员与集装箱卡车司机共同检验箱体,完成验箱及其单证手续后,方可进入码头。

二、检查口进场的空箱种类

通过检查口进场的空箱主要有两种:一种为船公司指定的用于出口装船的空箱,一种为进口重箱拆箱后返回码头。如为船公司指定用箱,则根据堆场计划员所做堆存计划与不同的尺码、不同的箱型,按出口船名、航次堆放;如为进口箱拆箱后返回码头堆场,则根据堆场计划员所做堆存计划与持箱人的不同,分开堆放。空箱进检查口时,码头检查口与承运人必须办理交单手续。

三、空箱进场流程

集装箱码头闸口的空箱进场流程(见图3-6)具体如下。

步骤一:集装箱卡车进检查口(进场)。

步骤二:递交设备交接单。

步骤三:审核单证、核对箱号。

步骤四:检验箱体。

步骤五:双方在设备交接单签字。

步骤六:计算机输入信息。

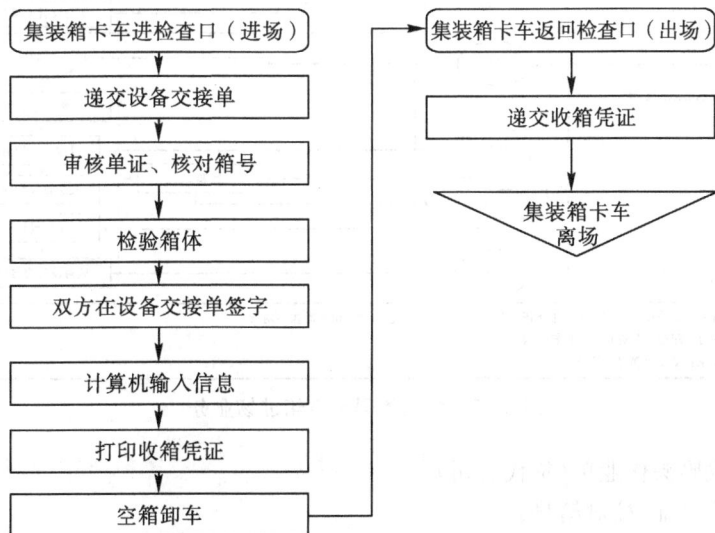

图3-6　空箱进场流程图

步骤七:打印收箱凭证。

步骤八:空箱卸车。

步骤九:集装箱卡车返回检查口(出场)。

步骤十:递交收箱凭证。

步骤十一:集装箱卡车离场。

任务实施

1. 集装箱码头闸口的作用

(1)审核进、出场集装箱的有关单证;

(2)对进、出场集装箱箱体实施检查,划分码头内外的交接责任。

2. 空箱进入集装箱码头的方式

空箱进入集装箱码头的方式有两种:

(1)空箱卸船进场;

(2)空箱通过检查口进场。

任务训练

请根据图3-7,描述集装箱空箱进场的业务过程。

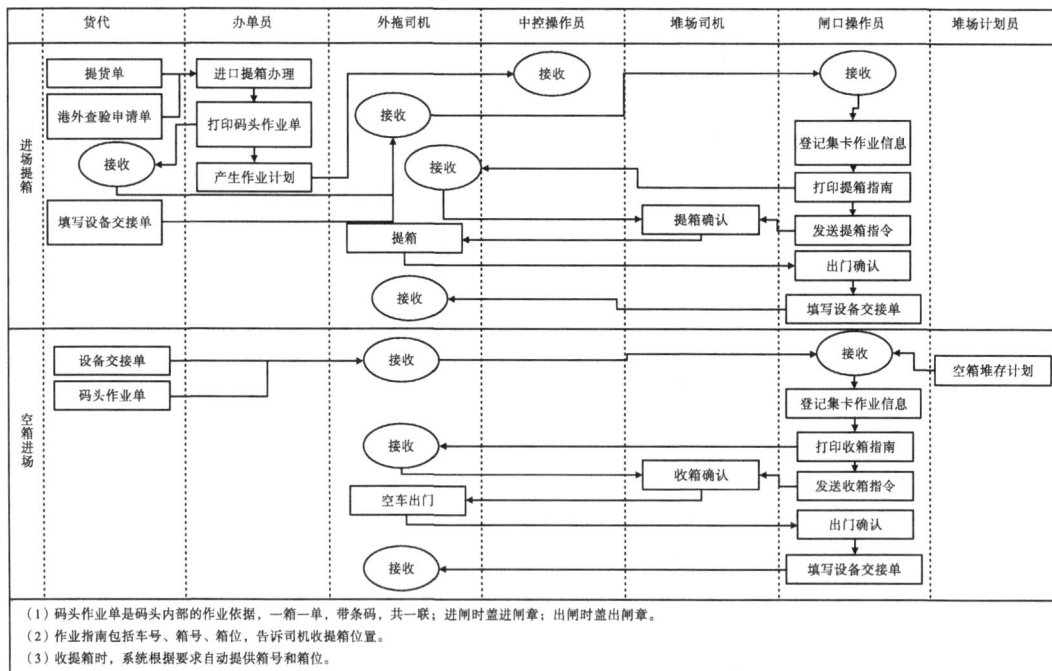

图3-7 集装箱码头空箱进场业务

步骤一:接收码头作业单(货代公司)。

步骤二:审核单证、核对箱号。

步骤三:打印收箱指南。

步骤四:外拖司机接收收箱凭据。

步骤五:外拖司机与堆场司机确认收箱。

步骤六:集装箱卡车返回入口,开取出门凭证。

知识链接

集装箱码头闸口

一、集装箱码头闸口的概念

集装箱码头闸口,有的港口称为检查桥,是进出口集装箱和各种运输机械的出入口,是区分码头内外责任和交接相关资料的地点。其主要负责对公路集装箱的信息录入、箱体检查工作,并对相关单证进行审核与交接,是码头与内陆承运人进行集装箱设备交接的重要环节。在闸口,集装箱卡车司机与码头进行提箱或者进港业务的交接,码头公司向集装箱卡车司机打印行车指南,安排其到指定箱区提箱或者将集装箱运到指定箱区,同时向堆场控制中心发出作业指令,安排吊机放箱或者提箱。

二、设置要求

集装箱码头闸口设置的基本要求:

(1)集装箱码头闸口,一般设在面向公路、背靠港池的适当地点。

(2)闸口建筑结构,一般是钢结构框架两层通道式建筑,下层设有闸口工作人员工作室若干间,上层为通道式走廊,便于闸口人员从地面、空中实施箱体检查。

(3)闸口建筑应符合国家标准,上方应安装电子显示屏和其他标识牌,为公路集疏港车辆及时提供有关进港装卸箱信息。

(4)为方便进出港区车辆和作业机械通行,闸口跨度(即设置几条通道)应视港区的地域条件而决定。主要考虑以下因素:进、出港通道,超高箱和港口装卸机械通道,码头工作人员通道。

(5)闸口面向公路一侧门前,应建有一定面积较为宽敞并与公路网相连的场地,作为进港集装箱卡车等候、箱体检查、办理交接手续的停车场所。

(6)进港通道上应装有先进的地中衡设施,以便随时对集装箱实施计量。

(7)设有电子计算机终端并与业务主管部门联网。闸口设置的要求是办理集装箱进出口的手续方便、高效、安全、畅通无阻。

三、主要业务

(1)集装箱(空箱或重箱)在接收、交付时的检查与交接,检查集装箱箱号、铅封号、箱体外表状况是否完整、有无破损,如有做记录。

箱体检查时检查桥的验箱员应和集装箱卡车司机一起,对所有进出港区的集装箱进行箱体检查,并做好相关记录。

具体主要包括以下项目:

①核对基本情况。核对集装箱卡车车牌号、进港牌号是否与设备交接单上登记的内容相符,核对集装箱箱号、箱型、尺寸、铅封号是否与设备交接单、装箱单等一些单证相符。

②外部检查。检查集装箱外表面是否有损伤,如发现表面有弯曲、凹痕、褶痕、擦伤等痕迹时,则应在这些损伤处的附近严加注意,要尽量发现其破口在何处,并在该损伤处的内侧也要特别仔细地检查。在外板连接处,若铆钉松动和断裂,容易发生漏水现象;箱顶部分要检查有无气孔等损伤,由于箱顶上有积水,一有破损就会造成货物毁损事故,而且检查时往往容易把箱顶的检查漏掉,因此要严加注意。对于已进行过修理的部分,检查时应特别注意检查其现状如何,有无漏水现象。

③内部检查。人进入箱内,把箱门关起来,检查箱子是否漏光,同时要注意箱壁内衬板上有无水湿痕迹,如发现有水迹时,则在水迹四周要严加检查,必须追究产生水迹的原因。对于箱壁或箱底板上突出的钉或铆钉头,以及内衬板的压条曲损,应尽量设法去除或修补,如无法去除或修补,应用衬垫物遮挡起来,以免损坏货物。如箱底捻缝不良,则集装箱在底盘车上雨中运行时,从路面溅起来的泥水会从底板的空隙中渗进箱内,污染货物,检查时应予以注意。

④箱门及附件的检查。检查箱门能否顺利关闭,关闭后是否密封,门周围的密封垫是否紧密,能否保证水密;还要检查箱门把手是否牢固、灵活,箱门能否完全锁上。检查固定货物时用的系环、孔眼等附件安装状态是否良好,板架集装箱上的立柱是否备齐,立柱插座有无变形,开顶集装箱上的顶扩伸引梁是否齐全、有否弯曲变形,还应把板架集装箱和开顶集装箱上使用的布篷打开,检查其有无破损,安装用的索具是否完整无缺。另外,还要检查通风集装箱上的通风口能否顺利关闭,其储液槽和放水龙头是否畅通,通风管、通风口有否堵塞等。

⑤清洁状态的检查。检查集装箱内有无垃圾、恶臭、生锈,有无被污脏,是否潮湿,如这些方面不符合要求就应向集装箱提供人提出调换集装箱,或进行清扫、除臭作业。如无法采取上述措施时,则箱内要铺设衬垫或塑料薄膜等以防货物污损。另外,箱内发现有麦秆、草屑、昆虫等属于动植物检疫对象的残留物时,即使箱内装的与动植物检疫完全无关的货物,也必须把这些残留物彻底清除。

(2)接收出口箱有关单证(场站收据、关单、集装箱装箱单),并输入电脑系统。

(3)编制整理门票(门票包括船名、箱号、发货人、转运人、箱型、目的港、关单、重量、堆场箱位等),并为进场集装箱指定场箱位。

(4)接收货主提货时出具的提货单,并核对交货记录记载内容是否正确。

(5)集装箱出入闸口时,备妥设备交接单,并会同驾驶员签字。设备交接单应包括船名、箱号、底盘车或卡车号、交箱地点、交箱日期、发货人、目的港等。

(6)填写门卫值班记录。值班记录应包括集装箱编号、空箱或重箱、箱型、目的港、发货人、收货人等。

(7)编制堆场报告,以便对堆存的集装箱进行检查,并将进出堆场的集装箱交接单输入电脑系统。

四、与外部的联系

集装箱码头闸口的操作与外部的联系主要是与船公司、拖车公司及海关的联系。这里主要介绍闸口与船公司和拖车公司的联系。

1. 闸口与船公司的联系

船公司是集装箱码头的主要服务对象之一,每当船到达港口时,一个个集装箱通过闸口与船公司交接。因此,通过闸口发生的每一个集装箱的交接,其背后是闸口所代表的集装箱码头与船公司进行的集装箱交接。由于集装箱码头与船公司之间的合作关系,其本质是服务与被服务、委托与被委托的关系,因此,闸口作为码头对外联系的窗口,其代表码头与拖车或外界进行集装箱的交接工作,作为被委托人必须严格按照委托人(船公司)指示行事,即严格按照船公司交提箱文件及船公司对交提箱文件所做指示行事。

2. 闸口与拖车公司的联系

作为与集装箱码头闸口实际发生交提箱业务的拖车公司,其身份有双重性,一是作为船公司的代表人,另一是作为码头间接客户(货主)的代表人,其身份的确定及权利义务,完全由船公司交提箱文件所决定,因此,拖车及其司机对码头而言同样享有船公司交提箱文件所注明的船公司的权利义务,拖车及其司机要完成船公司文件上所列明的船公司义务(例如交清吊费、堆存费),同时拖车及其司机享受船公司赋予的权利,即要求码头提供良好服务。此时,闸口作为码头的代表,必须在国家法律或规定的范围内(例如:若海关未放行,拖车要提的箱则不能交箱),无条件地完成集装箱进出闸的交接工作,提供专业精良的服务。作为拖车公司,最希望码头公司能提供的服务是缩短完成一个完整交接作业的时间,因此,衡量码头对拖车或拖车公司服务水准的一个重要指标,是码头完成一个完整交提作业的平均时间,即拖车从进闸开始到拖车出闸所花费的时间。

由此可见,集装箱码头闸口是集装箱对外的一个窗口,也是码头公司与船运公司、货代公司等对接业务的重要机构。其业务主要包括空箱进场、空箱出场、重箱进场和重箱出场四块业务。

知识链接

残损空箱进场操作

集装箱码头空箱进场分为空箱卸船进场和空箱过闸进场。

卸船进场的残损空箱可分为代理提供残损空箱清单的情况及卸船过程中理货员发现残损空箱的情况。代理若要求对卸船进场的残损空箱单独堆存,须在船舶靠泊前提供残损空箱清单以及对应的具体船舶贝位,否则该残损空箱将被视为完好空箱予以堆存并按照"先进先出"的原则予以使用。除与代理有事先约定或有修箱协议外,理货员在卸船作业过程中发现的残损空箱一般不另行堆存,且提箱时按残损空箱出场操作执行。

闸口返场的残损空箱可分为有修箱要求的情况和无修箱要求的情况。在有修箱要求的情况下,船公司及其代理(车队)应当在进场空箱的设备交接单上备注,由闸口直接给予发回修箱厂的进场指令或预备修箱的特例堆存指令。在无修箱要求的情况下,闸口应当加强对进场空箱的检查,拒绝无修箱要求的残损空箱进场;若遇适货的残损空箱进场,则应要求代理(车队)在设备交接单上备注,并将其作为正常空箱予以堆存及作业,不另行区分。污箱需要清洗干净后方可进场。

知识链接

集装箱预配清单

集装箱预配清单是船公司为集装箱管理需要而设计的一种单据。该清单格式及内容,各船公司大致相同,一般有提单号、船名、航次、货名、件数、毛重、尺码、目的港、集装箱类型、尺寸和数量、装箱地点等。

集装箱预配清单具有以下作用:一是有关管箱人将据此单发放设备交接单,从而由发货人或货运代理凭此设备交接单(一箱一单)到有关管箱人指定的场站提取出口用箱;二是船公司或其代理公司据此单做集装箱计划预配船图,然后送达有关集装箱码头堆场供编制集装箱预配船图使用。

货运代理人在订舱时或一批一单,或数批分行列载于一单,按订舱单内容缮制后随同订舱单据送船公司或其代理人,船公司配载后将该清单发给空箱堆存点,据以核发设备交接单及空箱之用。如果集装箱货物托运单上列明货物为危险品,那么在集装箱预配清单的相应备注栏内也应标明危险品,以使危险品集装箱能配载在船舶恰当的位置上,保证船舶装载和航行安全。该单据并非各个港口都使用。

集装箱设备交接单

集装箱设备交接单(equipment interchange receipt,EIR),全称为"集装箱发放/设备交接单",是集装箱进出港区、场站时,用箱人、运箱人与管箱人或其代理人之间交接集装箱及设备的凭证,因此兼具交接凭证和发放凭证两种功能,对集装箱运输特别是箱务管理起着重大作用。

设备交接单使用时,应按照有关制度规定进行。要求做到一箱一单、箱单相符、箱单同行。用箱人、运箱人凭设备交接单进出港区、场站,到设备交接单指定的提箱地点提箱,并在规定的地点还箱。同时,用箱人必须在规定的日期、地点将箱子和机械设备如同交付时状态交还给管箱人或其代理人,对集装箱的超期使用或租用,用箱人应支付超期使用费。对使用或租用期间发生的任何箱子及设备的灭失和损坏,用箱人应承担赔偿责任。

设备交接单一式六联,前三联用于出场,印有"OUT"字样。第一联盖有船公司或其代理人的图章,集装箱空箱堆场凭以发箱。第一、二联由堆场发箱后留存,第三联由提箱人留存。

设备交接单的后三联用于进场,印有"IN"字样。该三联在货物装箱后送到港口作业区堆场时,重箱交接使用。第一、二联由送货人交付港区道口,其中第二联留港区,第一联转给船方据以掌握集装箱的去向,送货人自留第三联作为存根。

设备交接单的下半部分是出场或进场检查记录,由用箱人(运箱人)及集装箱堆场/码头工作人员在双方交接空箱或重箱时验明箱体记录情况,用以分清双方责任。

空箱交接标准是:箱体完好、水密、不漏光、清洁、干燥、无味,箱号及装箱规范清晰,特种集装箱的机械、电器装置正常。

重箱交接标准是:箱体完好、箱号清晰、封志完整无损,特种集装箱机械、电器装置运转正常,并符合出口文件记载要求。

无论是在提取空箱时,还是装货前,都要对集装箱进行严格检查,以分清责任,避免货损。一个有缺陷的集装箱,轻则导致货损,重则在运输、装卸过程中造成箱毁人亡事故。对集装箱的检查是货物安全运输的基本条件之一。发货人、承运人、收货人及其他关系人在相互交接时,除对箱子进行检查外,还应用设备交接单的形式确认箱子交接时的状态。

子任务二　空箱出场

任务描述

在集装箱码头,当空集装箱在码头内堆积较多时,会引发一定的问题。不仅会占用码头堆场的空间资源,而且不利于空箱在其他地区的使用周转。因此码头需要专门将空集装箱安排出场。那么,空集装箱将如何出场呢? 出场过程中,涉及哪些文件?

任务资讯

一、集装箱空箱出场的方式和箱种

空箱出场是集装箱卡车司机根据集装箱箱主的指令接受驳箱车队的提箱申请,并提供作业受理凭条。出场时,集装箱卡车司机需要出具箱主或其代理签发的设备交接单及预约受理凭条。码头空箱出场主要有两种方式:空箱装船出场和空箱通过检查口出场。

装船出场的空箱主要有两种，一种为船公司指定用于出口装船的空箱，另一种为装驳船的空箱。码头箱务管理员应根据代理出具的工作联系单、空箱装船清单或船公司提供的"出口装船用箱指令"，安排装船用箱计划。码头配载计划员根据箱务管理员的用箱计划以及代理提供的"场站收据"，结合船名、航次的配载情况，选择全部计划空箱或部分计划空箱配船。凡该船航次未能装船的空箱，箱务管理员应做好记录，以备下一航次装船之用。

空箱通过检查口出场主要有下面三种：

（1）门到门提空箱，主要是出口载货用空箱的提运。该空箱提运到集装箱点进行装箱后，重箱即回运本码头准备装船出口。空箱门到门提离港区，货主或内陆承运人应向集装箱代理人提出书面申请。集装箱代理人根据"出口集装箱预配清单"向货主或内陆承运人签发"出场集装箱设备交接单"和"进场集装箱设备交接单"。货主或内陆承运人凭出场集装箱设备交接单向码头堆场提取空箱。

（2）单提空箱，是指将空箱提运至码头外的集装箱堆场（CY），如船公司提空箱到港外堆场，提退租箱等。码头箱务管理员应根据船公司或船公司代理的"空箱提运联系单"发箱，联系单上一般应写明持箱人、承运车队、流向堆场等，并注明费用的结算方法。

（3）因检验、修理、清洗、熏蒸、转运等原因需向码头提空箱。货代或内陆承运人应向集装箱代理人提出书面申请，集装箱代理人根据委托关系或有关协议向货物方或内陆承运人签发"出场集装箱设备交接单"和"进场集装箱设备交接单"。货物方或者内陆承运人凭"出场集装箱设备交接单"向码头堆场提取空箱，码头凭代理的工作联系单发箱。空箱出场时，码头应与船方或承运人做好集装箱设备交接单和交接手续。

二、集装箱空箱出场流程

集装箱码头闸口的空箱出场流程（见图3-8）具体如下。

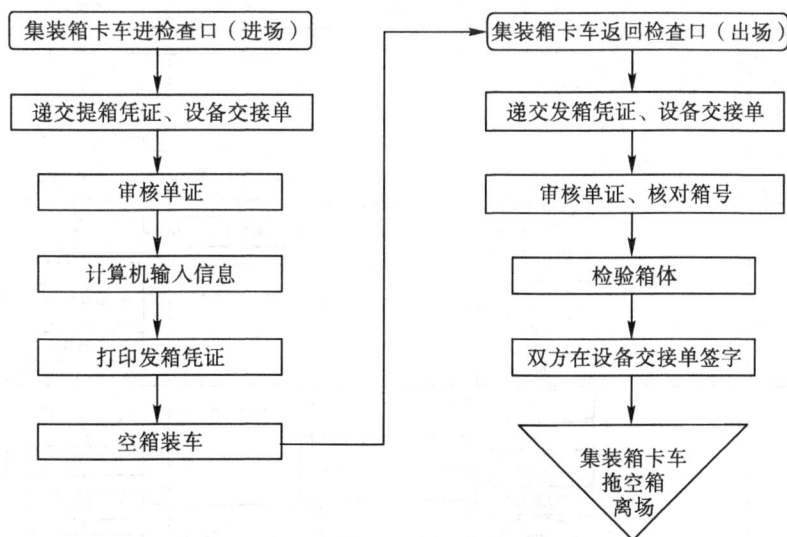

图3-8　集装箱空箱出场流程图

步骤一：集装箱卡车进检查口（进场）。

步骤二：递交提箱凭证、设备交接单。

步骤三：审核单证。

步骤四：计算机输入信息。

步骤五：打印发箱凭证。

步骤六：空箱装车。

步骤七：集装箱卡车返回检查口（出场）。

步骤八：递交发箱凭证、设备交接单。

步骤九：审核单证、核对箱号。

步骤十：检验箱体。

步骤十一：双方在设备交接单签字。

步骤十二：集装箱卡车拖空箱离场。

任务实施

根据集装箱空箱出场的流程，可以总结以下两方面工作：

1. 空集装箱需要按照码头规定和必要的流程出场

（1）确保有空箱可出。

（2）确保无单不放。

（3）要确认依照提箱的十二步骤操作。

2. 处理好出场过程中涉及的文件，确保文件不缺失，文件递交相应区域负责人

空箱出场主要涉及文件有提箱凭证、放箱单、设备交接单、码头作业单、提箱指南等。

任务训练

请根据图 3-9 描述集装箱空箱出场的业务过程。

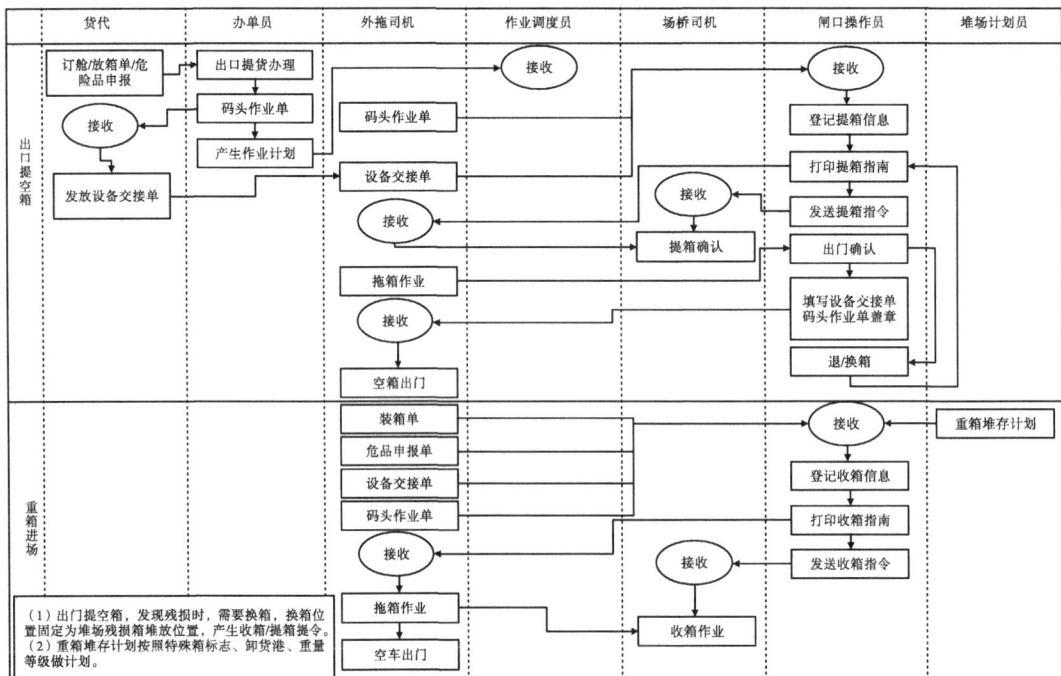

图 3-9　集装箱空箱出场业务

步骤一：接受码头作业单（货代公司）。

步骤二：司机提交设备交接单。

步骤三：闸口审核单证、核对箱号。

步骤四：登记提箱信息。

步骤五：发送提箱指令。

步骤六：填写设备交接单，码头作业单盖章。

步骤七：空箱出门。

📖 知识链接

集装箱码头空箱出场分为空箱装船出场和空箱过闸出场。装船出场的残损空箱与普通空箱在操作上并无差别，因此，对于适货的残损空箱根据堆场堆存情况及进场时间顺序予以配箱。一般情况下，不允许拖车提空箱后换箱或指定箱号提箱；若代理或车队要求换箱，可考虑增加吊箱费，以防止类似情况频繁发生。而对于拖车在提空箱（无残损记录）时发现箱体残损需要换的情况，要求拖车提箱至闸口箱检处，检查箱体并录入残损记录，视情况予以换箱。对于单独堆存的残损空箱，代理必须在规定时间内提箱出场，并且不允许指定箱号提箱。

1. 空箱来源

提取空箱是指在整箱货的情况下货运代理代表托运人持承运人签发的有关提箱凭证向货运站场提取空箱的过程。提取空箱中空箱的来源有三个：一是从码头提取；二是从船公司的仓库提取；三是货主自己拥有。

国际货物多式联运中使用的集装箱一般应由多式联运经营人提供。这些集装箱的来源有：①多式联运经营人购买；②从租箱公司租用；③由全程运输的分承运人提供。多数情况是由海上运输区段的分承运人根据海上运输合同而使多式联运经营人获得使用权。

多式联运经营人或其代理人在与托运人签订多式联运合同并接受托运后，即签发集装箱空箱提交单，连同集装箱设备交接单一并交给托运人或其代理人。托运人或其代理人据此到指定的集装箱堆场或集装箱站提取空箱，由发货人或其代理组织装箱。

2. 空箱提取流程

船公司或其代理人在接受订舱、承运货物后，即签发集装箱空箱提交单，连同集装箱设备交接单一并交给托运人或其货运代理人，据此到集装箱堆场或内陆集装箱站提取空箱。而在承运人的集装箱货运站装箱时，则由货运站提取空箱。不论由哪一方提取空箱，都必须事先缮制出场设备交接单。提取空箱时，必须向箱站提交空箱提交单，并在箱站的检查桥由双方在集装箱设备交接单上签字交接，并各执一份。应该特别注意的是在交接时或交接前应对集装箱外部、内部、箱门、附件和清洁状态进行检查。

📖 知识链接

场站收据

场站收据（dock receipt，D/R），又称港站收据或码头收据，是国际集装箱运输专用出口货运单证。它是由承运人委托码头堆场、集装箱货运站或内陆货运站在收到 FCL 或 LCL 后，签发给托运人的证明已收到托运货物并对货物开始负有责任的凭证。场站收据一般是在托运人口头或书面订舱，与船公司或船代达成货物运输的协议，船代确认订舱后由船代交托运人或货代填制,在承运人委托的码头堆场、集装箱货运站或内陆货运站收到 FCL 或 LCL 后签发生效,托运人或其代理人可凭场站收据向船代换取已装船或待装船提单。

1. 作用

场站收据是一份综合性单证,它把货物托运单(订舱单)、装货单(关单)、大副收据、理货单、配舱回单、运费通知等单证汇成一份,这对于提高集装箱货物托运效率和流转速度有很大意义。一般认为,场站收据的功能作用有:①船公司或船代确认订舱并在场站收据上加盖有报关资格的单证章后,将场站收据交给托运人或其代理人,意味着运输合同开始执行;②是出口货运报关的凭证之一;③是承运人已收到托运货物并对货物开始负有责任的证明;④是换取海运提单或联运提单的凭证;⑤是船公司、港口组织装卸、理货、配载的资料;⑥是运费结算的依据;⑦如信用证中有规定,可作为向银行结汇的单证。

2. 组成

场站收据是集装箱运输重要的出口单证。不同的港、站使用的也有所不同,联数有七、十、十二不等。这里以十联单格式为例说明场站收据的组成情况。

第一联:集装箱货物托运单——货主留底,白色。

第二联:集装箱货物托运单——船代留底,白色。

第三联:运费通知(1),白色。

第四联:运费通知(2),白色。

第五联:场站收据副本——装货单(关单),白色。

第六联:场站收据副本——大副联,粉红色。

第七联:场站收据(正本联),淡黄色。

第八联:货代留底,白色。

第九联:配舱回单(1),白色。

第十联:配舱回单(2),白色。

标准格式为十二联的其第十一、十二联供仓库收货和点数使用。标准格式为七联的场站收据无上述第一、三、四、十联,但增加集装箱理货留底联。

3. 流转程序

在集装箱货物出口托运过程中,场站收据要在多个机构和部门之间流转。在流转过程中涉及的有托运人、货代、船代、海关、堆场、理货公司、船长或大副等。现以十联单为例说明场站收据的流转过程及程序。

(1)发货人或代理填制场站收据一式十联,留下第一联(发货人留底联),将其余九联送船代订舱。

发货人或代理填制场站收据时应注意:

①场站收据各栏目由托运人用电脑填制以求清晰。托运人应正确完整地填写场站收据的各栏目,尤其是下列栏目的内容:

A. 货物装卸港、交接地;

B. 运输条款、运输方式、运输要求;

C. 货物详细情况,如种类、唛头、性质、包装、标志等;

D. 装船期,能否分批出运;

E. 所需箱子、规格、种类、数量等。

②场站收据的收货方式和交货方式应根据运输条款如实填写,同一单内不得出现两种收货方式或交货方式。

③冷藏货出运应正确填写冷藏温度。

④危险品出运应正确填报类别、性能、《国际海运危险货物规则》页数和联合国编号。如《国际海运危险货物规划》规定主标以外还有副标,在性能栏用"主标/副标"方式填报。

⑤第二、三、四联和第八、九、十联右下角空白栏供托运人备注用。

⑥托运人对场站收据内容有变更,必须及时通知变更时已办好手续的有关各方,并在24小时内出具书面通知,办理变更手续。

(2)船代接受场站收据第二至十联,经编号后自留第二联、第三联、第四联,并在第五联上盖章确认订舱,然后退回发货人或代理第五至十联。

船代订舱签单时,应将场站收据编号用电脑打上,在第五联上盖章签单时应仔细核对托运人所填项目是否完整,如有问题应及时联系托运人或其货运代理。应注意的栏目主要有:

①是否指定船公司、船名;

②是否规定货物运抵日期或期限;

③有无特殊运输要求;

④对发货人提出的运输要求能否做到;

⑤是否应收订舱押金。

(3)发货人或货代将第五至十联送海关报关,海关核对无误后在第五联上盖章放行。

托运人或代理的出口货物一般要求在装箱前24小时向海关申报,海关在场站收据上加盖放行章后方可装箱,必须经海关同意并在装船前24小时将海关盖章的场站收据送交收货的场站业务员。

发货人或承运人应切记,未经海关放行的货物不能装箱出运,一旦发现以走私论处。

(4)海关在第五联盖章放行后,自留第九联,将其余联(第五至八联、十联)退回发货人或代理。

(5)发货人或代理负责将箱号、封志号、件数等填入第五至七联,并将货物连同第五至八联、第十联在规定时间一并送交堆场或集装箱货运站。

场站收据中出口重箱的箱号允许装箱后由货代或装箱单位正确填写,海关验放时允许无箱号,但进场完毕时必须正确填写所有箱号、封志号和箱数。

(6)堆场或集装箱货运站在接收货物时进行单货核对。如果无误,则在第七联上填入实收箱数、进场完毕日期并加盖场站公章签收,然后退回发货人。堆场或集装箱货运站自留第五联。

各承运人委托场站签发场站收据必须有书面协议,各场站与承运人签订委托协议后签发的场站收据可以向船代换取提单,已签出场站收据的集装箱货物在装船前的风险和责任由船公司承担。如采用CY交接条款,货主对箱内货物的准确性负责;采用CFS交接条款,装箱单位对货物负责。

本步骤注意以下事项:

①第五联上是否有海关放行章,没有海关放行,不得签发场站收据,不得安排集装箱装船;

②进堆场或集装箱货运站的货物与单证记载内容是否相符;

③进堆场的箱号、封志号是否与单证记载相符;

④一起送交的单证,其内容是否单单相符;

⑤货箱未进堆场或集装箱货运站不能签收;

⑥船公司是否已给舱位;

⑦堆场内一旦发生倒箱,新箱号是否报海关;

⑧一批货分批进堆场,最后一批进场完毕后签发场站收据;

⑨LCL以箱为单位一票一单签发场站收据。

(7)发货人凭签收的第七联去船代处换取待装船提单,或在装船后换取已装船提单。

本步骤注意以下事项:

①货物是否已经实际装上船舶;

②货物是否在装运期内装船出运场;

③如货物是预付运费,该运费是否已经支付;

④提单记载内容是否与装箱单、商检证、发票、信用证一致;

⑤场站收据上运输条款与提单记载内容是否一致;

⑥场站收据上对货物有无批注;

⑦货运代理人是否已经先签发无船承运提单;

⑧签发几份正本提单。

船代在货箱装船后,应核对单据与集装箱装船的情况是否一致。如不一致,应迅速与港方和理货联系,避免出现差错。凭场站收据正本,船代应立即签发待装船提单。在船舶开航后24小时内,船代应核对并签发已装船提单。

(8)货物装船时,堆场将第六、八、十联送外轮理货公司,外轮理货公司于货物实际装船后在第八联上签收并自留。

(9)等货箱全部装上船舶,外轮理货公司将第六联和第十联(空白联)交船方留存。第十联也可供有关方使用。

堆场业务员必须在装船前24小时内将场站收据第六联分批送外轮理货人员,最后一批不得迟于开装前4小时。外轮理货公司在港区的理货员收齐港区场站业务员送来的场站收据(大副联)后,在装船时将装船集装箱与单据核对无误后交大副。

外轮理货人员因根据交接条款在承运人指定的场站和船边理箱,并在有关单证上加批注,提供理货报告和理箱单。如有变更应及时更正场站收据,并在船舶开航后24小时内通知船代。船舶开航后24小时内,外轮理货人员将装船集装箱理箱单交给船代。

港区堆场业务员在船舶开航后立即将已签场站收据而未装上船舶的出口箱信息通知船代,并在24小时内开出工作联系单。港区场站受船公司委托签发场站收据,应对由于其工作中的过失而造成的后果负责。

子任务三　重箱进场

任务描述

集装箱码头是一个周转集装箱的区域,区域最核心的任务就是接收或发送装载货物的集装箱。因此,码头对于装载物资的集装箱有进场和出场的作业。那么,装满了物资的集装箱如何进入场区呢？入场过程中,涉及哪些文件?

任务资讯

一、集装箱码头重箱进场

重箱进场是指货主或拼箱人将装满货物的集装箱重新运进堆场,准备装船。

发货人或集装箱货运站将已装箱的集装箱货物运至码头堆场时,堆场大门要对其核对订舱单、场站收据、装箱单、出口许可证、设备交接单等单据;检查集装箱数量、号码、铅封号等是否与场站收据相一致,箱子外表情况与铅封是否有异常等;然后堆场业务人员将代表运输经营人接收货物,并在场站收据上签章退还给发货人。如发现异常情况,应在场站收据上说明或与有关方面联系是否接收。在实践中,发货人装箱、计数、施封后,在装船前三天可拖重箱进入集装箱码头。

二、集装箱码头重箱进场流程

集装箱码头闸口的重箱进场流程(见图3-10)具体如下。

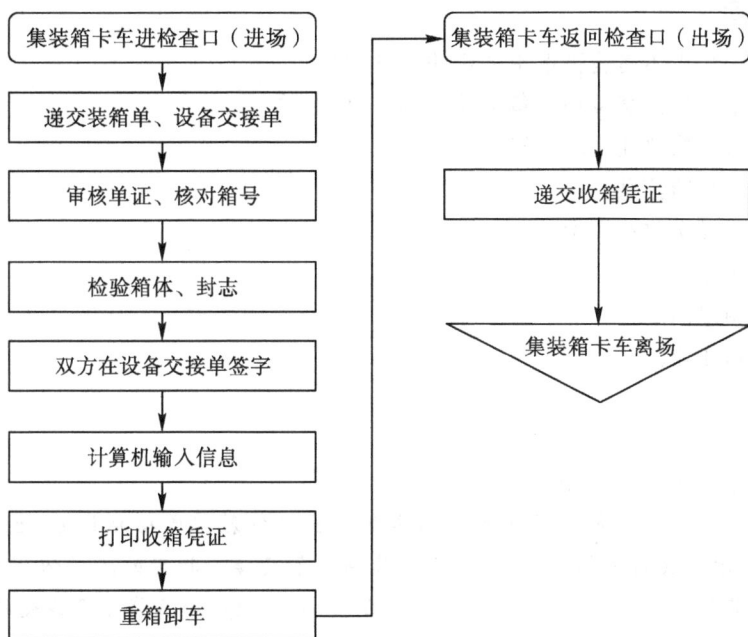

图3-10　集装箱重箱进场流程图

步骤一:集装箱卡车进检查口(进场)。

步骤二:递交装箱单、设备交接单。

步骤三:审核单证、核对箱号。

步骤四:检验箱体、封志。

步骤五:双方在设备交接单签字。

步骤六:计算机输入信息。

步骤七:打印收箱凭证。

步骤八:重箱卸车。

步骤九:集装箱卡车返回检查口(出场)。

步骤十:递交收箱凭证。

步骤十一:集装箱卡车离场。

任务实施

根据重箱进场的流程,可以总结以下两方面工作:

1. 明确重箱进场需要的动作步骤

(1)与码头确认入场计划,由码头安排入场活动;

(2)通过入场流程申报、提交单据,拖箱入场;

(3)码头接收重箱,登记进入堆存计划,完成重箱入场。

2. 明确重箱进场需要的文件要求

重箱进场主要涉及的文件有装箱单、危险品申报单(如果是危险品)、设备交接单、码头作业单、收箱指南等。

任务训练

请根据图 3-9 描述集装箱重箱进场的业务过程。

步骤一:卡车司机提交装箱设备交接单、码头作业单。

步骤二:闸口审核单证、核对箱号。

步骤三:登记收箱信息。

步骤四:打印发送收箱指南。

步骤五:拖箱作业。

步骤六:空箱出门。

步骤七:收箱作业。

知识链接

1. 出口重箱交箱(收箱)、进场的交接

出口货箱进入港区,货方、内陆承运人凭集装箱出口装箱单或场站收据、进场集装箱设备交接单到指定的港区交付重箱,并办理进场集装箱设备交接。指定的港区依据出口集装箱预配清单、进场集装箱设备交接单、场站收据收取重箱,并办理进场集装箱设备交接。

2. 收箱作业

收箱业务一般是指进出口重箱集港堆场收箱交接,或码头货运站装箱后重箱返回堆场交接以及受船公司委托的交接。前两种重箱,在堆场出口区域内进行交接,而返空箱的交接则在堆场专门设置的空箱堆存区域内进行。

收箱作业的流程:

(1)公路承运人凭设备交接单和其他相应业务单证,在码头检查进场通道与堆场理货员办理集装箱进场交接;

(2)公路承运人将拖车开到闸口地磅上称重,过磅理货员用计算机输入箱号、箱型、车号,打印过磅计量单;

(3)闸口理货员核对设备交接单,检查箱体、箱号、铅封、船名、航次、车队、车号后双方签字；

（4）闸口理货员在出口箱入场单上加盖箱检章、过磅章；

（5）运箱人将拖车开到堆场指定场位卸箱；

（6）堆场箱控部门根据堆场积载计划安排，指挥场地机械将重箱卸到指定场位、箱位；

（7）堆场理货员编制箱位图并输入计算机，供调度部门编制出口装船计划。

空箱返回进场业务，是码头堆场受船公司委托进行的，进场交接程序与出口重箱交接相同。码头堆场对进场空箱按不同船公司分别堆码。

子任务四　重箱出场

任务描述

在集装箱码头，载货集装箱（重箱）在码头内堆积，其目的就是后期转运或装载出场。如不能顺利出场，重箱不仅会占用码头堆场的空间资源，而且不利于其他集装箱在场内周转，易造成翻箱倒箱等工作。因此码头需要根据装卸计划及时将重箱安排出场。那么，重箱如何出场呢？出场过程中，涉及哪些文件？

任务资讯

重箱出场包括进口重箱、中转箱及退关箱出场。进口重箱提箱需持有效提货单和设备交接单。提箱时应严格审核提货单，如海关放行章、检验检疫章等，若不齐、不清、不符，不得提箱。如果代理公司与码头无费用托收协议的，应先到受理台办理预约，付清相关费用后再到检查桥提箱。中转箱出场，一般指的是转码头的重箱，提箱时集装箱卡车司机凭盖有海关验讫章的集装箱转码头海关申报单及设备交接单到检查桥办理手续。退关重箱提箱需持设备交接单、预约受理凭条和退关箱出卡口证明。

集装箱码头闸口的重箱出场流程（见图3-11）具体如下。

步骤一：集装箱卡车进检查口（进场）。

步骤二：递交提箱凭证、设备交接单。

步骤三：审核单证。

步骤四：计算机输入信息。

步骤五：打印发箱凭证。

步骤六：重箱装车。

步骤七：集装箱卡车返回检查口（出场）。

步骤八：递交收箱凭证。

步骤九：审核单证、核对箱号。

步骤十：检验箱体、封志。

步骤十一：双方在设备交接单签字。

步骤十二：集装箱卡车拖重箱离场。

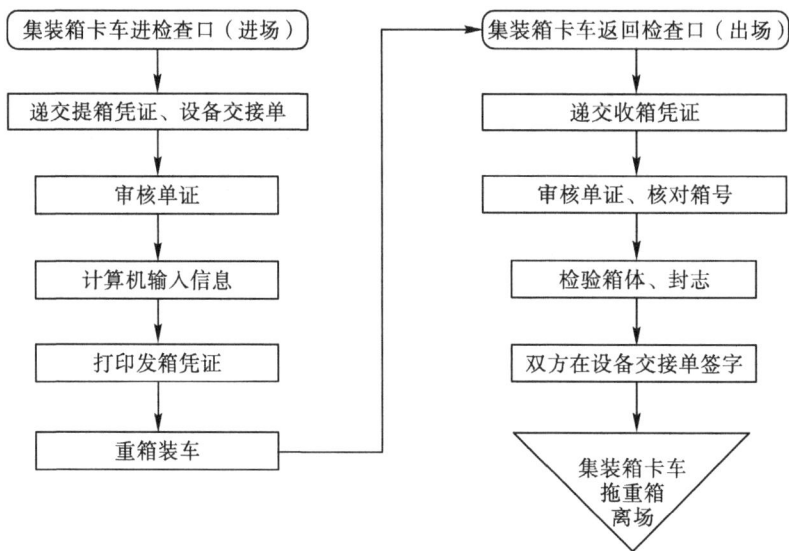

图 3-11　集装箱重箱出场流程图

任务实施

根据重箱出场的流程,可以总结以下两方面工作:

1. 重箱需要按照码头规定和必要的流程出场

(1)确保有提箱计划,确保重箱可依计划出场;

(2)确保出场步骤;

(3)确认出场单据的完整。

2. 处理好出场过程中涉及的文件,确保文件不缺失,文件递交相应区域负责人

重箱出场主要涉及的文件有提货单、港外查验申请单、设备交接单、码头作业单、提箱指南等。

任务训练

请根据图 3-7 描述集装箱重箱出场的业务过程。

步骤一:集装箱卡车进检查口(货代)。

步骤二:递交港外查验申请单。

步骤三:进口提箱办理打印(办单员)。

步骤四:中控操作接收装箱计划。

步骤五:打印装箱指令。

步骤六:发送提箱指令。

步骤七:装箱并填写设备交接单。

知识链接

进口重箱提箱出场的交接

进口重箱提离港区、堆场、中转站时,货方(或其代理人)、内陆(水路、公路、铁路)承运人应持海关放行的进口提货单到集装箱代理人指定的现场办理处办理集装箱发放手续。

　　集装箱代理人依据进口提货单、集装箱交付条款和集装箱运输经营人有关集装箱及其设备使用和租用的规定,向货方(或其代理人)、内陆承运人签发出场集装箱设备交接单和进场集装箱设备交接单。货方、内陆承运人凭出场集装箱设备交接单到指定地点提取重箱,并办理出场集装箱设备交接;凭进场集装箱设备交接单将拆空后的集装箱及时交到集装箱代理人指定的地点,并办理进场集装箱设备交接。

任务三　集装箱码头堆场业务

任务描述

任务1

　　新东方集装箱码头有限公司新建立了集装箱码头堆场。新堆场没有建成以前,公司的堆场面积较小,每个区域的堆场密度较集中,在堆场面积较小、区域堆场密度较集中的情况下,公司的堆场一场多能,标记指示系统也是沿用了传统的标记方法,在每个场地的每个货位作以标记性的阿拉伯数字。但是每个区域的每个场地没有合理地规划出来,没有相应的指示系统。新的堆场建好以后,公司的堆场面积相对变大了,但每个区域的堆场密度还是较为集中。每个区域的各个场地仍然没有合理地规划出来。另外公司的堆场没有相应的堆场平面指示图。这些看似微不足道的小事情,却给公司的生产管理造成一定的不便。请问堆场分配不合理会导致什么弊端? 有什么解决方法?

任务2

　　某集装箱堆场有4层,其中有2列的上两层是空位,用作翻箱位,见图3-12(a),请根据图3-12(a)分析并描述图3-12(b)中4、5、8和12号位的集装箱。如果要翻箱,分别需要怎样操作,才能获得以上4个位置的箱子?

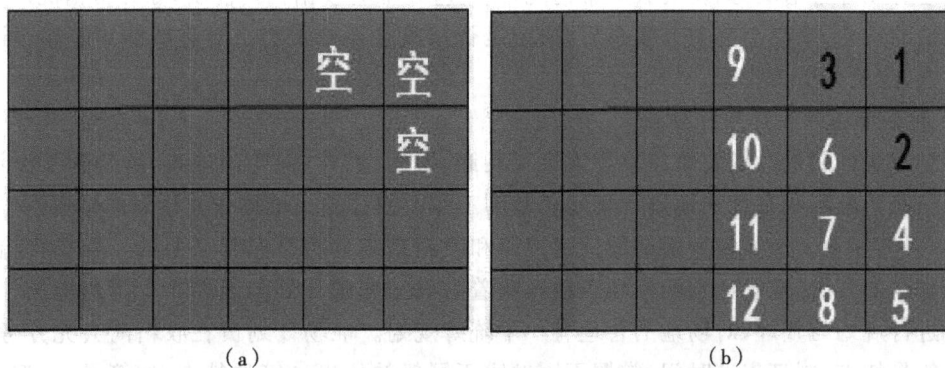

图3-12　堆4层的翻箱位和带数字的堆4层的翻箱位

任务资讯

一、集装箱堆场的定义

堆场是集装箱码头堆放集装箱的场地,是集装箱码头最大的工作场所。集装箱堆场通常在集装箱码头内或码头周边地区,是用于交接和保管集装箱的场所。集装箱堆场常包括集装箱编排场、码头前沿堆场等。主要办理以下业务:整箱货运的交接、存储和保管,配载图的编排及装卸的办理,有关货运单据的编签,集装箱和运载工具出入及流转的有关单据签发,集装箱的检查、维护、清扫、熏蒸消毒等,空箱的收发、储存、保管。

集装箱堆场的主要业务工作是办理集装箱的装卸、转运、装箱、拆箱、收发、交接、保管、堆存、搬运,以及承揽货源等。此外,还有集装箱的修理、冲洗、熏蒸等工作。

二、集装箱堆场的业务

以港口集装箱堆场为例,其主要业务如下:

1. 集装箱堆存与保管

集装箱进场后,场站应按双方协议规定,按照不同的海上承运人将空箱和重箱分别堆放。空箱按完好箱和破损箱、污箱以及自有箱和租箱分别堆放。

场站应对掌管期限内的集装箱和箱内货物负责,如有损坏或灭失由场站承运人负责。未经海上承运人同意,场站不得以任何理由将堆存的集装箱占用、改装或出租,否则应负经济责任。

场站应根据中转箱发送的目的地的不同,分别堆放,并严格按承运人的中转计划安排中转,避免倒箱、等待吊装等情况出现,影响转运。

2. 集装箱的交接

发货人和集装箱货运站将由其或其代理人负责装载的集装箱货物运至码头堆场时,设在码头堆场的闸口对进场的集装箱货物核对订舱单、码头收据、装箱单、出口许可证等单据。同时,还应检查集装箱的数量、编码、铅封号是否与场站收据记载一致。检查箱子的外表状况,以及铅封有无异常情况,如发现有异常情况,门卫应在堆场收据栏内注明,如异常情况严重,会影响运输的安全,则应与有关方联系后,决定是否接收这部分货物。对进场的集装箱,堆场应向发货人、运箱人出具收据。

3. 制订堆场作业计划并作业

堆场作业计划是对集装箱在堆场内进行装卸、搬运、贮存、保管的安排,这是为了经济、合理地使用码头堆场和有计划地进行集装箱装卸工作而制订的。堆场作业计划的主要内容有:

(1)集港作业。加强堆场前期的信息追踪和收箱系统分析是非常必要的。堆场收箱是船舶装船作业的开始,堆场计划的好坏直接影响着后面的配载计划与装船。专门的堆场计划员对场地进行规划与整理,对场地的管理有一个统筹规划。堆场计划员在收箱前会充分考虑船舶出口箱量特点,制订集港时间;掌握不同航线不同船舶的出口箱的特点,如箱量、箱型、重量等级的分布,根据具体情况分配场位、制订相应的收箱规则,合理堆码,从而减少集装箱搬运频率,降低装船过程中的倒箱率,提高装船效率。对于特种箱如危险品箱,在非夏季确保安全的情况下采用单独集中堆码和不同危险等级的危险品隔离堆码两种方式。

(2)进口作业。合理运用堆场,在卸船前掌握空重箱箱量和流向情况,摸清中转量及二程船的信息,进行分空重、分箱型堆码,并制订堆场的作业计划,减少提箱过程中的倒箱。对外提箱做好催提工作,减少进口箱在场堆存时间,从而提高堆场的利用率。

(3)研究多种能提高作业效率的方法,如"双箱堆场计划""边装边卸"等,合理配置资源,统筹安排进出口作业堆场,减少作业过程中拖车绕场跑位,缩短作业时间,从而提高效率。

4.对特殊集装箱的处理

对堆存在场内的冷藏集装箱应及时接通电源,每天还应定时检查冷藏集装箱和冷冻机的工作状况是否正常、箱内温度是否保持在货物所需要的限度内,在装卸和出入场内时,应及时解除电源。

对于危险品集装箱,应根据可暂时存放和不能存放两种情况分别处理。能暂存的货箱应堆存在有保护设施的场所,而且堆放的数量不能超出许可的限度。对于不能暂存的货箱应在装船预定时间内,进场后立即装上船舶。

5.协调与处理好和船公司的业务关系

集装箱码头应保证:

(1)根据船期表提供合适的泊位;

(2)船舶靠泊后,及时提供足够的劳力与机械设备,以保证装船速度;

(3)提供足够的场所,保证集装箱作业及堆存空间;

(4)适当掌握和注意船方设备,不违章操作。

船公司应保证:

(1)向码头确保船期,在船舶到港前一定时间提出确实到港通知,如发生船期改变,则应及时通知码头;

(2)装船前2~10天提供出口货运资料,以满足堆场制订堆场计划、装船计划的需要;

(3)应及时提供船图,以保证正常作业。

三、集装箱堆场设置条件

(1)地面平整能承受所堆重箱的压力,有良好的排水条件;

(2)有必要的消防设施、足够的照明设施和通道;

(3)有必要的交通和通信设备;

(4)有符合标准并取得环保部门认可的污水、污染物处理能力;

(5)有围墙、保卫和检查设施;

(6)有一定的集装箱专业机械设备;

(7)有集装箱管理系统或电子计算机管理设备。

四、集装箱堆场的作用

对于海运集装箱出口来说,堆场的作用就是把所有出口客户的集装箱在堆场先集合起来(不论通关与否),到了截港时间之后,再统一装载上船。也就是说,堆场是集装箱通关上船前的统一集合地,在堆场的集装箱货物等待通关,这样便于船公司、海关等进行管理。

对于海运集装箱进口来说,堆场的作用就是把所有进口客户的集装箱在堆场先集合起来,再分别由客户前来码头装载上车,运离码头。

五、集装箱堆场分类

在集装箱码头进行区域划分时,需要评估集装箱的不同属性,根据特定的属性进行堆场区域划分。

（一）按进口和出口业务分类

按集装箱进口和出口业务，集装箱堆场可分为进口箱区、出口箱区和验关箱区等。

1. 进口箱区

进口箱区主要用于存放进口入境的集装箱，由于进口集装箱的后续工作是内陆转运，因此进口集装箱箱区多置于后方堆场，既不影响出口装船的集装箱，又便于快速发出到内陆。

2. 出口箱区

出口箱区主要用于存放出口或出境的集装箱，由于出口或出境的集装箱要通过装船离港，因此出口集装箱箱区多置于前方堆场，以便快速完成装船工作。

3. 验关箱区

验关指在出入口岸进行的海关申报检查。验关箱区是存放在集装箱码头进行海关申报检查的集装箱存储区域。验关箱区更多发挥的是一种活动职能。只要有进口或出口报关必要和需求的集装箱，均会临时滞留验关箱区。

（二）按集装箱装载货种分类

按集装箱装载货物种类，集装箱堆场可分为普通箱区、危险品箱区、冷藏箱区等。

1. 普通箱区

普通箱区是存放普通集装箱的箱区。由于大多数到港离港货物属于普通货物，且普通货物没有特殊的存放要求，因此一般集装箱码头将主要区域划分为普通箱区。

2. 危险品箱区

危险品箱区是存放装载危险品集装箱的箱区。由于危险品货物通常具有污染、易燃、易爆、易腐蚀或易挥发等一个或多个特殊性，因此危险品集装箱需要存放于远离普通集装箱、办公厂区、生活区且易于处理意外情况的码头边缘区域。

3. 冷藏箱区

冷藏箱区是存放冷藏集装箱的箱区。由于冷藏物资有用电特殊需求，因此冷藏集装箱需要存储于含通电装置的区域，且不少冷藏货物有较高的独立的存放要求，不能同异类物资混放，因此一般的冷藏箱区为独立分类区，内部也需要进行分类监管。

（三）按集装箱是否装载货物分类

按集装箱是否装载货物，集装箱堆场可分为重箱箱区和空箱箱区。

1. 重箱箱区

重箱箱区是指存放带货集装箱的堆场场地。由于集装箱码头的最核心业务是集装箱转运，因此大多数到达或离开码头的集装箱均属于重箱，因此，不论箱体箱型，码头堆场一般将场地的主要区域、核心区域设置为重箱箱区。

2. 空箱箱区

空箱箱区是指存放空集装箱的堆场场地。由于集装箱在到达码头公司后，有的进口集装箱会根据业务需求拆箱转运，即形成了重箱到达、空箱出的情况；也有部分码头公司根据业务开展需求，将部分散货在码头完成装箱集运工作，因此会形成散货到、集装发的情况。两种情况均需要在场地中设置空箱箱区，以便于存储空箱。由于空箱业务在码头一般不属于核心业务，因此空箱箱区的范围小，位置相对较偏，不占用大量且核心的堆场场地。

六、集装箱堆场相关设备

集装箱码头堆场的设备主要包括起重类设备和搬运类设备。其中起重类设备主要指堆场起重机。堆场起重机一般包括龙门起重机和桥式起重机。搬运类设备主要包括底盘车、跨运车、集装箱叉车(搬运兼起重)、集装箱正面吊运机。这些搬运设备大多数在堆场和码头前沿之间工作,所以既属于堆场设备,又属于码头前沿相关设备。

视频:新型轮胎式门式起重机   视频:移动式起重机

1. 龙门起重机

龙门起重机(见图3-13)是桥式起重机的一种变形,又叫龙门吊,主要用于室外的货场、料场货、散货的装卸作业。

图3-13 集装箱码头堆场起重机

2. 底盘车

底盘车(见图3-14)机动性强,进出场效率高,无须装卸,适用于滚装船作业。但是底盘车只能单层堆放,场所利用率低。

图3-14 底盘车

3. 跨运车

跨运车(见图3-15)适用于水平搬运和堆存作业,灵活性强,翻箱率低,单机造价低,工艺系统简单。但是跨运车故障率高,维修量大,堆层少,使堆场利用率低,同时对司机操作要求高。

集装箱运输实务

图 3-15　集装箱跨运车

4. 集装箱叉车

集装箱叉车(见图 3-16)适用于短距离水平搬运和堆存作业,灵活性强,翻箱率低,单机造价低。但是集装箱叉车一般只适用于小型集装箱的搬运,堆层少,并需留有较宽的作业通道,使堆场利用率降低。

图 3-16　集装箱叉车

5. 集装箱正面吊运机

集装箱正面吊运机(见图 3-17)堆存高度高,堆场箱位利用率高,使用灵活,单机造价低,可进行水平搬运。但是其需留有较宽的作业通道,使堆场用于堆箱的面积减少。

6. 集装箱卡车

集装箱卡车(简称集卡)是指用以运载可卸下的集装箱的专用运输车辆。集装箱卡车通常包括牵引车头(见图 3-18)和挂车(见图 3-19)两部分。

— 132 —

图 3-17 集装箱正面吊运机

图 3-18 牵引车头

图 3-19 集装箱卡车挂车

七、集装箱堆场分配

根据集装箱堆场的分类特征,对于进入港口的集装箱,码头作业人员应当进行集装箱属性判断,再结合堆场的空间使用情况进行合理分配。分配时先分配区域,再指定具体储位,流程如图 3-20 所示。

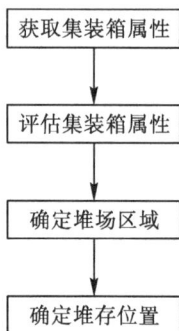

图 3-20 集装箱堆场分配步骤

八、集装箱箱位管理编码

集装箱堆放在码头堆场,一般在场地上都要按照集装箱的箱型、尺寸预先画出标准区域,并用一组代码来表示其在堆场内的物理位置,这个位置就是堆场位置,即"场箱位",它是组成集装箱堆场的最小单元。在场箱位线端部标出编号,这种号码称作"场箱位号"。一定区域或范围的箱位,再编上号码,这种号码又称作"场位号"。场位与场位之间留出适当间距,作为场地装卸机械和运输车辆通道,通道间距的大小,要视装卸工艺而决定。目前我国绝大部分集装箱码头采用的是轮胎式龙门吊装卸工艺,该工艺系统相对应的是六列加一通道堆箱规则,即每个箱区的宽度为六列箱宽度再加上一条集装箱卡车车道宽度。堆高层数视龙门吊的作业高度而定。目前我国沿海港口基本采用堆4~5层高的堆箱规则。场箱位由箱区、块、位(贝)、排、层组成。

以下介绍堆场的划分方法。

第一步,整个堆场,按"区"划分。按照泊位顺序,每个泊位对应一个区(见图3-21)。如1号泊位对应1区,2号泊位对应2区,等等。箱区的编码分为两种:一种是用一个英文字母或数字表示;另一种是由一个英文字母和一位阿拉伯数字组成,其中英文字母表示码头的泊位号,阿拉伯数字表示堆场从海侧到陆侧后方堆场的顺序号。国内码头普遍用一位字母和一位数字组合或者纯数字作为箱区的编码。

图 3-21 每个泊位对应的区

第二步,分好了区,接下来分块(见图3-22)。块是集装箱码头区单位下面的由若干列堆成层的紧密排列成排的集装箱组成的区域。如第5区,按照海侧到陆侧的顺序,分别为5-1、5-2等,如果数到第10块还没完,那就用5-A、5-B等继续编号。

图3-22 每个区划分的块

第三步,每块又划分为贝(bay),如图3-23所示。按惯例,用奇数表示20 ft小箱的摆放位置,用偶数表示40 ft大箱的摆放位置。一个箱区由若干位组成,位(贝)的编码一般用两位阿拉伯数字表示,与集装箱船舶箱位(行)号表示类同,用奇数01、03、05等表示20 ft箱的位(贝),用偶数02、06、10、14等表示40 ft箱或45 ft箱的位;也可用一位阿拉伯数字表示。位(贝)数与堆场箱区的长度有关,而箱区的长度往往与泊位的长度或纵深相对应。排数宽度应视轮胎式龙门吊的跨度而定。

图3-23 每个块划分的贝

第四步,每贝又划分为列,或者称之为排(见图 3 - 24)。每个贝位一般有 6 列,从靠近车道一侧起,分别为 1、2、3、4、5、6 列,跨度为 23.47 m,其宽度可允许同时并排摆放 6 个 TEU,这样箱区的排数就是六排。因此分别用数字 1～6 表示。

图 3 - 24　每个贝划分的列

第五步,每列又分为层(tier),一般为 4～5 层,从底向上,依次为 1、2、3、4 等,用一位阿拉伯数字表示(见图 3 - 25)。堆箱层数视轮胎吊的高度而定,不同类型的轮胎吊系统,堆垛高度也不相同,一般是 4 层或 5 层。

图 3 - 25　每个列划分的层

因此,集装箱的场箱位一般由"五位"或"六位"表示,如"A0333"表示该箱在 A 箱区 03 位(贝)第 3 排第 3 层;"A10333"则表示 A1 箱区(块)03 位(贝)第 3 排第 3 层。当船舶装卸及陆域收发箱作业时,码头堆场业务员便可根据船舶配载图、堆场积载图、装卸船顺序表、场地收提箱顺序表等,并根据堆场箱位号上集装箱的堆存情况,编制生产计划,而堆场理货员和场地机械司机,也可以根据这些编号,按照生产指令,到达指定的场位和箱位,正常有序地进行生产作业。

九、集装箱码头堆场的堆垛规则

(1)重箱、空箱应分开场区堆放。

(2)20 ft、40 ft、45 ft分开箱位堆放。但如果确需混放时,20 ft不能堆垛在40 ft、45 ft箱顶上,但一个40 ft可以堆垛在两个纵向直放的20 ft上,要求上下箱子的角件接触处对应吻合。

(3)进口箱和出口箱、中转箱分场区堆放。

(4)重箱的堆垛高度应按堆场额定载荷测算推出,箱子总重量不能超过额定载荷。

(5)进出口重箱应尽可能按提单号集中在一个箱位。

(6)出口重箱按装船顺序在场区内分目的港、重量等级安排在同一排位、同一箱位。

(7)不同进出口航次的集装箱尽可能不放在同一箱位上。

(8)空箱分别按不同箱属公司、不同箱型尺码堆放,完好箱、污损箱分开堆放。

教学微课:集装箱码头堆场箱位编码方法　　　　教学游戏:堆场指位

任务实施

任务1

1. 堆场不合理出现的弊端

当集装箱码头堆场的空间资源分配不合理时就会引起一系列的不良后果,比如使拖车一直处于繁忙状态以及等待时间太长等问题,使集疏运系统不能顺畅地运行。

2. 解决方法

(1)可以在重箱先于轻箱进行装载的原则下,采用动态规划模型,以翻箱作业量最小化为目标,为出口集装箱确定堆场位置。

(2)改进出口重箱进场选位方式以解决码头堆场问题,达到节能增效的目的。

任务2

装箱堆存过程中,为了装卸作业的高效率而为翻箱留有足够的空间(一般是某层的整行空出)。

堆场翻箱位一般根据堆场集装箱的堆存高度分为堆4层的翻箱位。

对于有4层的集装箱堆垛,如果要拿取任意一列的任意一个集装箱,需要确保该垛至少保留3个空位置。具体翻箱位情况步骤如下:

1. 情况一:如果拿取空两个空位下面的集装箱(例如4号和5号位集装箱)

如果拿4号集装箱,则按以下步骤操作:

直接拿4号箱(因为1、2号是空位)。

如果拿5号集装箱,则按以下步骤操作:

步骤一:把4号集装箱移位到3号位(3号是空位)。

步骤二:直接拿 5 号箱(此时 5 号上面没有箱子)。

步骤三:把 4 号箱从 3 号位移位到 5 号位(回归原来列)。

2. 情况二:如果拿取空一个空位下面的集装箱(例如 8 号位集装箱)

步骤一:把 6 号集装箱移位到 2 号位(2 号是空位)。

步骤二:把 7 号集装箱移位到 1 号位(1 号是空位)。

步骤三:直接拿 8 号箱(此时 8 号上面没有箱子)。

步骤四:把原 7 号箱从 1 号位移位到 8 号位(回归原来列)。

步骤五:把原 6 号箱从 2 号位移位到 7 号位(回归原来列)。

3. 情况三:如果拿取没有空位下面的集装箱(例如 12 号位集装箱)

步骤一:把 9 号集装箱移位到 2 号位(2 号是空位)。

步骤二:把 10 号集装箱移位到 1 号位(1 号是空位)。

步骤三:把 11 号集装箱移位到 3 号位(3 号是空位)。

步骤四:直接拿 12 号箱(此时 12 号上面没有箱子)。

步骤五:把原 11 号箱从 3 号位移位到 12 号位(回归原来列)。

步骤六:把原 10 号箱从 1 号位移位到 11 号位(回归原来列)。

步骤七:把原 9 号箱从 2 号位移位到 10 号位(回归原来列)。

任务训练

实训任务一 集装箱码头堆场策划

你所工作的集装箱堆场中,供出口集装箱堆存的 A 区示意图如图 3-26 所示,每格子代表可以堆存 40 ft 集装箱(或 2 个 20 ft 集装箱)的箱位,其中格子里的数字表示目前堆存的高度(以集装箱的个数为单位)。

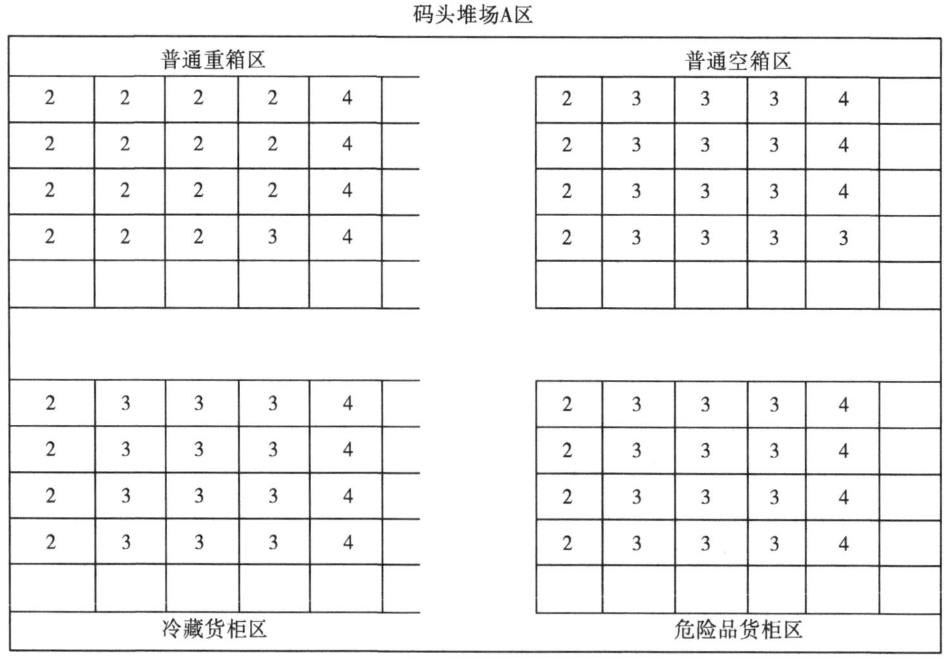

码头堆场A区

普通重箱区						普通空箱区					
2	2	2	2	4		2	3	3	3	4	
2	2	2	2	4		2	3	3	3	4	
2	2	2	2	4		2	3	3	3	4	
2	2	2	3	4		2	3	3	3	3	
2	3	3	3	4		2	3	3	3	4	
2	3	3	3	4		2	3	3	3	4	
2	3	3	3	4		2	3	3	3	4	
2	3	3	3	4		2	3	3	3	4	
冷藏货柜区						危险品货柜区					

图 3-26 某集装箱码头堆场 A 区

你于 3 月 5 日接到一批集装箱的进场堆存任务,具体情况见表 3 - 2,请根据集装箱进场堆存的具体情况,做出堆场策划。

表 3 - 2　堆存任务信息

箱号	船名/航次	开仓日	截关日	预约进场日	备注	策划方案 (堆场箱位号)
TGHU6234653	ESTAR/068	8,MAR	8,MAR	3,MAR	40′H 空	
COSU3656281	ESTAR/068	8,MAR	8,MAR	5,MAR	20′冷藏柜	
TGHU3514652	ESTAR/068	8,MAR	8,MAR	3,MAR	40′H 空	
COSU2316283	HANJIN/0236	6,MAR	6,MAR	5,MAR	20′冷藏柜	
HANU1326581	HANJIN/0236	6,MAR	6,MAR	2,MAR	40′重	
HANU1386257	HANJIN/0236	6,MAR	6,MAR	2,MAR	20′重	

(1)按堆场编码规则对 A 箱区重新进行编码,并计算堆场的堆存能力。

(2)这批集装箱应分别存放在那些区域?区位如何分配?

(3)这批集装箱应如何堆存,存放过程中应注意哪些问题?

实训任务二　堆场堆存能力的计算

对于每一个堆场,堆存能力取决于堆存面积、允许堆高层数和配备机械外,还应留出必要的翻箱取箱空位,如:堆 4 层时,留 3 个翻箱位;堆 5 层时,留 4 个翻箱位。图 3 - 27 是某堆场箱位划分情况,试确定两种堆存方案下的堆存能力。

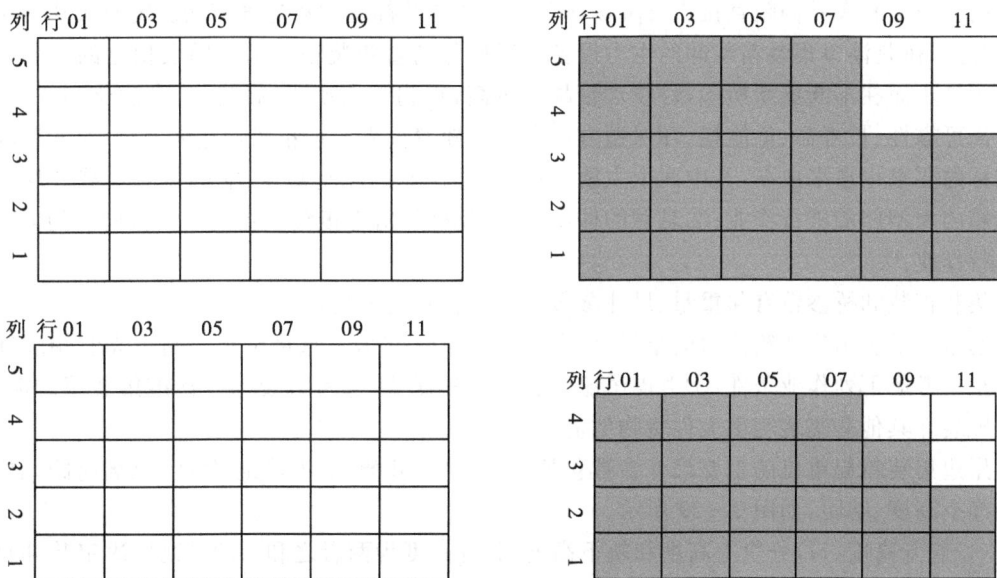

图 3 - 27　某集装箱码头堆场箱位划分情况

任务四　集装箱码头前沿业务

任务描述

上海一家公司(以下称发货人)出口 30 万美元的皮鞋,委托集装箱货运站装箱出运,发货人在合同规定的装运期内将皮鞋送货运站,并由货运站在卸车记录上签收后出具仓库收据。该批货出口提单记载 CY/CY 运输条款、SLAC(由货主装载并计数)、FOB 价、由国外收货人买保险。国外收货人在提货时箱子外表状况良好,关封完整,但打开箱门后一双皮鞋也没有。

(1)收货人向发货人提出赔偿要求,发货人拒赔。可以吗? 为什么?

(2)收货人向承运人提出赔偿要求,承运人拒赔。可以吗? 为什么?

任务资讯

一、码头前沿相关设备

集装箱码头前沿主要有岸边集装箱起重机(简称岸桥或吊桥)等设备和岸边集装箱起重机轨道等设施。

岸边集装箱起重机是专门用于集装箱码头对集装箱船进行装卸作业的专业设备,一般安装在港口码头岸边。岸边集装箱起重机(见图 3-28)用于集装箱码头岸边对船舶进行集装箱装卸作业,常由可沿码头岸线轨道水平移动的 H 形门架、吊悬于门架座上的可向港池方向放下呈水平状的悬臂及在悬臂上运行的能吊起集装箱并水平移动的小车组成。个别码头还利用岸桥的大跨距和大后伸距直接进行堆场作业。岸桥的装卸能力和速度直接决定码头作业生产率,因此岸桥是港口集装箱装卸的主力设备。岸桥伴随着集装箱运输船舶大型化的蓬勃发展和技术进步而在不断更新换代,科技含量越来越高,正朝着大型化、高速化、自动化和智能化,以及高可靠性、长寿命、低能耗、环保型方向发展。随着世界集装箱船日益大型化,对其各项技术指标的要求也愈来愈高,其中两个主要指标是:①作业的净空高度,能确保对装载 6 层甲板集装箱的大型船舶进行作业;②悬臂的伸出幅度,能确保对甲板集装箱列数日益增多的大型船舶进行作业。

集装箱装卸桥参数有起重量、尺寸参数和集装箱专用吊具。

起重量是表示集装箱能力的指标,根据额定起重量和吊具重量确定。确定集装箱装卸桥起重量要考虑下列作业条件:①考虑吊船舶舱盖板的需要;②考虑装卸非标准集装箱的需要;③兼顾装卸其他非集装箱重大件货物的需要。

岸边集装箱起重机的主要尺寸参数包括起升高度、外伸距、内伸距、轨距(又名跨距)、横梁下的净空高度、基距,如图 3-29 所示。

(1)起升高度(H)分轨上高度和轨下高度,起升高度为两者之和。起升高度决定装卸桥可操作的船舶的船型和码头的类型,在制造时决定。

(2)外伸距(L)指集装箱装卸桥海侧轨道中心线,向外至集装箱吊具垂直中心线之间的最大水平距离。此参数决定桥吊可能作业的集装箱船舶的宽度。

(3)内伸距指集装箱装卸桥路侧轨道中心线,向内到集装箱吊具垂直中心线之间的最大水平距离。

图 3-28　岸边集装箱起重机

(4)轨距指集装箱装卸桥两条行走轨道面之间的距离。

(5)横梁下的净空高度指装卸桥的横梁最低点到轨道面之间的距离。

(6)基距指同一轨道上两主支撑柱中心线之间的距离。

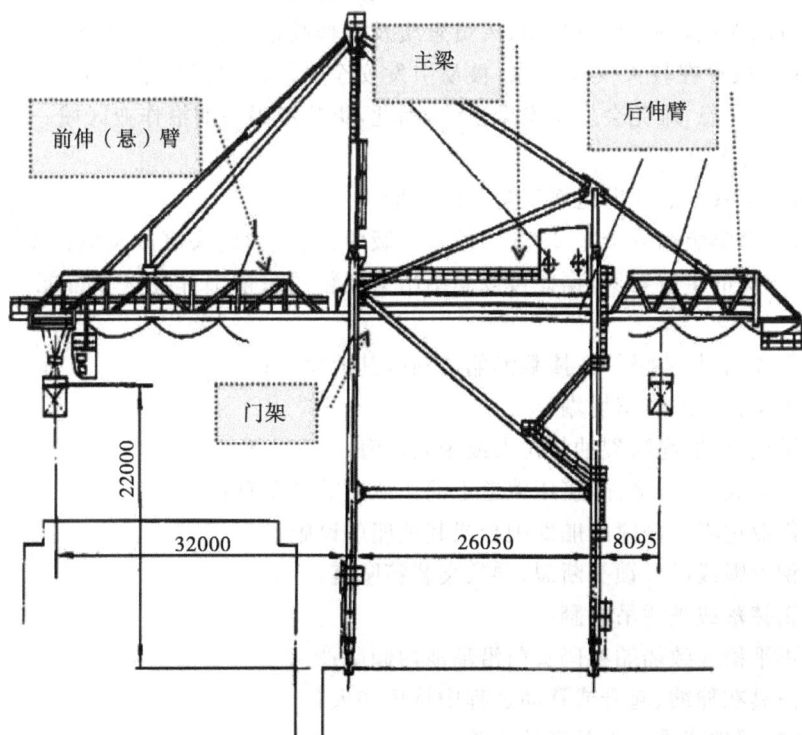

图 3-29　岸边集装箱起重机相关尺寸参数(单位:mm)

集装箱专用吊具主要有 20 ft、40 ft 或双 20 ft、双 40 ft 或四 20 ft、三 40 ft 几种,如图 3-30 所示。

（a）四 20 ft 吊具　　　　　　　　　　　　　（b）三 40 ft 吊具

图 3-30　岸边集装箱起重机专用吊具

集装箱码头前沿除安装了集装箱桥吊和铺有桥吊轨道外,一般还备有高压和低压电箱、船用电话接口、桥吊电缆沟、灯塔等设施。码头前沿应始终保持畅通,以确保集装箱桥吊的装卸效率。

二、集装箱码头前沿作业区域安全隐患及解决措施

集装箱码头前沿作业区域指沿码头岸壁到集装箱堆场之间的区域,是船舶与港口进行货物交接的场所,大型装卸设备、流动车辆、生产作业人员在此区域集中构成立体交叉的作业空间。受自然条件、作业环境、设备技术、人员素质及操作技能、安全管理等因素的影响,集装箱码头前沿作业区域存在较大安全隐患,极易引发安全事故。根据墨菲定律,在生产经营活动中,只要存在安全隐患,难免会发生安全事故,因此,集装箱码头前沿作业区域一直是港口企业安全管理的重点环节。

（一）集装箱码头前沿作业区域安全事故类型

中国港口协会集装箱分会于 2006 年编辑出版的《集装箱码头事故案例汇编》搜集整理了国内外集装箱码头的事故案例,据此可以总结出集装箱码头前沿作业区域可能会发生以下安全事故:

（1）船舶靠离泊时刮碰桥吊、撞翻渔船或刮碰其他船舶;

（2）桥吊大梁折断或整车坍塌;

（3）系解缆绳时,缆绳断裂抽打伤人或带人落海;

（4）桥吊移动大车时,碰撞、挤压轨道上的作业人员或车辆;

（5）桥吊作业过程中碰撞船舶驾驶台或其他船舶设施;

（6）桥吊钢丝绳或吊具锁头断裂,导致集装箱坠落;

（7）集装箱摔落或被桥吊撞翻;

（8）作业不平衡导致船舶在码头前沿港池内倾翻;

（9）桥吊吊具在伸缩、起升或移动过程中挤压伤人;

（10）设备零部件或维修工具高处坠落;

（11）吊装舱盖时,舱盖板碰撞船舶上设备设施,导致舱盖下压车、伤人事故;

(12)桥吊装卸集装箱时压翻或压塌集装箱卡车,或造成集装箱卡车被刮起后坠落;

(13)集装箱内货物洒漏或有毒物质泄漏;

(14)桥吊吊具在船舱内卡槽;

(15)作业人员高处坠落或落海;

(16)集装箱旋锁或其他加固件坠落倾倒;

(17)集装箱卡车刮碰桥吊、集装箱、工具箱或其他设施;

(18)集装箱卡车碰撞、拖拽桥吊吊具;

(19)集装箱卡车刮碰、碾压作业人员;

(20)集装箱卡车倾翻或冲入码头前沿港池。

根据海因里希法则,一起重大事故背后存在着若干轻型事故和潜在隐患。由此可见,集装箱码头前沿作业区域每起事故背后都存在着大量安全隐患,因此,有必要查找码头前沿作业区域潜在的安全隐患,以便有针对性地制订应对策略。

(二)集装箱码头前沿作业区域安全隐患应对措施

1. 船舶自动识别系统

船舶自动识别系统可为集装箱码头生产指挥中心即时掌握船舶动态信息提供强有力的技术支持,有助于船舶调度人员实时准确掌握船舶到港时间、船舶位置、航道繁忙程度等信息,便于及时清理港池内的渔船和工作船以及安排桥吊避让、安排操作人员到位,以免因船舶动态信息不准确或传递不及时造成船舶靠离泊事故。

2. 自动化集装箱码头系统

自动化集装箱码头系统的应用能够大大提高集装箱码头安全管理水平,其通过采用智能化的操作设备和管理系统,将操作人员从作业现场解脱出来。

3. 其他技术性措施

为防止因人员操作原因造成带缆人员坠海事故,可使用绞缆机配合作业,保障船舶带缆作业安全;船舶配置液压自动绞缆机,减少船舶吃水变化和减小潮汐涨落对船舶状态的影响,以保持船舶稳定,为装卸作业创造良好条件。

4. 管理措施

从人、机、料、法、环等方面加强管理:完善人力资源管理体系,控制作业人员的不安全行为;规范设备运行管理;监控物料状态;完善并严格执行操作规程和管理规定;改进作业方法和操作工艺,改善作业环境。

任务实施

(1)发货人是不可以拒赔的。

由于出口提单记载"由货主装载并计数",收货人根据提单记载向发货人索赔,但发货人拒赔,其理由是:尽管提单记载由货主装载并计数,但事实上皮鞋并非由货主自行装载,在皮鞋送货运站后,货运站不仅在卸车记录上签收,而且又出具了仓库收据。仓库收据的出具表明货运站已收到皮鞋,对皮鞋的责任已开始,同时也表明货主责任即告终止。因此,提单记载是没有任何意义的,不具有任何法律效力。此外,提单记载 CY/CY 运输条款并不能说明整箱交接,因为该批皮鞋由货运站装箱。而且,装载皮鞋的集装箱装船后,船公司已出具提单,更为主要的是集装箱货物交接下买卖双方风险以货交第一承运人前后划分,由于集装箱运输下承运人的责任是从"接收货开始",因而随着货交承运人,其贸易风险也转移给了买方。

因此,收货人向发货人提出赔偿要求,发货人不可以拒赔。

(2)承运人拒赔是可以的,其理由是"整箱货交接下,承运人在箱子外表状况良好、关封完整下接货、交货"。既然收货人在提箱时没有提出异议,则表明承运人已完整交货。承运人进一步说:"至于提单上记载由货主装载并计数,因为对承运人来说是货运站接收的已装载皮鞋的整箱货,事实上并非知道箱内是否装载皮鞋。"提单正面条款内容对提单签发人、提单持有人具有法律效力。

任务训练

集装箱坠落事件案例

2016 年 9 月 5 日凌晨四点左右,曹妃甸港区突发极端恶劣天气,造成分公司集装箱堆场的 7 个空箱坠落。事件造成坠落集装箱损坏,无人员伤亡。经调查,堆场吊移动时未曾发生碰撞、挤压,集装箱本身也不存在任何箱体质量问题;事件过后,对坠落的集装箱进行维修,费用约为 2.5 万元,给公司造成了一定的经济损失。

问题:

(1)请分析集装箱可能因何原因坠落。

(2)针对以上可能原因,请写出整改措施。

知识链接

集装箱码头前沿智能作业系统

港航业素有国民经济"晴雨表"之称。近年来,剧烈动荡的世界经济形势和急剧变化的航运市场给国内集装箱码头带来严峻挑战。针对集装箱码头前沿传统作业模式的弊端,从信息化和自动化的角度出发,提出集装箱码头前沿智能作业系统,以实现现场作业中的人机分离,并提高码头作业效率,从而提升集装箱码头竞争力。

一、集装箱码头前沿智能作业系统的设计思路

集装箱码头前沿智能作业系统充分发挥信息化和自动化的优势,以最大限度地减少人工操作环节,降低人员作业强度,改善作业环境,保障作业安全。现以青岛港前湾集装箱码头为例,介绍其集装箱码头前沿智能作业系统的设计思路。

第一,设计作业指挥系统,由作业指挥系统向桥吊和集卡发送详细的装卸信息,以替代人员直接沟通环节。

第二,将拆装锁垫作业区域从桥吊下方迁移到码头前沿的后方,并设计隔离亭用于拆装锁垫作业,从而实现人机分离。

第三,在集卡驾驶室内安装专用显示屏,显示集卡所载集装箱信息及其锁垫信息。桥板头根据显示信息实施锁垫拆装作业,从而实现纸质船图电子化。

第四,在桥吊司机室内加装无线终端,显示桥吊作业指令。桥吊司机根据无线终端显示的作业指令实施作业,避免指挥人员来回奔波。

第五,在桥吊上安装自动定位系统,对集卡进行准确定位,以避免人工指挥而产生的误差。

二、集装箱码头前沿智能作业系统的组成模块

集装箱码头前沿智能作业系统由五个模块组成,分别为作业指挥系统、车载终端系统、桥吊监控系统、锁垫拆装系统和自动定位系统。

1. 作业指挥系统

作业指挥系统是集装箱码头前沿智能作业系统的核心控制部分,主要实现以下三大功能:

(1)生成桥吊作业车道信息,并将信息发送至桥吊作业终端和集卡作业终端;

(2)生成装卸船顺序指令,并将指令发送至桥吊作业终端和集卡作业终端;

(3)生成锁垫类型和安装信息,并将信息发送至集卡显示屏。

2. 车载终端系统

车载终端系统是集装箱码头前沿智能作业系统的人机交互界面,按照安装设备的不同分为以下三类:

(1)桥吊作业终端,用于显示装卸船顺序指令,便于桥吊司机确认集装箱的装卸顺序和堆存位置等信息,并能连接短信和微信推送平台,当桥吊发生故障时,将桥吊司机录入的故障信息推送至维修管理人员;

(2)集卡车载终端,用于显示集装箱是否安装锁垫、安装锁垫后能否装船(集卡排队)、集卡前往桥吊的所属车道等信息;

(3)集卡车载显示屏,用于显示集卡所载集装箱的编号、锁垫类型等信息。

3. 桥吊监控系统

桥吊监控系统的监控区域基本覆盖整个桥吊。当桥吊作业时,桥吊司机通过桥吊监控系统观察车道内的集卡动态和高压卷盘的运动状态,防止意外发生。桥吊监控系统连接码头的安全视频系统,便于监控现场作业和抓拍违章情况。

4. 锁垫拆装系统

隔离亭是锁垫拆装系统的主要组成部分,其作用主要体现在:

(1)桥板头在隔离亭内进行锁垫拆装作业,与集卡实现安全隔离;

(2)隔离亭内配备座椅,供桥板头休息使用;

(3)隔离亭前端配备显示屏,显示相关船舶的装卸信息;

(4)隔离亭配备红绿信号灯,信号灯由桥板头控制,提示集卡司机明确的安全通行信息;

(5)隔离亭配备太阳能充电装置,不仅节约能源,而且便于搬移或调整位置。

5. 自动定位系统

在桥吊上安装自动定位系统:桥吊左侧连续梁安装可旋转的激光扫描定位仪;桥吊海陆两侧大梁两端安装四块显示屏,用于显示集装箱位置信息和桥吊运行状态。

资料来源:邱谋杰.集装箱码头前沿智能作业系统[J].集装箱化,2017,28(4):19-21.

项目四　集装箱船舶配积载

学习目标

技能目标

1. 能判断集装箱船舶的类型；
2. 能识别集装箱船舶的结构；
3. 能标记集装箱在船舶的行号；
4. 能标记集装箱在船舶的列号；
5. 能标记集装箱在船舶的层号；
6. 能编制集装箱配载图；
7. 能组织集装箱配载图编制活动；
8. 能对船舶提出预配图编制要求。

知识目标

1. 掌握集装箱船舶配积载编制要求；
2. 掌握集装箱船舶配载步骤；
3. 掌握集装箱船舶配载图的编制内容；
4. 掌握集装箱船舶箱位号的表示方法；
5. 理解集装箱船舶的分类特点；
6. 理解集装箱船舶配载图的指标；
7. 了解集装箱船舶的分类方法；
8. 了解集装箱船舶的组成。

素养目标

1. 养成集装箱船舶装载的计划管理意识；
2. 形成精确定位和查询集装箱在船舶位置的意识。

项目导学

关键词：集装箱船舶；箱位号；配积载。

【引例】

集装箱船舶的历史

世界第一艘全集装箱船"盖脱威城"（Gateway City）号，是由马尔科姆·珀塞尔·麦克莱恩 1957 年发明的。麦克莱恩 1915 年出生于美国北卡罗来纳东南部的小镇麦克斯顿，并在

1946 年研制发明集装箱运输货物获得成功。集装箱广泛应用于汽车、铁路、轮船和飞机运输，使全球运输业发生了革命性的变革。他也被称为"集装箱之父"。

在第二次世界大战刚刚结束后的那段时期，美国的经济迅速发展。然而，航运业的发展却很缓慢，效率低下。由于有保护政策，航运业并没有感受到多少直接的变革压力。于是，改造航运业的使命就留给了对航运一窍不通的外行、白手起家的卡车运输大亨麦克莱恩。他于1955 年收购泛大西洋轮船公司，把公司里的油轮改造成储运货物的大金属箱，即现代集装箱雏形。随着他发明了储装箱，解决了装船慢、货物累积量小的历史性难题，1956 年 4 月 26 日，他的第一只集装箱船"理想－X 号"驶出港口，从此世界储运史悄悄地翻开了新的一页。随着集装箱的出现，船舶装载集装箱完成海上运输成为可能。

然而，麦克莱恩在发明全集装箱船时，其设想是，在船舱中建造很多蜂巢一样的金属格槽，以便放下 35 ft 长的集装箱，并五六个堆成一垛。与泛大西洋轮船公司的 T－2 型油轮不同，C－2 型货轮设计有 5 个货舱，可以运载大量的散装货物。改造它们并没有太大的问题。船的甲板从 63 ft 加宽到了 72 ft，舱口也扩大了，以便整只集装箱可以通过。舱内用来容纳集装箱的格槽是一个较大的难题。麦克莱恩公司的总工程师坦特林格建造了一个 20 ft 高的实体模型进行测试。在经过了数百次的实验之后，坦特林格认定，每个格槽应该比它要容纳的集装箱长出 11/4 in、宽出 3/4 in。格槽的尺寸再小的话，起重机的操作员就很难轻松地把集装箱吊进格槽导引装置了；但如果尺寸再大的话，集装箱受海上颠簸会滑移。当这些格槽造好并安装到舱内之后，C－2 型轮船就具备了运载 226 只集装箱的能力，装载量几乎是"理想－X 号"的 4 倍。

提高装载量增加了船只装卸的复杂性。原来 T－2 型油轮所使用的那些方法已经不管用了。如果装载速度还是每 7 分钟 1 只集装箱，装完 226 只集装箱所需要的时间就超过 24 小时。为了实现更快的装卸，坦特林格发明了一种新型卡车底盘，其边缘是向内倾斜的，这样当一只集装箱被起重机吊到底盘上时，会自动下滑就位。另外，一种新型锁定系统只需一个码头工人抬起或放下底盘各个角上的一个把手，就可以锁紧或放开集装箱，无须再让很多工人用铁链固定集装箱。这些革新意味着一辆卡车在接送集装箱后，能迅速驶离码头，让后面的卡车衔接作业。集装箱本身也被重新设计，使用厚重结实的钢制角柱，以支撑摞在上面的其他集装箱的重量。还有一种新型的冷冻集装箱，其制冷单元安装在集装箱箱体内，以便和标准集装箱码放在一起。新设计的集装箱门，其门轴合页安装在后部角柱上的凹陷处，而不是从内侧壁上凸出来。

新型集装箱各个角上都有一个特殊的钢铸件。这个铸件包含了一个椭圆形的孔，用来容纳所有革新中最关键的一项——扭锁。扭锁有两个圆锥形的部件，一个尖朝下，一个尖朝上；当集装箱摞放在一起时，扭锁可以插入箱角铸件的小孔中。当一个集装箱被放到另一个上面时，码头工人可以很快地搬动把手将两个集装箱紧紧地锁在一起。卸船时，只要朝着相反的方向搬动把手，一个工人就可以在几秒钟内让两个集装箱分开。

直到格槽和新型集装箱设计出来之后，泛大西洋轮船公司才把它们的注意力集中到另一个关键设备——起重机上。纽瓦克和休斯敦码头的悬臂回转式起重机，吊装时难以操作。而且，麦克莱恩想要开通航运的其他港口，压根就没有大型起重机。心急的麦克莱恩希望在90 天内看到新型起重机的测试模型，但当时的航运起重机制造厂都无法在这么短的时间内完成。无奈之下，曾经在华盛顿州采伐业干过很多年的坦特林格建议，求助于华盛顿州塞德罗－伍利市的斯卡吉特钢铁厂。斯卡吉特钢铁厂的所有者是西德尼·麦金泰尔，他从来没有接触过轮船制造,也不熟悉电动起重机,但他同意给麦克莱恩造一台。麦金泰尔是一个机械天才,在90天内,斯卡吉特钢铁厂制造出了一台巨大的龙门式起重机,它有四条支腿,两条支撑在码头铁轨上,另外两条支腿搭在外侧船舷上,吊车可以沿码头铁轨横向移动,起吊行车可以在船身与码头之间移动,将到港集装箱吊装上岸,或将离港集装箱装船。C-2型轮船的驾驶舱在船的中部,所以每艘船就需要两台起重机,船头和船尾各一台。格槽与龙门式起重机配合,使得集装箱的装卸速度成倍提高。一台起重机的装卸速度是每小时15只集装箱,两台起重机同时工作,只用8个小时就能完成卸船并重新装满。

1957年10月4日,经过改装的世界第一艘全集装箱船——"盖脱威城"号,在麦克莱恩的泛大西洋轮船公司投入休斯敦—迈阿密—纽瓦克航线运营,由此开创了集装箱运输的新纪元。到1957年底,泛大西洋轮船公司的6艘纯集装箱船已经有4艘投入使用,另外两艘经过改造的C-2型轮船在1958年加入船队。理想-X号以及同型号的其他油轮都被卖掉了,同时被卖掉的还有490只最初订购的33 ft集装箱以及300台配套的卡车底盘。泛大西洋轮船公司的海陆联运能力比一年前提高了5倍。但此时他们遭到码头工会的抵制,谈判持续了4个月,公司全年亏损420万美元。

1958年6月,麦克莱恩为了改变员工缺乏进取心的状态,放弃了墨比尔豪华的16层办公大楼,将总部搬迁到纽瓦克港旁边一个改造过的菠萝仓库,并重新招聘员工,改进营销方式。销售人员用集装箱与火车、卡车运输的成本分析对比表格,来向客户说明集装箱运输的成本优势。1960年初,泛大西洋轮船公司更名为海陆联运公司(Sea-Land Service Inc.),以强调其是走在货运行业最前沿的开拓者。1961年,海陆联运公司购买了四艘第二次世界大战时期的油轮,并在德国的一家造船厂进行改装,可以运载476只集装箱。1962年,纽瓦克港将伊丽莎白码头建成世界第一个专门用于集装箱货运的码头。在麦克莱恩的活动下,政府批准其运营从纽瓦克经巴拿马运河前往美国西海岸加利福尼亚州的航线,海陆联运公司的货运量因此迅速飙升。同年6月,麦克莱恩负债收购同样负债累累的竞争对手——布尔轮船公司,从而垄断了波多黎各的航运业务。

美国将大量劳动力密集型订单转移到波多黎各,促进了当地制造业和消费的发展,也带动了航运业的发展。波多黎各航线为麦克莱恩提供了坚实的发展基础。在1962年底,海陆联运公司只有7848只集装箱、4876台底盘和386辆牵引车。到1965年底,它已经拥有了13535只集装箱和15艘集装箱船,可以停靠15个港口,还以波多黎各为中心服务于维尔京群岛。到1967年,海陆联运公司每周可以在波多黎各和美国本土之间运送1800只集装箱,其中有一半来自波多黎各的众多工厂。

集装箱船完全是一种新型的船。它没有内部甲板,机舱设在船尾,船体其实就是一座庞大的仓库,可达300 m长,再用垂直导轨分为小舱。当集装箱下舱时,集装箱装置起着定位作用,船在海上遇到恶劣天气时,它们又可以牢牢地固定住集装箱。因为集装箱都由金属制成,而且是密封的,里面的货物不会受雨水或海水的侵蚀。集装箱船一般停靠专用的货运码头,用码头上专门的大型吊车装卸,其效率可达每小时1000~2400 t,比普通杂货船高30~70倍。因此其为现代船运业普遍采用。

集装箱船的装卸效率比常规杂货船大,停港时间大为缩短,并减少了运货装卸中的货损量。从此,集装箱船得到迅速发展,到20世纪70年代已成熟定型。

现代集装箱船正向着大型化、高速化、多用途方向发展。我国集装箱船研制虽然起步较晚,发展速度却很快。我国建造了许多集装箱船,大力发展集装箱运输,光是上海港就开辟了29条国际集装箱班轮航线,上海港集装箱月吞吐量超过一百万标准箱。上海港已经是世界上集装箱吞吐量最大的港口之一。上海生产的集装箱装卸机械也已经达到国际先进水平,在世界各大港口被广泛采用。近几年来,我国还出口集装箱船,在世界各地海洋上可以见到我国建造的集装箱船的身影。总之,从集装箱、集装箱装卸机械、集装箱船舶的制造和出口,到大吨位集装箱码头的建造,集装箱远洋船队的建立以及国际集装箱枢纽港的建设,标志着我国的集装箱运输系统已经进入世界先进行列。2018年6月12日,由中国自主研制建造的世界最大级别集装箱船"宇宙号",在上海正式交付。这是我国在高端船舶建造领域的新突破,也将进一步提升我国海上运输的能力。"宇宙号"总长400 m,船宽58.6 m,最大载重量为198000 t,设计时速达到约42 km/h,最多可装载21237个标准集装箱。"宇宙"号主要运营亚洲到欧洲的航线。

任务一　集装箱船舶的构造

任务描述

任务1

2018年8月20日,大连中远海运川崎船舶工程有限公司建造的20000 TEU级集装箱船"中远海运天蝎座"轮(见图4-1)在大连市旅顺口区命名交付。"中远海运天蝎座"轮由中远海运集装箱运输有限公司订造,大连中远海运川崎船舶工程有限公司承建。该船船长为400 m,型宽为58.6 m,型深为30.7 m,最大载重量达197000 t,设计航速为22.5 kn。

图4-1　"中远海运天蝎座"集装箱船

请分析该船的主要结构,并判断:该集装箱船属于哪种级别的集装箱船?属于什么类型船舶?适合停靠何种类型的集装箱码头?

任务2

20世纪50年代,随着现代工业的蓬勃兴起和国际贸易的兴旺发展,一些经济发达国家对船舶在港口的周转速度和码头的装卸效率提出了更高的要求,设想将已有的公路和铁路集装箱运输延伸到海上,实现陆海集装箱联运。美国是最先致力于这方面研究和尝试的国家。

1956年,美国泛大西洋轮船公司,也就是后来的海陆联运公司将其公司持有的"盖特威城"号改装,在其甲板上试装了58只集装箱,从美国纽瓦克出发去休斯敦卸货。结果发现,与同吨位的杂货船比较,装卸货物停靠码头时间由原来的 7 天缩短到 15 个小时,每吨货物的装卸费用也降为普通货船的 1/37,即获得了前所未有的成功。由此,掀开了全球海上集装箱运输历史的崭新一页。1957—1958 年,该公司又将另外 6 艘船改建成集装箱船。与此同时,美国美森轮船有限公司(Matson Navigation Company)也改建了 6 艘船为集装箱船。

1958 年美国标准协会开始研究具有普遍互换性、最佳的集装箱外形标准。1960 年,美国制定了第一个集装箱标准。1961 年 6 月,国际标准化组织集装箱技术委员会成立,着手研究国际集装箱标准。1964 年制定了集装箱外形和总重的第一个国际标准。该标准对国际集装箱的标准化做出了重大贡献,对推动国际集装箱运输的发展起了决定性的作用。1966 年,美国海陆联运公司的集装箱船从纽约港开往欧洲,开始了国际海上的集装箱运输。

请探讨:美国泛大西洋航运公司的这一尝试,与传统水路运输相比,体现了什么优势?论证了水上运输的什么变化趋势?美国标准协会的研究和标准制定,又对国际海运带来了怎样的价值?

任务资讯

一、集装箱船舶的概念

集装箱船,又称"货柜船",广义是指可用于装载国际标准集装箱的船舶,狭义是指全部舱室及甲板专用于装载集装箱的全集装箱船舶。

集装箱船装卸速度快,停港时间短,大多采用高航速,通常为每小时 20～23 n mile。近年来为了节能,一般采用经济航速,每小时 18 n mile 左右。在沿海短途航行的集装箱船,航速每小时仅 10 n mile 左右。近年来,美国、英国、日本等国进出口的杂货约有 70%～90%使用集装箱运输。

二、集装箱船舶的结构

1. 船艏

船艏,指船的首部。船艏常见的形状有五种:直立型首、前倾型首、飞剪型首、破冰型首和球鼻型首。其中,球鼻型首,设计水线以下的首部前端有球鼻型的突出体,突出体有多种形状,其作用是减小兴波阻力。球鼻型首多用在大型远洋运输船和一些军舰上,军舰上可利用球鼻的突出体装置声呐。因此,大多数集装箱船舶均采用了球鼻型首(见图 4-2)。

教学动画:集装箱船舶结构

图 4-2 球鼻型船艏

2. 船尾

船尾,指船的尾部。船尾常见的形状有椭圆形尾、巡洋舰尾和方形尾三种。其中,方形尾(见图 4-3),尾部有垂直或斜的尾封板,其他仍保留巡洋舰尾的特点,尾部水流能较平坦地离开船体,使航行阻力减小,尾部甲板面积较大有利于舵机布置,并能防止高速航行时尾部浸水过多。方形尾施工简单,但倒车时阻力偏大。方形尾大多用于航速较高的舰艇及许多货船上。因此,大多数集装箱船舶均采用了方形船尾。

图 4-3　方形船尾

3. 甲板

甲板(见图 4-4)是船体的重要构件,是船舶结构中位于内底板以上的平面结构,用于封盖船内空间,并将其水平分隔成层。甲板是船梁上的钢板,将船体分隔成上、中、下层。

图 4-4　集装箱船甲板

4. 统舱口

集装箱船舶均为统舱口(大开口舱)。统舱口是指船舶的尺寸与舱口的尺寸一样大,目的是方便装卸,多装于集装箱(见图 4-5)。

图 4-5 集装箱船统舱口

5. 舱内分格结构

舱内采用分格结构,用箱格导柱(见图 4-6)把船舱分为许多舱格,舱格导柱用 6 in×6 in 的角铁垂直舱口焊至舱底。装卸时起导向作用,航行时起固定作用。

为便于集装箱进入箱格,在箱格导柱的上方(舱口)设有带斜面的导向装置,即"箱格导口"。

箱格导口分为固定式导口、铰接式导口、调节式导口,目前常用的是固定式导口。

舱盖板有多块。为了保证强度,舱盖板为箱形结构,且具有良好的水密性。

集装箱船舶横剖面为"U"形。

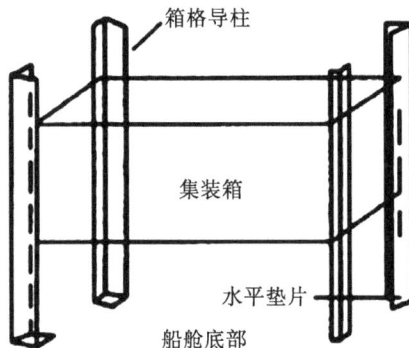

图 4-6 集装箱船箱格导柱

三、集装箱船舶的类型

按照船型分类,集装箱船舶可分为全集装箱船、半集装箱船和兼用集装箱船。

(一)按船型分类

1. 全集装箱船(full container ship)

全集装箱船(见图 4-7),又称为集装箱专用船,是专门用以装运集装箱的船舶,用于集装箱运输。与一般杂货船不同,全集装箱船舱内设有固定式或活动式的格栅结构,舱盖上和甲板上设置固定集装箱的系紧装置,便于集装箱作业及定位。它与一般杂货船不同,其货舱内有格栅式货架,装有垂直导轨,便于集装箱沿导轨放下,四角有格栅制约,可防倾倒。集装箱船的舱内可堆放三至九层集装箱,甲板上还可堆放三至四层。与其他集装箱船不同,它的所有舱位都用来装运集装箱。

教学微课:全集装箱船舶的特点

图 4 - 7　全集装箱船

2. 半集装箱船(semi-container ship)

半集装箱船(见图 4 - 8),是指可同时运输集装箱和一般件杂货的船舶。其特点是:部分货舱是装载集装箱的专用货舱;部分甲板设有集装箱固定装置,可用来堆放集装箱;船上设有起货设备,通常为能装卸集装箱的重型旋转起重机。

图 4 - 8　半集装箱船

这种集装箱船的主要特点是,将船其中的一部分货舱设计成为永久性装载集装箱的专用货舱,其他船舱为装载其他货物的货舱。半集装箱船的集装箱专用舱,也设有导箱轨,以便将集装箱固定住。通常将集装箱专用舱布置在最适合装载集装箱的船体中央部位,因此又把它称为分载型船。

由于半集装箱船将集装箱与普通杂货装载在同一艘船上,所以装载的集装箱数量不多。在装卸船作业中,往往将集装箱很快装卸完毕,而其他货舱的普通货物的装卸作业还远没有结束。这种船在集装箱专用码头将集装箱装卸完毕后,当再装卸普通货物时还存在船舶的移泊问题。因此,这种运输船舶存在着营运率不高的缺点。

一般来说,半集装箱船适用于货源不足而有大量重件货(如钢材、木材等)的航线或港口装卸设施不足(无装卸桥等设备)的航线。

3. 兼用集装箱船(convertible container ship)

兼用集装箱船(见图4-9)指的是部分或全部货舱既能装载集装箱又能装载一般货物的集装箱船。该类船备有能使货舱转换成装载集装箱货舱的专用设备。在海上运输集装箱的初期阶段,该类船较多,多由普通货船改装而成。随着海上运输的发展,该类船已朝着多用途货船方向发展。

图4-9 兼用集装箱船

(二)按装卸方式分类

集装箱船通常按装卸方式的不同分为吊上吊下型船(lift on/lift off,LO/LO)和开上开下型船(roll on/roll off,RO/RO)。

1. 吊上吊下型船

吊上吊下型船(见图4-10),是采用船上或码头前沿的岸边式集装箱起重机,将集装箱从船上卸下或者从码头前沿将集装箱装上船舶的一种运输船舶。全集装箱船、半集装箱船和兼用集装箱船,都属于这一类型船舶。

图4-10 吊上吊下型船

2. 开上开下型船

开上开下型船(见图 4-11),又称为滚上滚下型船,这种运输船舶统称为滚装船。它是通过船上的首门、尾门或者舷门装运集装箱、车辆和货物的一种运输船舶。该类集装箱船是指用牵引车牵引载有箱货或其他件货的半挂车或轮式托盘直接进出货舱装卸的运输船舶。该类船的出入口通常设于尾部,设有铰接跳板与岸搭接,用于滚装货上下船。

图 4-11　开上开下型船

(三)按代数分类

1. 第一代集装箱船

第一代集装箱船出现于 20 世纪 60 年代,横穿太平洋、大西洋的 17000~20000 t 集装箱船可装载 700~1000 TEU。

2. 第二代集装箱船

第二代集装箱船出现于 20 世纪 70 年代,40000~50000 t 集装箱船的集装箱装载数增加到 1800~2000 TEU,航速也由第一代的 23 kn 提高到 26~27 kn。

3. 第三代集装箱船

第三代集装箱船出现于 1973 年石油危机时期,这代船的航速降低至 20~22 kn,但由于增大了船体尺寸,提高了运输效率,致使集装箱的装载数达到了 3000 TEU,因此,第三代船是高效节能型船。

4. 第四代集装箱船

第四代集装箱船出现于 20 世纪 80 年代后期,集装箱船的航速进一步提高,集装箱船大型化的限度则以能通过巴拿马运河为准绳,集装箱装载总数增加到 4400 个。由于采用了高强度钢,船舶重量减轻了 25%;大功率柴油机的研制,大大降低了燃料费。船舶自动化程度的提高,减少了船员数,船经济性进一步提高。

5. 第五代集装箱船

作为第五代集装箱船的先锋,德国船厂建造的 5 艘 APLC-10 型集装箱可装载 4800 TEU,这种集装箱船的船长与船宽比为 7~8,使船舶的复原力增大。

6. 第六代集装箱船

1996 年春季竣工的 Rehina Maersk 号集装箱船,最多可装载 8000 TEU,该型船已建造了

6 艘,人们说这个级别的集装箱船拉开了第六代集装箱船的序幕。10000 TEU 的超大型集装箱船首先在韩国问世,随后,10000 TEU 以上的集装箱船在韩国、中国纷纷建造而成,标志着集装箱船也进入了万箱时代。

表 4-1 为集装箱船舶按照代数分类表。

表 4-1 集装箱船舶按照代数分类表

集装箱分代	船舶尺度/m	船宽/m	吃水/m
第一代	150	22	8~9
第二代	175~225	22~30	9.5~10.5
第三代	240~275	32	10.5~12
第四代	275~295	32	11.5~12.5
第五代	280~300	32.2~39.4	11.5~13.5
第六代	318	42.8	14

(四)按船宽分类

1. 巴拿马型船

巴拿马型船,船宽小于 32.2 m,载箱能力少于 3000 TEU,对应第一代、第二代和第三代集装箱船。

2. 巴拿马极限型船

巴拿马极限型船,船宽为 32.2 m,载箱能力为 3000~4000 TEU,对应第四代集装箱船。

3. 超巴拿马极限型船

超巴拿马极限型船,船宽大于 32.2 m,载箱能力为 4000~6000 TEU,对应第五代集装箱船。

4. 超大型船

超大型船,船宽大于 32.2 m,载箱能力大于 6000 TEU,对应第六代集装箱船。

四、集装箱船舶的特点及优点

1. 集装箱船舶的特点

通过对比不同类型的集装箱船,可对集装箱船舶的特点和功能做直观掌握,如表 4-2 至表 4-12 的示。

表 4-2 9200 TEU 集装箱船

指标	技术参数
设计特点	本船是一艘单桨、柴油机驱动的集装箱船,可装载各类干货集装箱。设有双底双舷侧结构,分 9 个货舱,可装载 45 ft、48 ft 和 53 ft 的集装箱。在货舱内可堆放 10 层 16 列集装箱,甲板上堆放 7 层 18 列集装箱。10 t 的均质货标准箱可装载大约 8300 TEU,14 t 的均质货标准箱可装载大约 6554 TEU
主要尺寸	总长 L_{oa}:337 m 垂线间长 L_{pp}:320 m 型宽 B:45.6 m 型深 D:27.2 m 设计吃水 d:13 m 结构吃水 d_s:14.5 m

指标	技术参数
船级	GL
载重量	设计吃水时 DW:85000 t 结构吃水时 DW_s:104000 t
航速、油耗及续航距离	服务航速 V_s:25.6 kn 续航距离 R:20000 n mile
容量	集装箱:4912/4706 TEU 冷藏箱:6554 TEU 货船(散)V_g:500 m³ 船员:29 人 燃油舱 F.O.T:10200 m³ 压载舱 W.B.T:25000 m³ 清水舱 F.W.T:650 m³
主机	型号及数量(台):MAN B&W 12K98ME-C　1 台 最大连续功率(每台):68520 kW×104 r/min 连续服务功率(每台):61668 kW×100 r/min
发电机及容量	柴油发电机(台):2750 kW　3 台 应急发电机(台):300 kW　1 台

表 4-3　8530 TEU 超大型集装箱船

指标	技术参数
设计特点	本船为单机单桨、球鼻首、机舱和上层建筑设置在舯后部、柴油机驱动的超大型集装箱船。可装载集装箱 8530 TEU。1~6 号货舱及舱口盖上可装载危险品货物。甲板上可装载冷藏集装箱 700 TEU
主要尺寸	总长 L_{oa}:334 m 垂线间线 L_{pp}:320 m 型宽 B:42.8 m 型深 D:24.8 m 设计吃水 d:13 m 结构吃水 d_s:14.65 m
船级	GL
载重量	设计吃水时 DW:81700 t 结构吃水时 DW_s:101000 t
航速、油耗及续航距离	服务航速 V_s:25 kn 续航距离 R:21000 n mile 航区:无限航区

续表

指标	技术参数
容量	集装箱:4659/3872 TEU 船员:25 人 燃油舱 F. O. T:11400 m³ 压载舱 W. B. T:24000 m³ 清水舱 F. W. T:700 m³
主机	型号及数量(台):MAN B&W 12K98MC－C　1 台 最大连续功率(每台):68520 kW×104 r/min 连续服务功率(每台):61670 kW×100.4 r/min
发电机及容量	柴油发电机(台):2680 kW　4 台 应急发电机(台):300 kW　1 台

表 4－4　5688 TEU 超巴拿马型集装箱船

指标	技术参数
设计特点	本船为单机单桨、球鼻首、机舱和上层建筑位于舯后部、柴油机驱动的超巴拿马型集装箱船,可装载集装箱 5688 TEU。甲板上、货舱内均可装载冷藏集装箱 610 TEU
主要尺寸	总长 L_{oa}:279.9 m 垂线间长 L_{pp}:265.8 m 型宽 B:40.3 m 型深 D:24.1 m 设计吃水 d:12 m 结构吃水 d_s:14 m
船级	CCS
载重量	设计吃水时 DW:51000 t 结构吃水时 DW_s:69000 t
航速、油耗及续航距离	服务航速 V_s:25.7 kn 续航距离 R:21000 n mile 航区:无限航区
容量	集装箱:3100/2588 TEU 航员:25 人 燃油舱 F. O. T:8000 m³ 压载舱 W. B. T:13000 m³ 清水舱 F. W. T:500 m³
主机	型号及数量(台):MAN B&W 12K90MC－C　1 台 最大连续功率(每台):54840 kW×104 r/min 连续服务功率(每台):49248 kW×100.4 r/min
发电机及容量	柴油发电机(台):2320 kW　4 台 应急发电机(台):250 kW　1 台

表 4 - 5 2400 TEU 集装箱船

指标	技术参数
设计特点	格栅式全集装箱船
主要尺寸	总长 L_{oa}:209.70 m 垂线间长 L_{pp}:200.00 m 型宽 B:32.20 m 型深 D:14.8/18.8 m 设计吃水 d:10.00 m 结构吃水 d_s:11.50 m
载重量	设计吃水时 DW:29600 t 结构吃水时 DW_s:38000 t
航速、油耗及续航距离	服务航速 V_s:20.2 kn 续航距离 R:20000 n mile
容量	集装箱:2398 TEU 船员:29 人
主机	型号及数量(台):MAN B&W 7S70MC 1 台 最大连续功率(每台):19670 kW×91 r/min 连续服务功率(每台):17703 kW×88 r/min

表 4 - 6 1000 TEU 集装箱船

指标	技术参数
设计特点	本船为单桨柴油机驱动的集装箱船,货舱内设有固定式导轨架。货舱舱口盖为无序吊离式钢质舱口盖,首侧推,能在第3、第4货舱及主甲板上装载冷藏集装箱,货舱内还可载运特定的危险品货物
主要尺寸	总长 L_{oa}:148 m 垂线间长 L_{pp}:140.3 m 型宽 B:23.25 m 型深 D:12 m 设计吃水 d:7.3 m 结构吃水 d_s:9 m
船级	GL
载重量	设计吃水时 DW:10400 t 结构吃水时 DW_s:13760 t
航速、油耗及续航距离	服务航速 V_s:19.5 kn 续航距离 R:10000 n mile

指标	技术参数
容量	货舱(散)V_g:16000 m³ 船员:22 人 燃油舱 F. O. T:860 m³ 压载舱 W. B. T:3000 m³ 清水舱 F. W. T:170 m³
主机	型号及数量(台):MAN B&W 6S50MC-C　1 台 最大连续功率(每台):9480 kW×127 r/min
发电机及容量	柴油发电机(台):3 台
装卸设备	克令吊:40 t　2 台
其他	首侧推及数量:700 kW　1 台

表 4 - 7　818 TEU 集装箱船

指标	技术参数
船型类型	干货船-集装箱船
设计特点	装箱量较多,并可装载多种型号集装箱。配有首侧推、轴带发电机,采用一人驾驶,自动化程度高。总体布置紧凑
主要尺寸	总长 L_{oa}:131.00 m 垂线间长 L_{pp}:120.4 m 型宽 B:22.8 m 型深 D:11.2 m 设计吃水 d:8.0 m 结构吃水 d_s:8.7 m
船级	GL
载重量	设计吃水时 DW:9000 t 结构吃水时 DW$_s$:11000 t
航速、油耗及续航距离	服务航速 V_s:17.5 kn 续航距离 R:12000 n mile
容量	集装箱:舱内 280 TEU,甲板上 520 TEU 船员:17 人 燃油舱 F. O. T:900 m³ 压载舱 W. B. T:3000 m³ 清水舱 F. W. T:150 m³
主机	型号及数量(台):MAN B&W 8L 48/60　1 台 最大连续功率(每台):8400 kW×500 r/min 连续服务功率(每台):7560 kW×500 r/min
发电机及容量	柴油发电机(台):532 kW　2 台
装卸设备	克令吊:35 t　2 台

表 4 - 8　500 TEU 集装箱船

指标	技术参数
设计特点	单桨柴油机推进,格栅式全集装箱船
主要尺寸	总长 L_{oa}:123.35 m 垂线间长 L_{pp}:112.00 m 型宽 B:20.80 m 型深 D:10.50 m 设计吃水 d:7.50 m
船级	GL
载重量	设计吃水时 DW:8500 t
航速、油耗及续航距离	服务航速 V_s:15.50 kn 续航距离 R:10000 n mile
容量	集装箱:舱内 240 TEU,甲板上 260 TEU 船员:25 人
主机	型号及数量(台):MARTSILA　1 台 最大连续功率(每台):5430 kW×500/111.7 r/min 连续服务功率(每台):4616 kW×473/105.8 r/min
发电机及容量	柴油发电机(台):400 kW　3 台

表 4 - 9　412 TEU 集装箱船

指数	技术参数
设计特点	单桨柴油机推进,格栅式全集装箱船
主要尺寸	总长 L_{oa}:121.00 m 垂线间长 L_{pp}:110.00 m 型宽 B:20.20 m 型深 D:8.50 m 设计吃水 d:6.20 m 结构吃水 d_s:6.38 m
船级	CCS
载重量	设计吃水时 DW:6994 t 结构吃水时 DW_s:7350 t
航速、油耗及续航距离	服务航速 V_s:14.4 kn 续航距离 R:10000 n mile
容量	集装箱:舱内 176 TEU,甲板上 236 TEU 船员:38 人 燃油舱 F.O.T:700 m³ 压载舱 W.B.T:2100 m³ 清水舱 F.W.T:230 m³

指标	技术参数
主机	型号及数量(台):MAN B&W 6L42MC　1台 最大连续功率(每台):4410 kW×150 r/min 连续服务功率(每台):4013 kW×145.4 r/min
发电机及容量	柴油发电机(台):400 kW　3台 应急发电机(台):90 kW　1台

表 4 - 10　230 TEU 集装箱船

指标	技术参数
设计特点	单桨柴油机推进,尾部设置节能装置。格栅式全集装箱船,甲板上也可装少量45 ft 的集装箱
主要尺寸	总长 L_{oa}:92.50 m 垂线间长 L_{pp}:84.00 m 型宽 B:17.60 m 型深 D:7.60 m 设计吃水 d:5.40 m 结构吃水 d_s:6.00 m
船级	LR
载重量	设计吃水时 DW:3550 t 结构吃水时 DW_s:4270 t
航速、油耗及续航距离	服务航速 V_s:12.50 kn 续航距离 R:6000 n mile
容量	集装箱:230 TEU 船员:17 人 燃油舱 F.O.T:2500 m³ 压载舱 W.B.T:1700 m³ 清水舱 F.W.T:50 m³
主机	型号及数量(台):MAN B&W 5L35MCE　1台 最大连续功率(每台):2100 kW×200 r/min 连续服务功率(每台):1890 kW×193 r/min
发电机及容量	柴油发电机(台):200 kW　3台 应急发电机(台):64 kW　1台

表 4 – 11　118 TEU 集装箱船

指标	技术参数
设计特点	单机、单桨,单甲板、方尾,设一个货舱
主要尺寸	总长 L_{oa}:79.55 m 垂线间长 L_{pp}:73.0 m 型宽 B:13.60 m 型深 D:5.6 m 设计吃水 d:4.2 m 结构吃水 d_s:4.4 m
船级	CCS
载重量	设计吃水时 DW:1720 t
航速、油耗及续航距离	服务航速 V_s:10 kn 续航距离 R:1500 n mile
容量	集装箱:舱内 48 TEU,甲板上 70 TEU 船员:30 人 燃油舱 F. O. T:119.7 m³ 压载舱 W. B. T:1088 m³ 清水舱 F. W. T:161 m³
主机	型号及数量(台):6DSM – 22S　1 台 最大连续功率(每台):809 kW×900 r/min
发电机及容量	柴油发电机(台):90 kW　3 台

表 4 – 12　200 TEU 集装箱船

指标	技术参数
设计特点	单浆柴油机推进
主要尺寸	总长 L_{oa}:93.20 m 垂线间长 L_{pp}:84.9 m 型宽 B:15.80 m 型深 D:7.6 m 设计吃水 d:5 m
船级	CCS
航速、油耗及续航距离	服务航速 V_s:13 kn 续航距离 R:3500 n mile
容量	集装箱:200 TEU 船员:30 人 燃油舱 F. O. T:160 m³ 压载舱 W. B. T:1714 m³ 清水舱 F. W. T:104 m³

续表

指标	技术参数
主机	型号及数量(台):6E 34/82 SDZC　1台 最大连续功率(每台):2206 kW×205 r/min 连续服务功率(每台):1986 kW×198 r/min
发电机及容量	柴油发电机(台):248 kW　2台 应急发电机(台):75 kW　1台
装卸设备	起重机:36 t　1台

2. 集装箱船舶的优点

第一,可以节约装卸劳动力,减少运输费用。一般货船采用单件或小型组合件形式装运,费力又费时。集装箱船采用国际统一规格的集装箱运输货物,打破了一捆、一包单件装卸的传统形式,大大减轻装卸工人的劳动强度,加快了装卸速度,减少了人工装卸费用。

第二,利用集装箱船运输,可以减少货物的损耗和损失,保证运输质量。这是因为货物在生产工厂里就装进一只只集装箱,中途经公路、铁路、水上运输,均不开箱,可把货物直接运到用户手中。这样可减少货物在运输途中的损耗和遗失,还可节约包装费用。

第三,集装箱船装卸效率高。一艘集装箱船的货物装卸速度大约是相同吨位的普通货船的三倍左右,而大型高速集装箱船的装卸速度差不多是同吨位普通货船的4~5倍。这样可减少船舶停靠码头的时间,加快船舶周转,提高船舶、车辆及其他交通工具的利用率。

由于集装箱船进行集装箱运输具有上述优点,所以,集装箱船和集装箱运输得到迅速发展。同时,集装箱船的出现,对港口、码头又提出了新的要求。于是,出现了传送带、货架搬运车、铲车及各种形式的装卸机,还出现专门停靠集装箱船的码头。集装箱船码头又长又宽,可停靠各种类型的集装箱船,码头上还有相当宽大的堆放集装箱的场地。

任务实施

任务1

根据给出的船舶基础信息,进行如下分析:

1. 分析船舶结构

观察图片,发现集装箱船舶甲板上有整铺满全船的箱格导柱,同时,能看到箱格导柱下的开放式甲板,因此可以判断船舶是有独立箱格导柱的统开仓的集装箱船。

2. 判断船舶级别

根据图片可分析得到集装箱船属于全集装箱船,并且属于吊上吊下式集装箱船;通过分析船舶数据,装载容量为20000 TEU,船长400 m,型宽为58.6 m,型深为30.7 m,最大载重量达197000 t,设计航速为22.5 kn。可以判断,从代数上,船舶属于第六代集装箱船,从级别上属于超大型集装箱船。

3. 匹配停靠码头

根据船舶类型,判断属于第六代集装箱船,由于船舶吃水太深,码头前沿水深较浅的港口无法停靠,故可以通过巴拿马运河和苏伊士运河,停靠世界上排名前十的大型深水港码头。

任务 2

美国泛大西洋轮船公司的尝试,将传统散装的货物集装化装卸和运输,不仅保障了货物的运输安全,降低了货物在港口和船舶间装卸搬运的成本,加速了物资在港口船舶的装卸,更便利了货物在运输船只上的堆积和管理。带来的好处不仅惠及货物本身,更惠及了船舶和港口码头。这种惠及多个作业参与体的优势体现了国际航运的集装化趋势。它的出现,大大加速了国际航运的载运能力,推进了航运在国际运输中的重要性。

美国标准协会的研究和标准制定,不仅规范了航运过程中集装箱的使用规范,保障了物资在船舶装卸的效率,更深远的意义在于,这种规范使得集装箱及其携带的物资在全球范围内的流通更加快速便捷,集装箱这种工具的全球化更推进了集装化物流在全球范围内的前进步伐,加速了物资流通,带动了各个国家和地区的物资生产和交换频率,加速了集装箱船舶的设计和制造,使得集装箱船舶成为装载集装化货物的不二选择。

任务训练

集装箱船舶认知案例训练

1. **实训目标**

通过集装箱船舶案例的学习,掌握集装箱结构及分类。

2. **任务描述**

由重庆中江船业为重庆轮船(集团)有限公司建造的 130 m 集散货船顺利开航离港。该船为球首、双外歪尾、艉机型船舶,其总长 129.97 m,型宽为 16.2 m,型深为 6.2 m,设计吃水为 5.2 m,设计航区为 A、B、C 级航区 J2 级航段及三峡库区,主要用于装运干散货、集装箱和部分包装危险品(见图 4-12)。

图 4-12 集散货船

3. **实训步骤**

(1)观察船舶图片;

(2)分析船舶数据;

(3)寻找船舶仓体和箱格导柱;

(4)判断船舶类型及结构;

(5)对比船舶吃水和长宽数据;

(6)判断船舶型号,完成船舶类型判断。

4. **实训考核**

考核船舶结构及类型的掌握程度,要求具备完整分析步骤。

知识链接

冷藏集装箱船的发展

冷藏集装箱船是用于运输要求冷藏的货物并兼顾运输集装箱的船舶。船上设置多个专供装载保鲜的鱼、肉、蔬菜等货物的货舱。按货物对冷藏温度的不同要求,设置不同冷冻货舱和冷藏货舱。为保持舱内低温,防止外界热量的渗入,舱内除设制冷系统外,四周所有金属板壁敷设有绝缘层。货舱口一般较小,有绝缘层的舱口盖,既要保证水密,又要保证气密。船体结构和舱面甲板按集装箱船设计,以便装载一定数量的集装箱,使之成为多用途货船,可提高装卸效率,改善船舶经济性能。相对传统冷藏船,冷藏集装箱船所具备的一大优势是其规模经济效应。除此之外,从纯海上运输方面来看,冷藏集装箱船更加环保,尽管学术界对此尚有争议。

20世纪80年代,中国建成冷藏集装箱船多艘,曾出口德国、塞浦路斯等国8艘。90年代初,又建成4万吨级冷风集装箱船"柏林快航"号,出口德国。该船航速21 kn,可载运2700个标准集装箱,其中544个为冷风冷藏集装箱,可自动调温。船体采用不对称尾型,综合导航系统可实现从启程港到目的港的全程自动导航。全船船员只需16名。该船被誉为"未来型"的大型集装箱船。

知识链接

全球集运班轮公司运力百强排名

集装箱运输班轮公司是依托集装箱船舶的海运运输企业。

根据 Alphaliner 公布的数据,截至 2019 年 12 月 2 日,全球在运营集装箱船数量共计6150 艘,总运力为 23553521 TEU,折合约 2.85 亿载重吨。其中,前三大班轮公司总运力占全球市场的 46.2%。

全球班轮公司运力排名前三依然是马士基航运(4194023 TEU,占比 17.8%)、地中海航运(3735699 TEU,占比 15.9%)以及中远海运集团(2939505 TEU,占比 12.5%)。

Alphaliner 指出,运力排名第 4 名到第 10 名依次为:达飞轮船、赫伯罗特、海洋网联船务(ONE)、长荣海运、阳明海运、太平船务和现代商船。其中前 7 名运力都超过 1000000 TEU。排名第 11 至 20 名依次为:以星航运、万海航运、中谷海运、伊朗国航(IRISL)、安通控股、高丽海运(KMTC)、海丰国际、X‐Press Feeders Group、德翔海运、森罗商船。

资料来源:全球班轮公司运力百强最新排名 2019.12[EB/OL].(2019‐12‐08)[2020‐07‐20].http://www.eworldship.com/html/2019/container_market_1208/154917.html.

任务二　集装箱船舶的箱位表示

任务描述

任务1

2017 年 6 月,由南通中远船务承接改装的美国地平线公司"太平"轮首例大型多舱室集装箱箱位改装工程(见图 4 - 13)顺利完成。

图 4 - 13　集装箱箱位改造

　　"太平"轮全船共 13 个舱室,此次改装共涉及 4 个大舱整体改装移位,其中 6 号舱和 10 号舱由原来装载 40 ft 集装箱更改为装载 45 ft 集装箱;10 号舱和 11 号舱大舱移位,箱位仍需要保持装载 40 ft 集装箱的能力,施工质量尤其是精度要求极高。

　　此次改装工程修改量大,涉及结构换新、拆除、移位共计约 320 t 钢结构。改装主要内容为甲板横向过道拆除移位,甲板角隅板挖补,内底板集装箱箱位改装,所有横向舱口围换新、纵向舱口围修改,所有导轨及连接板换新,6 号、7 号、10 号、11 号舱所有舱盖根据舱口围同步改装匹配,所有甲板/舷边立柱及箱脚移位修改,最终需要完成所有舱盖、大舱导轨、甲板立柱20 ft/40 ft/45 ft 共计 106 吊试箱作业。

　　该轮改装工程的施工难点主要包括:一是改装的结构复杂,涉及多部门工程交叉。热工前,先需在改装的 4 个大舱前后壁满搭脚手,横壁高压水冲洗原船约 400 mm 厚的保温泡沫,然后 4 个大舱前后壁各 8 组大舱垂直风道(每组约 1200 mm×15 m)和 3 组横向风道(每组1200 mm×26 m)冷切割拆除,拆除后继续用高压水冲洗泡沫,另外二层过道和甲板过道箱梁里口泡沫全部清除后方可进行热工。二是该轮是 21 年的老龄船,结构经过多次修改,图纸设计不完全成熟,结合图纸和现场实际比对,很多施工节点需要现场修改,给整个改装工程带来严峻的挑战,同时改装涉及的工序十分繁杂,各改装工序之间环环相扣,每一步都涉及精度尺寸控制。三是天气渐热,阴雨天气较多,门机吊运量极大。四是施工期间,正值公司重要客户"振华"轮大型改装施工高峰期,劳力十分紧张,而此次改装工程量极大,时间非常紧张,改装工程的施工进度直接影响到该轮合同船期,因此钢结构改装需要大量劳力施工。

　　船体车间结合施工特点和难点合理选派优质施工队伍连续施工,全面协调车间劳力,克服门机、资源、天气等各方面的影响因素,全力推进项目节点计划,车间主管负责牵头熟悉图纸细节,按照生产计划节点,实施工序计划倒排,明确材料、设备及供料需求,紧盯施工过程控制,定期梳理改装各阶段问题及施工进度,结合修造船施工规范,对现场施工一系列问题第一时间同船方及船检协商解决,确保现场问题不过夜,全程施工过程结构安装及焊接作业连续、顺畅。

经过16天紧张施工,改装工程按照项目节点计划顺利完成,涉及的改装工程共计82吊试箱100％一次性通过船方报验,船方竖起大拇指连连称赞"Good job!"

问题:南通中远船务为何要开展箱位改装工程?通过箱位改装,集装箱船舶可以实现什么功能的提高?

任务2

请根据图4-14中所示位置,标记该集装箱船A、B两箱的箱位号。

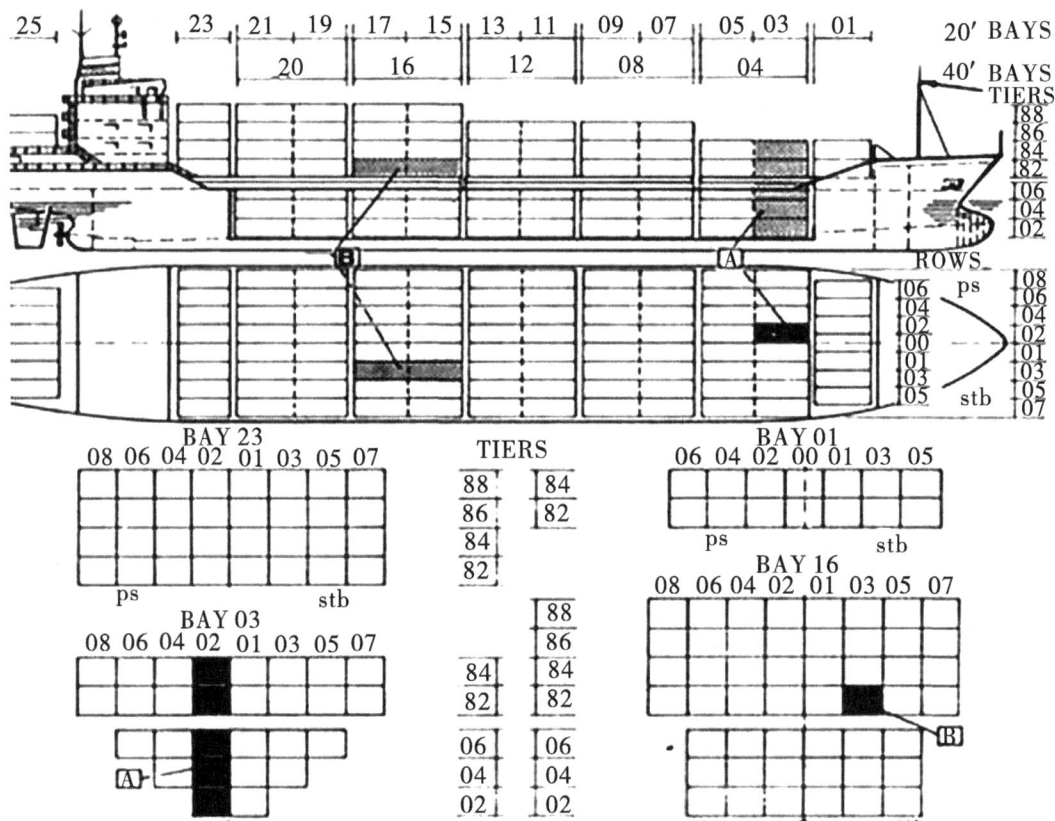

图4-14 集装箱船舶箱位号图

任务资讯

一、集装箱船舶箱位号的概念

集装箱船舶箱位号,是指按国际统一编号方法用以表示集装箱在船上三维装箱位置的6位数字代码。其中前2位表示行号,中间2位表示列号,后2位表示层号。接下来,用三步完成对集装箱船舶箱位号的定位。

第一步,整船由船首向船尾方向,划分为 n 个贝(bay),对集装箱在船舶纵向(即首尾方向)进行次序号的排列。因此,通过确定集装箱在船体的前后位置,确定行号。

行号(bay no.)是集装箱箱位的纵向坐标,是集装箱在船舶从船头到船尾的排列次序号。

以20 ft箱的位置为一个贝,用01、03、05排列的奇数表示。如果是40 ft箱,即当纵向两个连续 20 ft 箱位上被用于装载 40 ft 集装箱,则该 40 ft 集装箱的行号以介于所占的两个 20 ft 箱位奇数行号之间的一个偶数表示,依次用 02、04、06、08 的偶数表示(见图 4-15)。

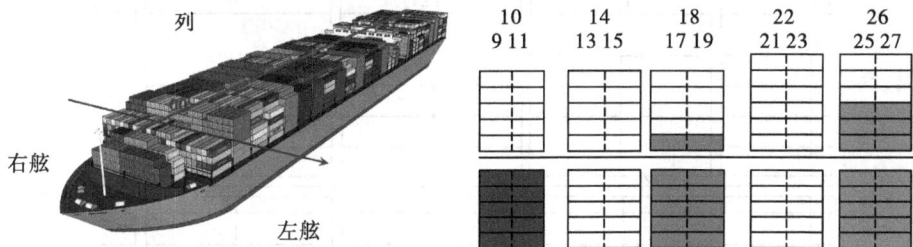

(a)集装箱船行号示意

(b)集装箱船行号实例

图 4-15　集装箱船行号

在进行集装箱船舶贝的划分时,不像集装箱码头堆场那样有 04、08、12 等贝,其根本原因是堆场贝位没有隔断,而集装箱船的贝位有隔断。这个隔断在集装箱船舱面叫"绑扎桥",在舱内叫"下舱通道",如图 4-16 所示。

图 4-16　绑扎桥和下舱通道

因为集装箱不可能放在这个隔断位置的贝位上,这就意味着在集装箱船上,这些贝位数是没有意义的,因此该位置的贝就不用划分。

需要说明的是,贝不一定跟船舶船型和结构有关。由于船型结构的问题,有些集装箱船的隔断位置在 02、06、10 等贝,那么,不见得就是 02、06、10 贝(见图 4-17)。

— 169 —

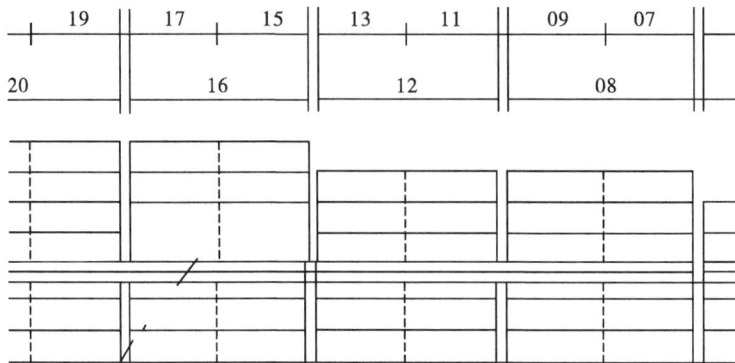

图 4-17　无意义的贝位

第二步,将每个贝划分为"列"。

列号(row no. or slot no.)是集装箱箱位的横向坐标,是集装箱在船舶上的横向(左右)的排列顺序号。列位从船舶中间向两侧排列,从船中间向左舷依次为02、04、06,右舷依次为01、03、05。当列数为奇数时,中间一列为00,其余不变,如图 4-18 所示。

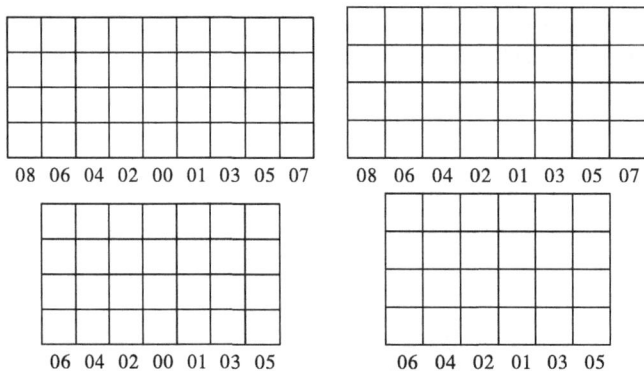

图 4-18　集装箱船列号

第三步,每一列又划分为"层"。

层号(tier no.)指集装箱在船舶竖向(上下)的排列序号,是集装箱箱位的垂向坐标。需要注意的是,舱内、舱面的层号是分开编号的。按惯例,一般都用偶数编号,舱内以全船最底层作为起始层,自下而上以02、04、06、08等偶数表示。舱面也以全船最底层作为起始层,自下而上以82、84、86、88等偶数表示,舱内和舱面没有全船最底层起算的层号大致以"距船舶基线高度相同,层号相同"为原则确定。以甲板作为舱内外的界限,可以用以上两种表示方法表达:甲板之上,用82、84、86表示;船舱里面,用02、04、06表示(见图 4-19)。

图 4-19　集装箱船层号

二、集装箱船舶箱位号的表示方法

根据集装箱船舶箱位号的概念,可以用行号、列号和层号的组合进行箱位号的表示(见图 4-20)。每艘船每一个装船位置,都会对应于唯一的一个可以以六位数字表示的箱位坐标;反之,一定范围内的某一箱位坐标,必定对应于船上的一个特定而唯一的装箱位置。

例如箱位 040282 是表示这个集装箱积载在第 2 排右舷第 1 列甲板第 1 层。某集装箱船配积载图中,某箱子的箱位号为 030482,则该箱的位置在甲板自首第 2 排自船纵中剖面左舷第 2 列第 1 层。

教学微课:集装箱船舶箱位号表示方法

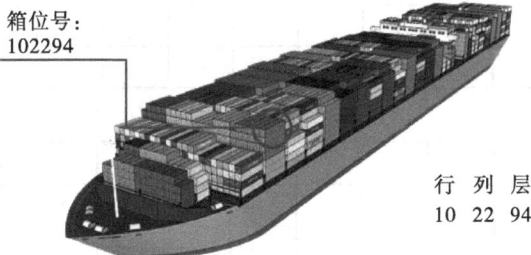

图 4-20　集装箱船货位标号

任务实施

任务 1

南通中远船务开展箱位改装工程,可以帮助老船、旧船及非标准规格船通过技术手段实现装载集装箱的可能,让船舶提高集装箱装载能力,从而更加便于集装箱运输。

第一,通过箱位改装,集装箱船舶可以装载标准规格的集装箱,如果集装箱箱位与实际船舶空间匹配得当,可以让箱位承担多用途类型的集装箱装卸功能。第二,通过改造箱位,可以对集装箱船舶质量进行检验维修,延长集装箱船舶的使用寿命。第三,通过箱位改造,船舶装载能力和装载空间需要重新评估,从而帮助船舶从吨位、吃水、强度等标准层面更加符合现代装卸活动要求,实现安全装卸。

任务 2

(1)分析 A 箱的箱位号。首先,根据箱子位置和贝的序列判断箱子的尺寸。该位置的集装箱是一个 20 ft 的箱子,位于 3 号贝,即 03。其次,看箱子所处的列位,是位于船头中心线向左第一位,由于第 3 号贝共有 8 列,因此其所处位即为 02。再次,看箱子所处层位,箱子位于船舱里面第二层,层位号为 04。因此,可标记 A 箱箱位号:030204。

(2)分析 B 箱的箱位号。第一步先根据箱子位置和贝的序列判断箱子的尺寸。该位置的集装箱是一个 40 ft 的箱子,位于 16 号贝,即 16;第二步,看箱子所处的列位,是位于船头中心线向右第二位,由于第 16 号贝共有 8 列,因此其所处位即为 03。第三步,看箱子所处层位,箱子位于船舱甲板上第一层,层位号为 82。因此,可标记 B 箱箱位号:160382。

任务训练

集装箱船舶箱位号标号实训

1. 实训目标
(1)掌握定义集装箱船舶箱位号的方法;
(2)能根据图示和贝位信息识别集装箱船舶箱位号。

2. 任务描述

图 4-21 是 BAY33 甲板上和 BAY29 船舱的预配图,请写出 A～I 和"×"各位置的箱位号。

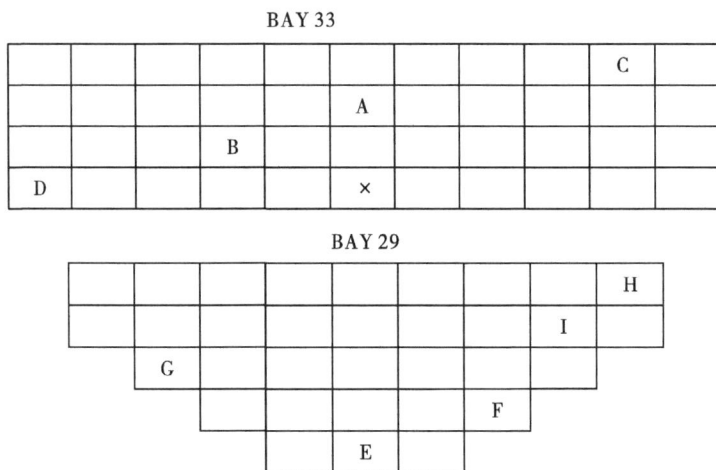

图 4-21 集装箱船舶贝位图

3. 实训步骤
(1)判断贝的序号,确定是 20 ft 箱或 40 ft 箱。
(2)判断贝的列数,并判断每个待标记箱位的左右列位号。
(3)判断箱子在甲板的上下位置,并根据位置计数层号。
(4)依次按照贝号、列号和层号的顺序,记录箱位。

4. 实训考核
(1)对集装箱在船舶中 20 ft 箱和 40 ft 箱的贝号划分。
(2)对集装箱在船舶中甲板位置的判断和标记。
(3)对集装箱在船舶左右位置的判断和标记。

📖 知识链接

船市进入以箱位论英雄时代？

2014年,世界上最大的集装箱船——中海集团从韩国现代重工集团订购的19100 TEU的"中海环球"轮正式投入运营,打破了航运巨头马士基所运营的18000 TEU标准箱3E级大船的纪录。集装箱航运市场运力过剩的背景下,大船"战争"一触即发。大船有何优势?造船市场是否进入以"箱位"论英雄的时代?

大船交付潮来袭

"中海环球"轮是2013年中海集团向韩国现代重工集团订造的5艘19100 TEU型集装箱船舶中的首制船,全长400 m、宽近60 m,船体大小超过4个标准足球场,船身长度比皇家加勒比邮轮公司的"海洋绿洲"号邮轮长38 m、比美国海军"尼米兹"号航空母舰长67 m。

时任中国海运(集团)总公司董事长许立荣在交船仪式上表示,新交付的"中海环球"轮在油耗方面有着更为优越的特性,与普通的1万箱级别集装箱船相比,油耗可节省约20%。

在此之前,全球最大的班轮公司马士基,就是订造大船的先行者。2013年,马士基订购的18000 TEU集装箱船就首航亚欧航线,其与韩国大宇造船签订了总共20艘18000 TEU 3E级船舶,已于2015年陆续交付完毕。

率先下注大船的马士基,优势已经在2014年的业绩上有所体现。2014年第三季度,马士基集团盈利15.63亿美元。其中,马士基航运盈利6.85亿美元,马士基码头公司盈利3.45亿美元,马士基海运服务盈利1.19亿美元。2014年前九个月,马士基集团共盈利50亿美元,远远领先于其他同行。

已经有越来越多的班轮公司继马士基之后,加入订造万箱船的行列。据了解,2013年的新船增量基本都是8000 TEU以上的超大型船,并且从2014年开始陆续进入交船高峰期。

警惕大船风险

为了适应全球贸易的成长以及对于更低单位营运成本的追求,2014年相关机构统计,全球集装箱船型每3~5年就会增加30%,如果依此推算,以2014年为时间节点,在2018年左右市场上就会出现24000 TEU级的超大集装箱船,相较目前最多的13000~14000 TEU集装箱船,还大了将近一倍。

"目前班轮公司下订单可以说是被迫上了'战车',这个市场游戏规则很简单,要么增规模,要么遭淘汰,"航运专家陈弋指出,"运力过度竞争的潜在风险也在日益集聚,一旦所有订单得以兑现,在可预见的将来,如今集中度尚高的集装箱海运市场不是像今日干散货市场一样杀得头破血流,就是被垄断,运价大幅波动。"

有专家表示,集装箱船舶超大型化还要受到船舶的建造成本、营运成本、港口吃水、装卸设备等边际成本的限制。从理论上说,10000 TEU的集装箱船舶在营运成本上是最有优势的。当集装箱船舶突破10000 TEU时,其成本优势将逐步递减。此外,某班轮公司在对欧洲传统大港的调研中发现,1.9万箱大船靠离汉堡港必须由其他船舶让道才能完成,引航、靠离成本和安全风险不降反增。

资料来源:大船交付高峰来临 船市进入以箱位论英雄时代[EB/OL]. (2017 - 11 - 26)[2020 - 07 - 25]. http://www.zgsyb.con/news.html? aid=3169.

任务三　集装箱船舶配积载

任务描述

East Shipping 轮，第 032W 航次，预计在上海装 8 个自然箱，集装箱信息如表 4-13 所示。其中，目的港挂港顺序为 VAN—MIA—TOR。另外，冷柜只能放在甲板上第一层。

表 4-13　集装箱信息

箱号	重量	装港	卸港	箱型	尺寸	备注
CRXU2572549	25000	SHA	VAN	GP	20	
CRXU2595251	25000	SHA	TOR	GP	20	D5.1
CRXU2618399	25000	SHA	TOR	RF	20	
CRXU2659211	25000	SHA	TOR	GP	20	
CRXU2665852	25000	SHA	TOR	GP	20	
CRXU2696621	25000	SHA	TOR	FR	20	超宽 40 cm
WHLU5169653	26535	SHA	MIA	HC	40	
WHLU5943733	26535	SHA	MIA	HC	40	

请问集装箱配积载图如何编制？

若以上 8 个集装箱要安排在 BAY21(22)、BAY23 甲板上，请为它们安排合适的箱位，并完成行箱位图的编制。图 4-22 是 BAY21(22)、BAY23 的箱位情况。

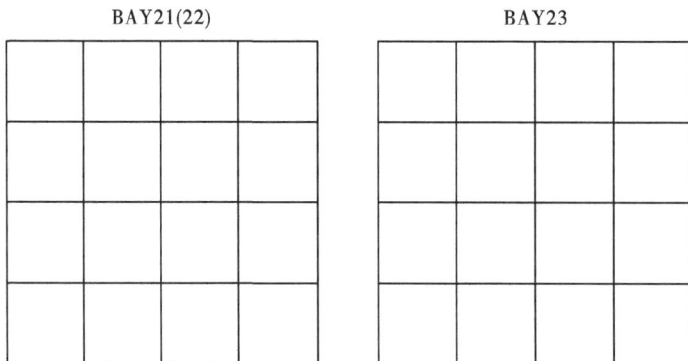

图 4-22　箱位情况

任务资讯

一、集装箱船舶配积载的概念

集装箱船舶配积载其实包含了船舶配载和船舶积载两部分。

1. 船舶配载

集装箱船舶配载，是指把预定装载出口的集装箱，按船舶的运输要求和码头的作业要求而制订的具体装载计划。

装箱船舶配载的作用主要包括以下六个方面：

(1)满足船舶稳性、吃水差、负荷强度、剪切强度等技术规范，保证船舶的安全航行。

(2)满足不同货物的装运要求，保证货物运输的安全质量。

(3)充分利用船舶的运输能力，提高船舶的箱位利用率。

(4)合理安排堆场进箱计划，减少翻箱倒箱，提高堆场的利用率。

(5)有效组织码头装船作业，提高生产作业效率。

(6)作为码头装船作业签证的原始依据和吞吐量的统计资料。

2.船舶积载

船舶积载，是指根据船公司或其代理人下达的装货清单，将航次货载在特定船舶的具体货舱内所进行的分配和堆装工作。即根据装货清单上所列的每票货物(或每一集装箱)，确定在船上装载的舱室和具体货(箱)位及堆装、衬垫和系固等货运技术要求，并将这些内容编制成作为装货工作指导性文件的船舶积载计划。该项工作通常在船长指导下，由大副具体负责进行。对于集装箱船舶，还应由船公司(或其代理公司)和装卸公司共同参与。其基本要求是：充分利用船舶的装载能力；保证船体强度不受损伤；保证船舶具有适度稳性和适当的吃水差；保证货物的运输质量；满足各港装卸顺序和快速装卸要求等。

通常的理解是，船公司根据订舱单进行分类整理以后，编制一个计划配载图，又称预配图或配载计划。而码头上实际装箱情况与预配图将会有出入，根据实际装箱情况而编制的装船图被称为积载图，又称最终积载图或主积载图。

二、集装箱船舶配积载的基本要求

船舶航次所承运的货物，在船上的堆装位置和堆装工艺的合理安排，又称货物积载。它对确保船舶安全，防止货损货差，充分利用船舶载货容积，提高装卸效率，提高船舶运输的经济效益具有重要的意义。

船舶积载应力求满足以下基本要求：

(1)充分利用船舶的载重量和货舱容积，尽量达到满载满舱。

(2)确保船舶安全，避免船体沿船长方向产生过大的中拱或中垂而引起船舶变形，并防止甲板由于超载发生严重变形或坍塌。

(3)保证船舶具有适度的稳性，防止船舶倾覆。但稳性也不宜过大，否则横摇周期过短，适航性差。因此，船舶在各种装载情况下的初稳性高度值要满足船舶在小倾角初稳性及大倾角动稳性时的衡准要求，并要达到合适的横摇周期。

(4)保证船舶具有适当的浮态，使船舶无横倾而有一定的尾倾(船尾吃水大于船首吃水)，以改善舵效及减少甲板上浪。

(5)保证货物运输质量，根据货物的理化性质和包装情况处理货物的混装和选定装载舱位。

(6)中途港按顺序卸货。因此确定货物的货位和装舱顺序时要考虑船舶到港顺序，以避免出现翻舱捣载的现象。

(7)有利于装卸货物和缩短船舶在港停泊时间。装卸效率高的货物应分配在舱容较大的货舱内，以缩短装卸时间。

(8)确定合理的舱面积载。除考虑舱面货(又称甲板货)装载会使船舶稳性降低外,要注意不使甲板承载负荷超过安全承载能力。此外,舱面货的装载位置不得妨碍船员正常工作的进行。

三、集装箱船舶配积载编制

(一)预配图

1. 预配图的概念及要求

集装箱船舶预配图(pre-stowage bay plan),是由集装箱码头堆场依据船公司或其代理公司制作的集装箱计划预配船图填制的,经集装箱码头堆场船舶计划员在空白的船图上按有关配载原则填上集装箱箱号、总重量、卸货港名称即可。在编制预配图时要保证船舶的稳性,保持适当的吃水差和船舶的纵向强度,充分利用船舶箱位,尽量避免中途港倒箱。

2. 预配图的分类

预配图包括三种类型图,分别是字母图、重量图和特殊箱位图。

(1)字母图(letter plan),如图 4-23 所示。预配图中的字母图表示在本港装船的集装箱的卸港,字母图上的待装箱的箱位内均用 1 个字母表示该箱的卸港。40 ft 货柜的后半部分所在的箱位小方格用×占据。

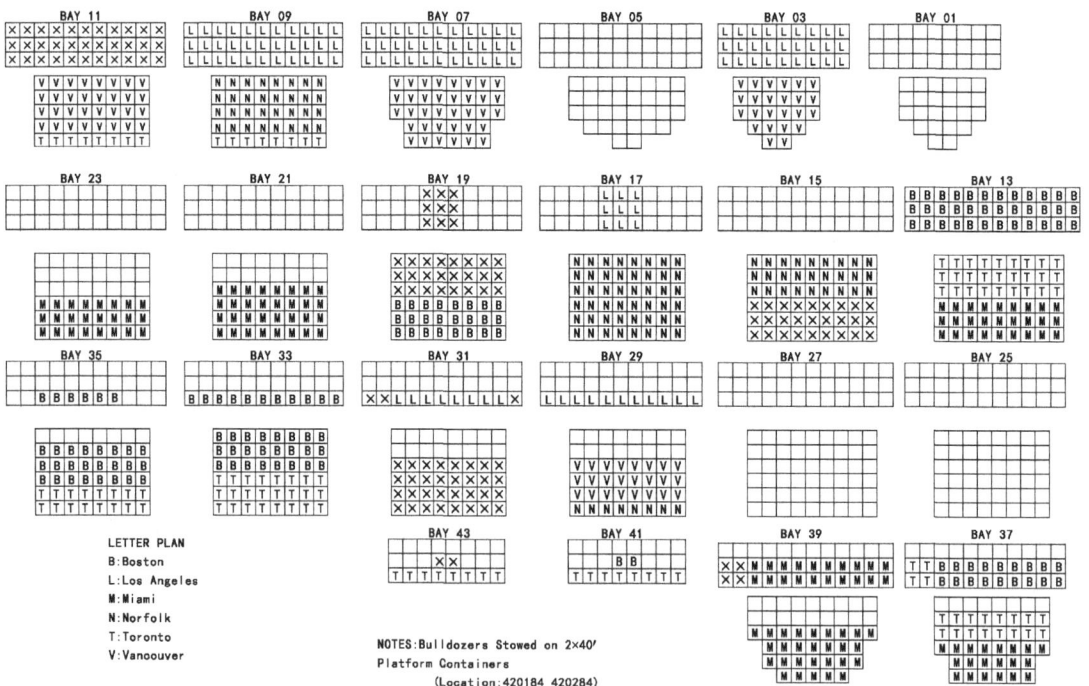

图 4-23　集装箱船舶预配字母图

(2)重量图(weight plan),如图 4-24 所示。预配图中的重量图用来表示每个集装箱的额定质量,在图上每个箱位内用阿拉伯数字表示,单位为 t。40 ft 货柜的后半部分所在的箱位小方格用×占据。

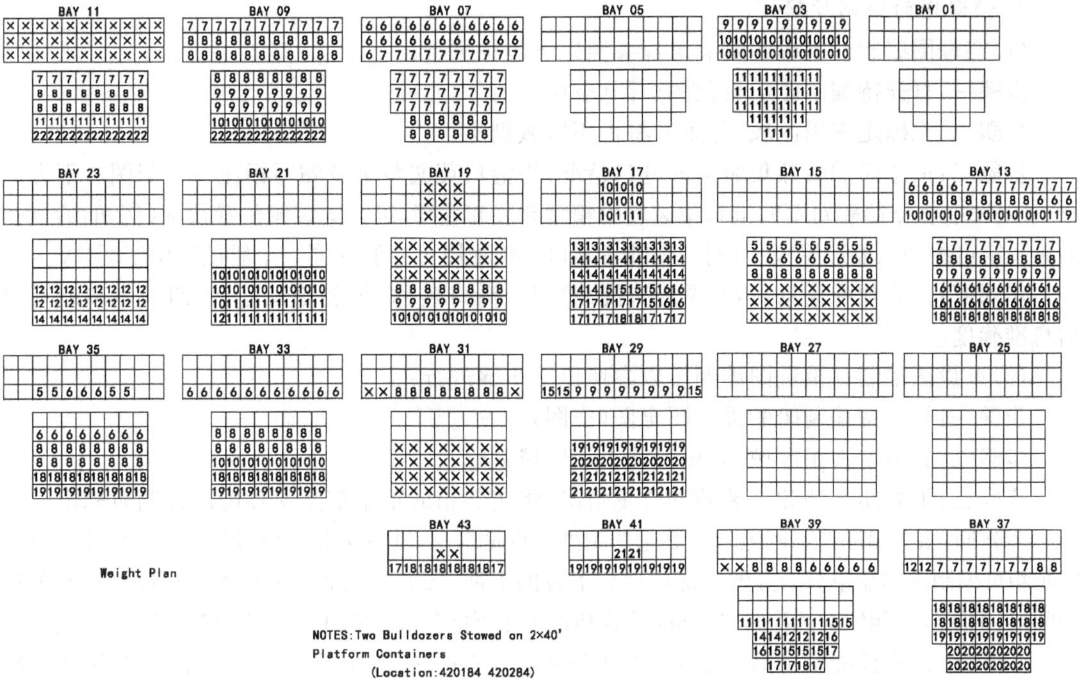

图 4-24　集装箱船舶预配重量图

(3)特殊箱位图(special container plan),如图 4-25 所示。特殊箱位图是预配图中表达每个船舶特殊贝位特殊集装箱装卸要求的图,用于反映特殊集装箱的情况,如冷藏箱和危险品箱。

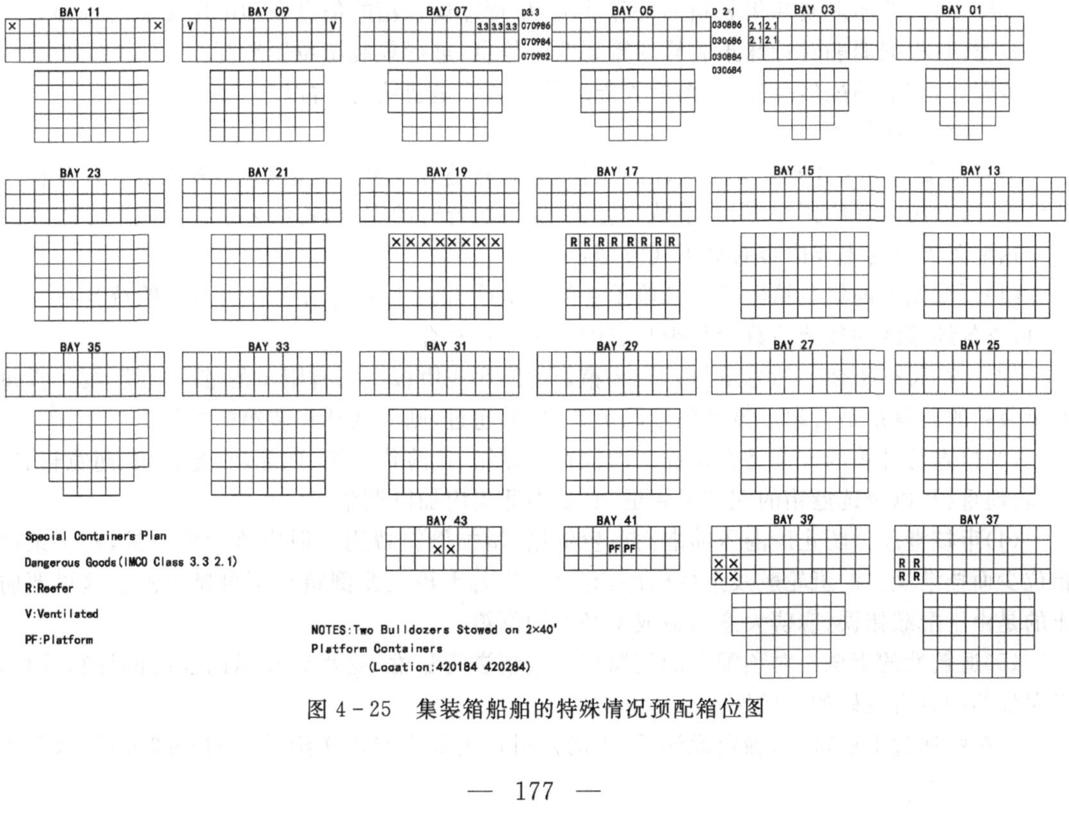

图 4-25　集装箱船舶的特殊情况预配箱位图

3. 预配图的编制步骤

(1)字母图编制。字母图编制可以参照以下步骤进行:

步骤一:打开待编制船舶贝位图全图(空图)。

步骤二:先确定占用区域,并用×将占用区域剔除。

步骤三:汇总船舶装卸集装箱的港口情况,将港口英文名称及缩写标注在预配图右下方。

步骤四:根据船舶对不同港口集装箱的箱型和装卸顺序,进行集装箱位置预配(例如:后到达的集装箱可编制到船舶甲板下,同一个卸货港口的预配图可绘制在同一个船舶贝位子图)等。

步骤五:完成预配信息后,全图检查配载数量、港口名称、集装箱尺寸、装卸顺序和缩写等信息准确度。

(2)重量图编制。重量图编制可以参照以下步骤进行:

步骤一:打开待编制船舶贝位图全图(空图)。

步骤二:先确定占用区域,并用×将占用区域剔除。

步骤三:汇总船舶装卸集装箱的重量情况,将集装箱的重量信息在预配图编制时标出。

步骤四:根据船舶对不同港口集装箱的箱型和重量信息,进行集装箱位置预配(例如:重量重的集装箱可编制到船舶甲板上方的下部或甲板下方的下部;某个贝位港口的预配尽可能集中在船舶中间,从中间到两侧依次预配排开;不同的装卸重量尽可能分散绘制在不同的船舶贝位子图)等。

步骤五:完成预配信息后,全图检查配载重量、尺寸、配载空间分布和配载集中程度的准确度。

(3)特殊箱位图编制。特殊箱位图编制可以参照以下步骤进行:

步骤一:打开待编制船舶贝位图全图(空图)。

步骤二:先确定占用区域,并用×将占用区域剔除。

步骤三:汇总船舶装卸集装箱的特殊情况,将特殊集装箱的信息在预配图编制时标出。

步骤四:根据船舶对特殊集装箱的箱型匹配信息,进行集装箱位置预配。

步骤五:完成预配信息后,全图检查配载特殊属性集装箱的匹配度。

4. 预配图的审核

编制预配图是一件既复杂又烦琐的工作,编制时还有许多严格的要求,故编制时往往会顾此失彼,所以编制好的预配图,为了减少差错,保证航行时的安全,都必须进行认真的审核。

预配图审核的主要内容有如下几方面:

(1)预配图上的集装箱数应与订舱单上的数量吻合。主要利用字母图与订舱统计进行对照,检查各卸箱港的集装箱数量是否与表中订舱数量符合。

(2)计算每列集装箱的总重量。集装箱船的舱底或甲板上都有限定的堆码负荷,要计算每列集装箱的总重量是否超过该列的堆码负荷,如果超过,则应调整集装箱的重量。

(3)检查特种箱的配位是否正确。即检查冷藏箱、危险货物箱、四超箱(超长箱、超宽箱、超高箱、超重箱)以及选港箱的配位是否适当,如不适当应加以调整。

(4)审核港序。防止后港压前港而产生倒箱,增加倒箱费用。但应该指出的是,对于某些箱位少而挂港又多的班轮航线上的船舶,有时产生若干箱位要倒箱是不可避免的。这里要防止的是由于配载错误、麻痹大意而造成不必要的倒箱。

(5)适航性的审核。对预配图的配箱情况重新进行稳性、吃水差和纵向强度的计算校核,以保证船舶具有良好的适航性。

预配图通过上述审核,确定无误后,由船公司直接邮寄或传送给港口的装卸公司,以便着手编制实配图。

(二)实配图

1. 实配图的概念及要求

集装箱实配图是由集装箱码头装卸公司编制的,是集装箱码头装卸公司收到船公司的集装箱预配图后,按照预配图的要求,根据码头上集装箱的实际进箱量及其在码头上的堆放情况,而着手编制的用于实际装船使用的集装箱积载图。

2. 实配图的分类

实配图主要包括封面图和行箱位图。

(1)封面图(cover plan)。封面图用来标注集装箱的卸货港和特殊箱标记。

(2)行箱位图(bay plan or hatch plan)。行箱位图是对集装箱船行箱位总图上某一行箱位横剖面图的放大。在该图上可以标注和查取某一特定行所装每一集装箱的详细数据。

该图每行位一张,在每一个行箱位的方格内,标注以下内容:①装港及卸港的英文代码。通常将装港放在后面,卸港放在前面,中间用×连接,但也有只标注卸港,不标注装港的。港名代码按常规应标三个英文字母,如休斯敦以"HSO"标注,上海港以"SHA"标注。②集装箱箱号。③集装箱总重。④特殊箱的标注。⑤集装箱箱位号。开始先填上在集装箱堆场中的场箱位号,待集装箱装船后改为集装箱箱位号。

例如,Bay39 箱位图中的"390402"箱位,该位置上集装箱的情况如图 4-26 所示。

MIA:卸箱港迈阿密的代码。

17.0:该集装箱的总重为 17.0 t。

ICSU:箱主代号。

0213654:箱号和核对数字。

E1701:堆场上箱位号。

| MIA |
| 17.0 |
| ICSU |
| 0213654 |
| E1701 |

图 4-26　行箱位图举例

3. 实配图的编制

(1)由船公司的集装箱配载中心或船上的大副,根据代理公司整理的订舱单,编制本航次集装箱预配图。

(2)航次集装箱预配图由船公司直接寄送给港口的集装箱装卸公司,或通过船舶代理用电报、电传、电子邮件或传真形式传给港口集装箱装卸公司。

(3)港口装卸公司收到预配图后,由码头船长或码头集装箱配载员,根据预配图和码头实际进箱情况,编制集装箱实配图。

(4)待集装箱船舶靠泊后,码头配载员持实配图上船,交由大副审查,经船方同意后由船方签字认可。

4. 实配图的审核

实配图是由港口的码头船长或集装箱码头的配载员,根据预配图和码头实际进箱情况来编制的,但是对船舶结构最了解的无疑是集装箱船的船长和大副。所以实配图编制后,在装船前应取得船长和大副的同意方可装船。这就是实配图的审核。

实配图审核的内容一般与预配图审核相同,不外乎船舶的适航性、装卸量、港序等。审核实配图时发现的问题一般比较细、比较具体。

(三)最终积载图

1. 最终积载图的概念

最终积载图(final bay plan)是船舶实际装载情况的积载图,它是计算集装箱船舶的稳性、吃水差和强度的依据。最终积载图由最终封面图(见图 4-27)、装船统计表及最终行箱位图三部分组成。

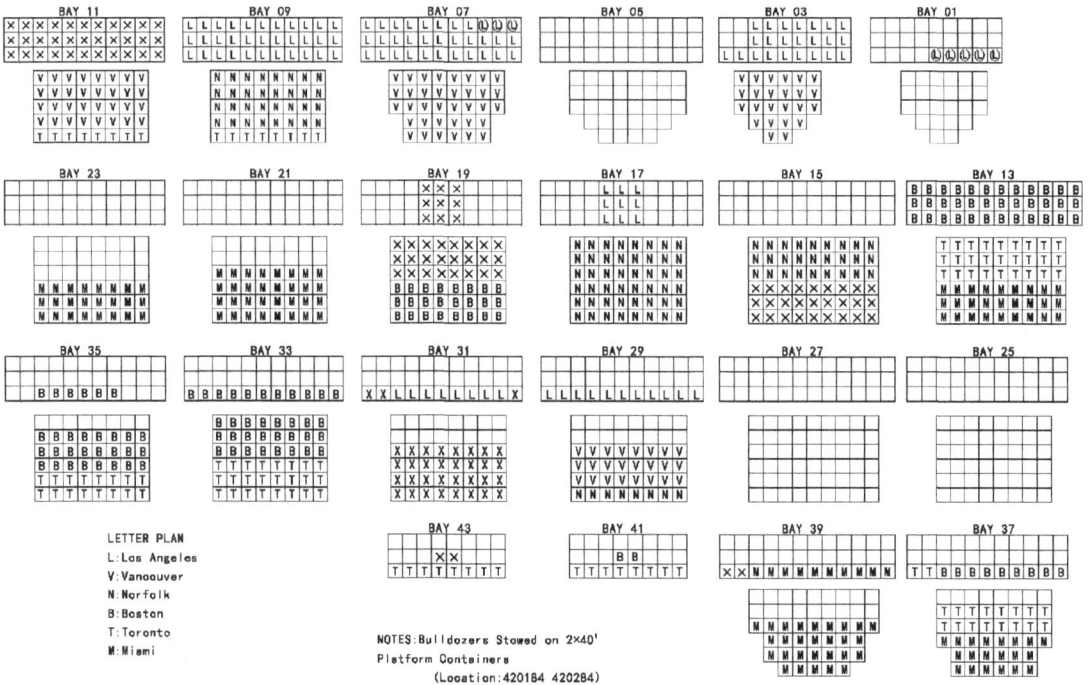

图 4-27 最终封面图

2. 最终积载图的分类

最终积载图主要包括最终封面图、装船统计表和最终行箱位图。

(1)最终封面图(final cover plan)。最终封面图用来标注集装箱的最终卸货港和特殊箱标记。

(2)装船统计表(loading statistical form),如表 4-14 所示。

表 4-14 装船统计表

船名:_____　　　航次:_____　　　日期:_____

装货地	集装箱类型	卸货港						合计	
		20'	40'	20'	40'	20'	40'	20'	40'
	重箱								
	冷藏箱								
	危险货箱								
	空箱								
	重箱								
	冷藏箱								
	危险货箱								
	空箱								

装货地	集装箱类型	卸货港						合　计	
		20′	40′	20′	40′	20′	40′	20′	40′
	重箱								
	冷藏箱								
	危险货箱								
	空箱								
合计	箱数								
	重量								
总　　计									

(3)最终行箱位图(final hatch/bay plan)。最终行箱位图包含：①卸货港和装货港；②箱位；③特种箱的标志；④集装箱的箱货总重；⑤集装箱在船上的箱位号；⑥40 ft箱的标志；⑦超高和超宽的标志；⑧每层箱子的总计重量。

3. 最终积载图编制步骤

(1)码头按大副签字认可的实配图装船。

(2)集装箱装船完毕后,由理货公司的理货员按船舶实际装箱情况,编制最终积载图。

四、集装箱船舶配积载的主要方法

集装箱船舶配积载总体可以按照以上步骤进行,但是具体每一艘船舶、每一批集装箱甚至每一个客户的条件和要求都有不同,船舶、箱子、客户的信息在配积载执行时也因此有多样的变化和组合,这也是导致集装箱船舶配积载活动复杂的重要原因。本教材暂时列举了几种企业常用的配积载方法。

(1)层列混合配载法。有的船由于稳性很好,配载时会要求将轻箱放舱内、重箱放甲板,但收箱基本是按照重箱在上、轻箱在下的要求做的,这样操作必然会造成场地箱大量翻倒。于是可以运用层列混合配载法在船上随时变换层和列,场地仍按顺序取箱,有效避免了倒箱,保证了作业效率。

(2)手点序列法。按照船舶配载要求,舱内需配载二层高箱时,遇到场地高普箱混垛,或者高普箱距离较远,需要场桥转场取箱时,即可采用手点序列法来配载。按照高普箱的分布情况来选箱,再将配载的顺序标记出来,装船时按照配载顺序发送装船指令,则可有效减少场桥跑位转场次数和倒箱数量。

(3)半自动配载法。当集装箱重量相差不多、船舶规范对装载重量无过高要求时,即可采取半自动配载的方法进行配载,这样可以大幅度减少配载时间,提高工作效率。

集装箱在船舶配积载时遵循有效的配载原则,例如:"先特殊后一般"(先配特殊货类,再配一般货类);"先重集后非散"(先配载箱量多的作业线,把场地相对集中的集装箱配载到重点舱,再配载箱量少的非重点作业线,把场地相对分散的出口箱配载到非重点舱);避免几条作业线同时选取同一或相邻场位,以保证拖车能够行驶顺畅。

另外,还有全自动配载法、边卸边装配载法以应对不同的配载要求。灵活而又合理地运用不同的配载方法,可有效减少场地翻倒箱、跃高箱以及机械跑位过多、机械扎堆取箱等问题。

合理运用这些方法能将配载速度提升一倍甚至更高,既保证了现场的作业效率,也降低了单船计划员的工作强度。

五、集装箱船舶配积载活动流程

船舶积载由船上大副收到航次装货清单后拟订,大致可按以下步骤进行:

(1)核定船舶的装载能力,判明船舶能否装运本航次装货清单所列的货物,确定本航次的货运量。

(2)确定各货舱、各层舱应装载的货物吨数。各货舱分配货物的重量影响船舶的吃水差和强度,而各层舱分配货物的比例则影响船舶的稳性和适航性。为满足船舶的吃水差要求,各货舱的装货重量一般是按实践中积累的各货舱装载百分比来确定的;为满足纵强度要求,各货舱装货重量是按与各货舱容积大小成正比例(有一定的调整值)确定的;为满足稳性和适航性要求,各层舱装货比例大致为:二层舱装货 30～35％,底舱装货 65％～70％。

(3)确定货物在舱内的位置。配货时重点考虑确保货运质量及便于货物装卸。货物配舱后须核查:货单中所有货物有无漏配或重配;各货舱的装货重量与原来的装货意图是否相符;各舱舱容是否足够装进已安排配装的货物;货物在舱内的配置是否会影响装卸作业等。如发现问题可进行必要的调整。

(4)校核及调整船舶的吃水差、稳性和总纵强度。由于积载时的配货情况与原来预计的货物数量往往不完全相同,因此在确定货物的舱位后,要结合油、水等其他载荷的分布情况,进行吃水差、稳性及总纵强度的计算和校验。如不符合要求,要进行调整。

(5)绘制计划积载图。货物在船上配装的情况,经检查、验算、调整,最终符合要求后,即绘制计划积载图,作为装货工作的依据。

(6)绘制实际积载图。货物在装船过程中,往往由于各种原因,如对货物积载因数(每一吨货物在货舱中正常堆积时所占的空间或舱容)的估计与实际的不符,某些货物未能按时集中等,必须调整及变动积载计划。货物装船结束后,理货人员应根据货物实际装船情况绘制实际积载图。实际积载图应复制多份,寄至各卸货港,作为卸货工作的依据。

教学微课:集装
箱船舶预配图

教学微课:集装箱
船舶最终积载图

教学微课:集装箱
船舶的配积载要求

📝 任务实施

集装箱船配积载图的编制过程如下。

步骤一:由船公司的集装箱配载中心或船上的大副,根据代理公司整理的订舱单,编制本航次集装箱预配图。

步骤二:航次集装箱预配图由船公司直接寄送给港口的集装箱装卸公司,或通过船舶代理用电报、电传、电子邮件或传真形式传给港口集装箱装卸公司。

步骤三:港口装卸公司收到预配图后,由码头船长或码头集装箱配载员,根据预配图和码头实际进箱情况,编制集装箱实配图。

步骤四:待集装箱船舶靠泊后,码头配载员持实配图上船,交由大副审查,经船方同意后由船方签字认可。

步骤五:码头按大副签字认可的实配图装船。

教学游戏:集装箱船舶配积载

步骤六:集装箱装船完毕后,由理货公司的理货员按船舶实际装箱情况,编制最终积载图。

箱位配置和行箱位图如图 4-28 所示。(答案不一,安排时注意从第一层开始堆放。)

图 4-28　箱位配置和行箱位图

任务训练

一、判断题

1. 集装箱预配图由三幅图组成,分别是字母图、封面图、行箱位图。 （　　）

2. 字母图上的待装箱的箱位内均用 2 个字母表示该箱的卸港。 （　　）

3. 重量图编制时打开待编制船舶贝位图全图。 （　　）

二、多选题

1. 集装箱预配图包括（　　）。

A. 字母图 　　　　B. 封面图 　　　　C. 重量图 　　　　D. 特殊箱位图

2. 集装箱预配重量图完成预配信息后,全图检查（　　）的准确度。

A. 配载重量 　　　B. 尺寸 　　　　　C. 配载空间分布 　　D. 配载集中程度

知识链接

船舶的主要指标

船舶的主要指标一般包含船舶稳性、吃水、强度等。

一、船舶稳性

（一）船舶稳性的概念

船舶稳性是指船舶在外力矩作用下偏离其初始平衡位置而倾斜，船舶具有抵抗外力并当外力矩消除后船舶还具有恢复原来平衡状态的能力。

船舶在停泊或航行中，经常遇到风浪等各种外力的干扰，船舶平衡状态会破坏。船舶在受到外力矩作用下发生倾斜，此时，具有适当稳性的船舶会在浮力和自身重力的共同作用下，产生复原力矩以抵消外力矩的作用以免倾斜继续扩大。当外力矩消除后，复原力矩使船舶（经过一定的周期性摇摆）恢复到原先的平衡位置。船舶的这种复原能力就是我们所研究的船舶稳性问题。

在航运实践中，船舶稳性的好坏并不是简单地凭船舶的这种复原能力大小来判断。任何时候，船舶都需要结合自身及环境因素，保留一个适当的稳性。

（二）船舶稳性的分类

1. 按倾斜方向分类

（1）横稳性。船舶在横倾力矩的作用下，绕纵向 X 轴的横向倾斜称为横倾。船舶在横倾时的稳性称为横稳性。

（2）纵稳性。船舶在纵倾力距的作用下，绕横向 Y 轴的纵向倾斜称为纵倾。船舶在纵倾时的稳性称为纵稳性。

2. 按倾角大小分类

按船舶倾角大小，稳性可分为初稳性（小倾角稳性）和大倾角稳性。

3. 按作用力矩的性质分类

（1）静稳性，指船舶在倾斜过程中，不计及角加速度和惯性矩时的稳性。

（2）动稳性，指船舶在倾斜过程中，计及角加速度和惯性矩时的稳性。

4. 按船舱是否进水分类

船体在完整状态的稳性称为完整稳性；船体破损进水后的稳性称为破损稳性，研究破损稳性对海难应急意义重大。

二、船舶吃水

（一）船舶吃水的概念

船舶吃水一般指船舶浸在水里的深度，是指船舶的底部至船体与水面相连处的垂直距离。吃水间接反映了船舶在行驶过程中所受的浮力（或者说是船体及其货物等的重量，因为这与船体受到的浮力相等）。

因此，船体的吃水深度越大，表明船舶载货的能力越大。吃水深度根据船舶设计的不同而不同。吃水的大小不仅取决于船舶和船载所有物品，如货物、压载物、燃料和备件的重量，而且还取决于船舶所处水的密度。通过读取标在船艏和船艉的水尺，可以确定船舶的吃水。

（二）设计吃水和结构吃水

船舶的吃水分为设计吃水和结构吃水，结构吃水比设计吃水大。

设计吃水：船体中部由平板龙骨下缘量至设计水线的上缘的垂直距离。

结构吃水：船体中部由平板龙骨下缘量至船舶夏季载重线的垂直距离。

船舶之所以设立设计吃水和结构吃水是因为船舶设计的时候需要进行两大块的计算，分别是稳性计算和结构计算，前者保障船舶运营过程中的稳性安全，后者保障船舶运营过程中的结构安全。

稳性计算的时候需要有一个标准,这个时候的满载吃水定为设计吃水,在该吃水状态下考核航速,作为核算稳性的一个工况等。但是有时候船舶装载密度大的货物,比如钢板,货物重心很低,即使多装载,超过了设计吃水从稳性方面来讲也是安全的,于是就有了一个新的说法——重载,但是接下来的问题是,重载时虽然稳性没问题可是按照设计吃水核算的结构在重载时是不安全的,于是在船舶最开始设计的时候就定义了一个结构吃水(大于设计吃水),按照结构吃水进行结构计算,这样以后运营过程中即使重载超过设计吃水,只要没超过结构吃水船舶也是安全的。

设立结构吃水还有一个目的,即为以后船舶改装留有余地,毕竟船用设备可以随时更换,船体结构是要伴随整个船舶生命期的。

三、船体强度

(一)船体强度的概念

船体强度是指船舶的船体结构在规定条件下抵抗各种外力不致造成严重变形或破坏的能力。研究船体强度,就是为了保证所设计和建造的船舶在遇到或可能遇到的各种外力作用时,能满足设计要求,能安全航行,并使船舶有较经济的结构重力和较好的施工性。

(二)船体强度的分类

1. 总纵强度

船舶在外力作用下产生总纵弯曲。若船体结构的强度和刚性不足,就有可能使船体总体或局部的结构发生断裂或严重变形。船体结构抵抗纵向弯曲不使整个结构遭受破坏或严重变形的能力称为总纵强度。一旦船体结构遭到破坏或严重变形,船舶和人员的生命财产安全将会受到严重威胁。所以,船舶的总纵强度是船舶设计、制造和使用过程中必须高度重视并密切关注的问题。

在研究船体的总纵强度时,将船体看作是变断面的空心梁(即船梁),它抵抗总纵弯曲的能力是由船梁的横剖面模数决定的。通常最大总纵弯曲正应力出现在船舯约占1/4船长区域内的上甲板和船底板,所以上甲板和船底板总是较厚。

2. 横向强度

船舶在水中除了产生总纵弯曲外,也会产生横向弯曲。横向强度是指横向构件(如肋骨框架和横舱壁)抵抗横向载荷不至破坏和永久变形的能力。

3. 局部强度

船体的局部强度是指个别构件对局部载荷的抵抗能力。有时船体的总强度能得到保证,但局部强度不一定能保证。如船舱破损进水时,船内的某些局部构件在水压力作用下可能发生破坏或严重变形。

4. 扭转强度

船体抵抗扭曲变形或破坏的能力称为扭曲强度或扭转强度。船体产生扭转变形的主要原因是船舶作斜浪航行,首部和尾部受到的波浪作用力方向相反;或者是首部与尾部装卸货物不对称,横倾时复原力矩与横倾力矩沿长各段不相等、横摇时船体受到不平衡的惯性力等。

(三)船舶横摇

1. 横摇的概念

横摇,又称侧滚角,是指浸于水中的物体绕最长延伸方向或波浪入射方向的水平轴的旋转振荡运动;也指导航系统中用来标识目标的横向倾角,其值等于目标物体所在平面上,与艏艉线垂直的线与其在水平面的投影间的夹角。

以船舶重心所在的前后轴线(纵轴线)为中心的回转摇晃称为横摇,所有船只都有自己的固定横摇周期(由船型、质量分布所决定)。因此,处于规则波浪中的船只,既和受正弦性外力作用的振动体相同,又和强迫振动体相同,产生强迫振动。如果强迫周期与船只的固有周期相等,就会产生共振,明显地使船只摇动幅度增大;反之,当船只的固有周期大于强迫力周期时,船只的摇荡幅度就小。不过,该外力的周期是船与波相撞的周期,并不是波浪本身的周期,但是在狂风巨浪的海域内,波浪的谱是由若干个周期各异的分波构成的。所以,处于波浪中的船只经过选择作用,用与其本身固有周期相等的周期形成明显的摇晃。横摇对船速几乎无任何影响,这主要是横摇自身阻力小,以及水平稳定舵有效地发挥作用的缘故。此外,摇摆角的分布与表观波高的分布规律相同。

2. 横摇的影响因素

船舶在海上最容易发生横摇且摇摆幅度最大,对船舶的使用和安全、船员生活与工作有严重影响,因此,船舶耐波性中首先要研究船舶横摇。

(1)初稳性高度对横摇的影响。在相同海况下,不同初稳性高度的船舶其横摇特性差别很大。初稳性高度越大,船舶横摇幅值越小,横摇加速度越低,横摇衰减越快;反之亦然。

(2)船舶主要因素和船体形状的影响。根据大量试验和理论分析,除初稳性高度对横摇幅值的影响最大外,船舶主要因素及船体形状对横摇幅值也有一定的影响。影响的原因是这些参数的不同引起了扰动力矩和附连水质量的变化,更重要的是横摇阻尼力矩有了变化。

(3)其他因素。在船舶载货量一定时,从总布置上增大质量惯性半径,可以增大初稳性高度,对减小横摇有利。其他附体,如舭龙骨、舵、螺旋桨及轴包架(或轴支架)、双尾鳍、涡尾等都对增加横摇阻尼从而降低船舶横摇幅值有作用。

3. 横摇幅值

船舶在波浪中的横摇幅值衡准,不少学者进行过研究,但大都是从船舶某个使用角度提出的,因而未能获得一致的公认。通常,如下几种建议可作为设计参考:

(1)为使救生艇和工作艇在风浪情况下能顺利放到水面,常要求横摇幅值不超过15°。

(2)从船上人员的身体耐受力考虑,横摇幅值不超过10°,相应的横摇周期应大于5°~6°。

(3)为保证拖网渔船的正常工作,横摇幅值应不超过10°。

(4)为保证直升机安全起飞和降落,应使横摇幅值小于3°。

4. 横摇改善设计措施

(1)在保证稳性的前提下适当减小初稳性高度,可使横摇运动缓和。例如,增加型深或干舷以提高全船的重心,散货船设置顶边水舱以提高压载航行或装载重货时的重心,增加双层底高度以提高满载时的重心等。

(2)增加横摇阻尼以减小横摇幅值。增大中剖面系数、水线面系数,都可增加横摇阻尼;而加装舭龙骨、设置减摇水舱则是海船增加阻尼、减小横摇的最常见措施;军舰、豪华客轮等对于耐波性有特殊要求的船舶则考虑采用减摇鳍(减摇效果较好)。

🖋 知识链接

中拱和中垂

中拱,是指浮于水面的船舶重力和浮力纵向分布不对称,在船舶中部浮力大于重力、首尾部重力大于浮力情况下产生的船舶中部拱起的一种纵向弯曲状态。在静止状态下,船舶浮力的纵向分布决定于船体水下线型,重力纵向分布决定于船体本身重量和货物重量的纵向位置。因此,在配载货物时应尽量使重力与浮力纵向对称分布,以减少船舶纵弯矩,而船舶在波浪中航行,当船体处在波峰时,浮力向中部集中,船体就会产生严重的中拱弯曲。船舶在设计时应考虑船体的总纵强度能够抵御船舶可能遇到的中拱或中垂弯曲而不使船舶变形或断裂。

中垂,意思是中部成弓形下垂。船舶中垂为船舶在经过一个波谷时,船舶甲板受压、底部受拉的状态。

船舶航行过程中,在波浪状况下,船体内产生的总纵弯矩会比静水中大。当波长与船长相等或接近时,船体的弯曲最严重。当波峰在船中时,会使船体发生中拱弯曲,此时船体的甲板受拉伸、底部受压缩;当波谷在船中时,会使船体发生中垂弯曲,此时船体的甲板受压缩、底部受拉伸。

船舶营运过程中,当码头和航线上的水深足够时,船舶的最大载重量是必须保证船舶在航次的任一航段、任何时间,船舶两舷相应于船舶所在的区带、区域和季节期的载重线上缘不被水淹没,此时的船舶载重量即满载载重量。但在某些情况下,由于受港口或航道水深的影响,船舶最大吃水有一定的限制,不能达到满载;同时,为保证船舶的良好操纵性能,通常船舶应有一定的尾倾,这就产生如何积载以达到最大载重量的问题。一般认为,船舶装载应当保持船舶不变形,即无中拱垂状态,但是船舶建造是允许有一定的变形的。合理利用船舶中垂是否可以提高船舶载重量,这个问题航海人员鲜有注意,但是答案是肯定的。

船舶在深水区航行时,与之相对运动的水流是从船的两舷和底部由船首流向船尾的三向度水流。当船舶进入浅水区时,由于流入船底下的水流受到限制而被推向船的左右两侧,这时船底过水面积减小,流速增加,使船底压力下降,致船体下沉。一般商船速度范围内的船舶在浅水中航行时,通常表现为首下沉量大于尾下沉量,即原为平吃水的船舶将变为艏倾。为使船舶具有良好的操纵性能,以保证船舶离港后在受限水深和水域内的航行安全,要求船舶应有一定吃水差。

项目五　集装箱海运进出口货运业务操作

学习目标

技能目标

1. 能根据集装箱班轮运输计费标准选择合理计费方式;
2. 能判断集装箱班轮运费分析依据;
3. 能根据选择的计费方法进行集装箱运费计算;
4. 会设计集装箱出口货运程序;
5. 能对集装箱出口货运程序主要环节进行规范管理;
6. 会设计集装箱进口货运程序;
7. 能对集装箱进口货运程序主要环节进行规范管理。

知识目标

1. 掌握集装箱班轮运费的计算方法;
2. 掌握集装箱货运程序;
3. 掌握集装箱出口货运业务中的主要单证。

素养目标

1. 养成集装箱运输费用规范核算的习惯;
2. 树立集装箱运输进出口的程序管理意识。

项目导学

关键词:运费计算;进口货运;出口货运;提单缮制。

【引例】

20 世纪 50 年代,随着现代工业的蓬勃兴起和国际贸易的兴旺发展,一些经济发达国家对船舶在港口的周转速度和码头的装卸效率提出了更高的要求,设想将已有的公路和铁路集装箱运输延伸到海上,实现陆海集装箱联运。美国是最先致力于这方面研究和尝试的国家。1956 年,美国泛大西洋轮船公司,也就是后来的海陆联运公司将其公司的油轮"盖脱威城"号改装,在其甲板上试装了 58 只集装箱,从美国纽瓦克出发去休斯敦卸货。结果发现,与同吨位的杂货船比较,装卸货物停靠码头时间由原来的 7 天缩短到 15 个小时,每吨货物的装卸费用也降为普通货船的 1/37,即获得了前所未有的成功。由此,掀开了全球海上集装箱运输历史的崭新一页。在 1957 年到 1958 年之间,该公司又将另外 6 艘船改建成集装箱船。与此同时,美国美森轮船有限公司(Matson Navigation Company)也改建了 6 艘集装箱船。

1958 年美国标准协会开始研究具有普遍互换性、最佳的集装箱外形标准,1960 年,美国制定了第一个集装箱标准。1961 年 6 月,国际标准化组织集装箱技术委员会成立,着手研究国际集装箱标准,并于 1964 年制定了集装箱外形和总重的第一个国际标准。该标准对国际集装箱的标准化做出了重大贡献,对推动国际集装箱运输的发展起了决定性的作用。1966 年,美国海陆联运公司的集装箱船从纽约港开往欧洲,开始了国际海上的集装箱运输。

思考:

美国泛大西洋轮船公司的这一尝试,与传统水路运输相比,体现了什么优势? 论证了水上运输的什么变化趋势? 美国标准协会的研究和标准制定,又对国际海运带来了怎样的价值?

任务一　集装箱运费的计收

任务描述

表 5-1 是某船公司从上海到地东港口的运价表。

表 5-1　某船公司从上海到地东港口的运价表

目的港	国家	20′GP	40′GP	方式	船期
Haifa	Israel	$1500	$2900	CY/LO	周四/周六
Ashdod	Israel			CY/FO	
Koper	Slovenia	$1050	$2000	CY/CY	周六

备注:

(1)加收 BAF:Haifa/Ashdod 为 USD 238/TEU,其他港口为 USD 270/TEU。

(2)征收 WRS;WRS 为海运费的 5%。

(3)征收上海港 THC:RMB 370/20′GP, RMB 560/40′GP。

(4)地东线运输条款的更改需逐票确认。

问题:

(1)我国某出口商托运一票货物通过海运从上海去 Koper,以 FCL/FCL 和 CY/CY 交接方式的全程运费包括什么类型费用?

(2)运价表中显示到 Haifa 集装箱的交接方式为 CY/LO,这是什么意思?

任务资讯

一、集装箱运输费用及其构成

(一)集装箱运费之基本运费

集装箱基本运费计收,采用班轮公司的运价本或船公司的运价本。目前,中国远洋海运集团有限公司按航线、货种和箱型,定有集装箱货物运价本。对整箱货采用包箱费率的形式,即对具体航线实行分货种和箱型的包箱费率或不分货种只按箱型的包箱费率。而对拼箱货,则按货物品种及不同的计费标准计算运费。

除基本运费外,集装箱货物也要加收附加费。附加费的标准根据航线、货种不同而有不同的规定。包箱费率表中,一般有下列几种附加费:超重、超长、超大件附加费;半危、全危、冷藏货附加费;选择或变更目的港附加费;转船附加费;港口附加费和拥挤附加费;其他附加费。

(二)集装箱运输费用构成

集装箱海上运输,由于交接方式与其他货物海上运输有不同的特点,使承运的运输区间,随着"门到门"运输的发展而延伸到运输的全过程(见图5-1)。该过程可分为出口地内陆运输、装港运输、海上运输、卸港运输、进口地内陆运输等五个组成部分。因此,集装箱运价构成不仅包括集装箱的海上运费、转运的集装箱装卸费用、集装箱堆场作业费用,而且还包括集装箱的内陆集疏运费、内陆港站的中转费以及装拆箱费用等(见图5-2)。

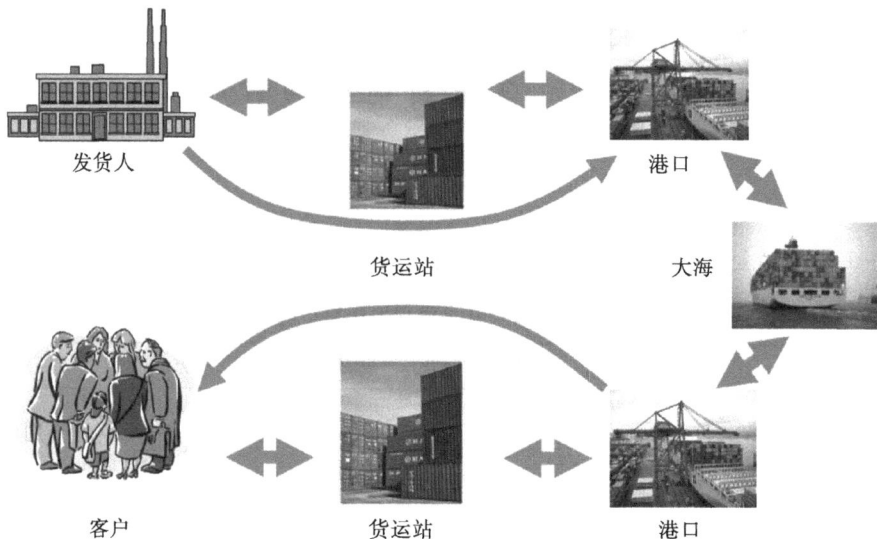

图5-1 集装箱运输过程

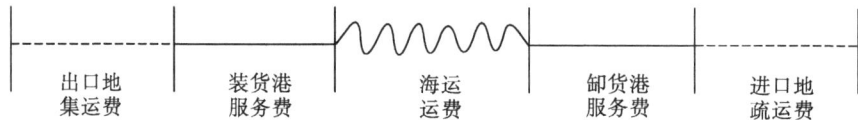

图5-2 集装箱运费基本结构

(1)内陆运输费(inland transport charge)或装运港市内运输费,主要包括区域运费、无效拖运费、变更装箱地点费等。内陆或港口市内运输可以由承运人负责,也可以由货主自理。如由货主自理,有关费用负担和支付按买卖合同规定,由发货人或收货人负责。通常情况下,在出口地发生的费用由发货人负责,在进口地发生的费用由收货人负责。

(2)拼箱服务费(LCL service charge),包括拼箱货在货运站至堆场之间空箱或重箱的运输、理货,货运站内的搬运、分票、堆存、装拆箱以及签发场站收据、装箱单制作等各项服务费用。

(3)堆场服务费(terminal handling charge),也称码头服务费,包括在装船港堆场接收来自货主或集装箱货运站的整箱货和堆存、搬运至装卸桥下的费用,以及在卸货港的从装卸桥下接收进口箱,将箱子搬运到堆场和在堆场的堆存费用。堆场服务费还包括在装卸港的有关单证费用。

(4)集装箱及其他设备使用费(fee for use container and other equipments),是指当货主使用由承运人提供的集装箱及底盘车等设备时发生的费用。它还包括集装箱从底盘车上吊上吊下的费用。

（5）集装箱海运费,由船舶运费和有关杂费组成。目前计收方法基本上有两种:一种是按每运费吨计收运费,计算方法与传统件杂货相同。拼箱货常采用这种方法。另一种是以每个集装箱作为计费单位,按包箱费率计算运费。整箱货通常按一个货柜计收运费。

（三)不同交接方式下的集装箱运输费用构成

在海运集装箱运输实务操作中,货物的运输方式与交接地点往往由于货主的要求而多样化,因此相应产生了多种集装箱货物交接方式。根据不同的集装箱货物交接方式,集装箱运输经营人与货主各自承担的责任、义务也相应不同,同时运输费用构成也不同,具体如表5-2所示。

表5-2　集装箱不同交接方式下的运费结构

交接方式	交接形态	费用结构						
		发货地集散运费	装港码头货运站服务费	装港码头堆场服务费	海运运费	卸港码头堆场服务费	卸港码头货运站服务费	收货地集散运费
门到门	FCL/FCL	√		√	√	√		√
门到场	FCL/FCL	√		√	√	√		
门到站	FCL/LCL	√		√	√	√	√	
场到门	FCL/FCL			√	√	√		√
场到场	FCL/FCL			√	√	√		
场到站	FCL/LCL			√	√	√	√	
站到门	LCL/FCL		√	√	√	√		√
站到场	LCL/FCL		√	√	√	√		
站到站	LCL/LCL		√	√	√	√		

（四)运输费用计算方式

1. 拼箱货海运费的计算

目前,各船公司对集装箱运输的拼箱货运费的计算,基本上是依据件杂货运费的计算标准,按所托运货物的实际运费吨计费,即尺码大的按尺码吨计费,重量大的按重量吨计费;另外,在拼箱货海运费中还要加收与集装箱有关的费用,如拼箱服务费等。由于拼箱货涉及不同的收货人,因而拼箱货不能接受货主提出的有关选港或变更目的港的要求,所以,在拼箱货海运费中没有选港附加费和变更目的港附加费。

教学动画:运费计算

（1)拼箱货海运费为基本运价与各项附加费之和。

拼箱货海运费＝基本运费＋各项附加费＝基本运价×计费吨＋各项附加费

（2)拼箱货计费标准。

①按货物实际重量计收运费,称为重量吨(weight ton),运价表内用"W"表示。

②按货物的体积/容积计收,称为尺码吨(measurement ton),运价表中用"M"表示。

③按重量或体积从高计收,即由船公司选择其中收费较高的一种作为计费标准,运价表中用"W/M"表示。

④按货物 FOB 价收取一定百分比作为运费计收,称为从价运费,运价表内用"A.V."或

"Ad. Val."表示。

⑤按货物的重量、体积或其 FOB 价收取一定百分比计收,即在重量吨、尺码吨和从价运费中选择最高的一种标准计收,在运价表内用"W/M"或"A. V."表示。

2. 整箱货海运费的计算

整箱货运费计收,采用班轮公司的运价本或船公司的运价本。根据现行情况,整箱货海运费计算基本有两种方法:一是类同普通杂货班轮运费计算方法,对具体的航线按货物的等级确定相应基本费率,并按规定的计费标准计算运费;另一种按航线以每一个集装箱作为计算单位计算包箱运费,实行包箱费率。包箱费率是船公司根据自身情况以不同类型的集装箱为计费单位,确定整箱货的不同航线包干费。

其计算公式为

$$F = F_b + \sum S$$

式中:F——运费;

F_b——基本运费;

S—— 某一项附加运费($\sum S$ 为各项附加费的总和)。

(1)包箱费率。以每个集装箱为计费单位,根据《中国远洋货运运价本》有以下三种包箱费率:①FAK 包箱费率,即对每一集装箱不分货类统一收取的费率。②FCS 包箱费率,即按不同货物等级制订的包箱费率。货物等级也是 1~20 级,但级差较小。一般低价货费率高于传统运输费率,高价货则低于传统费率;同等级货物,实重货运价高于体积货运价。③FCB 包箱费率,是既按不同货物等级或货类,又按计算标准制订的费率。同级费率因计算标准不同,费率也不同。如 8~10 级,CY/CY 交接方式,20 ft 集装箱货物如按重量计费为 1500 美元,如按尺码计费则为 1450 美元。

【例 5-1】某种货物一批,总重量为 582 t,总体积为 1000 m³,如果 40 ft 和 20 ft 的集装箱,其限定载重量、容积、装运该货的亏箱率和由甲地运至乙地每箱的运费分别为 24.5 t 和 17.5 t,67 m³ 和 30 m³,18% 和 20%,750 美元和 400 美元。问:分别选用 40 ft 和 20 ft 的集装箱装载该货物,总运费分别为多少美元?

1. 采用 40 ft 集装箱

按重量计数为:582÷24.5=23.8,计 24 只

按体积计数为:1000÷[67×(1-18%)]=18.2,计 19 只

若用 40 ft 集装箱应为 24 只,总运费=24×750=18000(美元)

2. 采用 20 ft 集装箱

按重量计为:582÷17.5=33.3,计 34 只

按体积计数为:1000÷[30×(1-20%)]=41.7,计 42 只

用 20 ft 集装箱应为 42 只,总运费=42×400=16800(美元)

(2)最低运输费用方式。①规定最低运费等级。如中远公司规定以 7 级货为最低收费等级,低于 7 级货均按 7 级收费。②规定最低运费吨。如远东航运公司规定,20 ft 箱最低运费吨实重货为 17.5 t,尺码货为 21.5 m³,W/M 为 21.5 运费吨。③规定最低箱载利用率。

(3)最高运输费用方式。①规定最高计费吨。如在货物体积超过集装箱通常载货容积时,仍按标准体积收费。若按等级包箱费率计费,而箱内等级不同时,则可免较低货物等级的运

费。②规定最高计费等级。不高于该货物等级的货物,均以规定的最高计费等级收费。

【例 5-2】某托运人委托某集装箱班轮运输公司运输一票货物(2×20 GP),从上海港出口到斯洛文尼亚科佩尔港。问:托运人应支付多少海运费?(上海到地东港口运价表查阅表 5-1)

(1)基本运费=1050×2=2100(美元)

(2)燃油附加费=270×2=540(美元)

(3)战争风险附加费=2100×5‰=105(美元)

(4)海运费=2100+540+105=2745(美元)

任务实施

(1)根据案例,可以分析得出集装箱从上海到地东港,将通过海上运输完成,从上海装箱,经过海上运输到达卸货港,因此,相关的费用应包含装货港的集装箱堆场服务费、海上运输费用和卸货港的集装箱堆场服务费。

(2)CY/LO的意思为:承运人在装货港集装箱堆场接收整箱货物并负责运至卸货港但不负责卸货。

任务训练

一、单选题

滞期费的收取按(　　)来计算。

A. 时　　　　　　　B. 天　　　　　　　C. 月　　　　　　　D. 年

二、多选题

班轮运费的结构包括(　　)。

A. 基本费　　　　　B. 附加费　　　　　C. 滞期费　　　　　D. 预付费

三、判断题

1. "W(weight)"指该种商品应按商品的净重计算运费。　　　　　　　　　　(　　)

2. 集装箱班轮运输中的滞期费是由货主向承运人收取的费用。　　　　　　(　　)

3. "W/M"指该种商品分别按商品的毛重和体积计算运费,选择其中运费较高者收取运费。

　　　　　　　　　　　　　　　　　　　　　　　　　　　　　　　　　(　　)

任务二　集装箱海运出口货运程序

任务描述

南京思科纺织服装有限公司成立于 2002 年,是经国家批准的具有进出口经营权的贸易公司,从事纺织服装等产品进出口业务。公司拥有多家下属工厂,产品主要销往欧洲、北美及日本等国家和地区。

2019 年 10 月 2 日,加拿大客户 Fashion Force 公司传真一份制作女式全棉上衣的指示书,并邮寄面料、色样及一件成衣样品给思科公司,要求思科公司 2020 年 8 月 25 日前交货。思科公司根据指示书要求,以面辅料工厂和服

教学动画:整箱货海运出口流程

装厂的报价、公司利润等为基础向 Fashion Force 公司报价。经过多次磋商,双方最终确定以每件 USD12.80 的报价成交,并签订贸易合同。

分析:南京思科纺织服装有限公司集装箱货物出口活动的流程有哪些?

任务资讯

集装箱整箱货运出口主要包含委托、订舱、提箱、报关、制作提单、装船、结算等步骤,如图 5-3 所示。

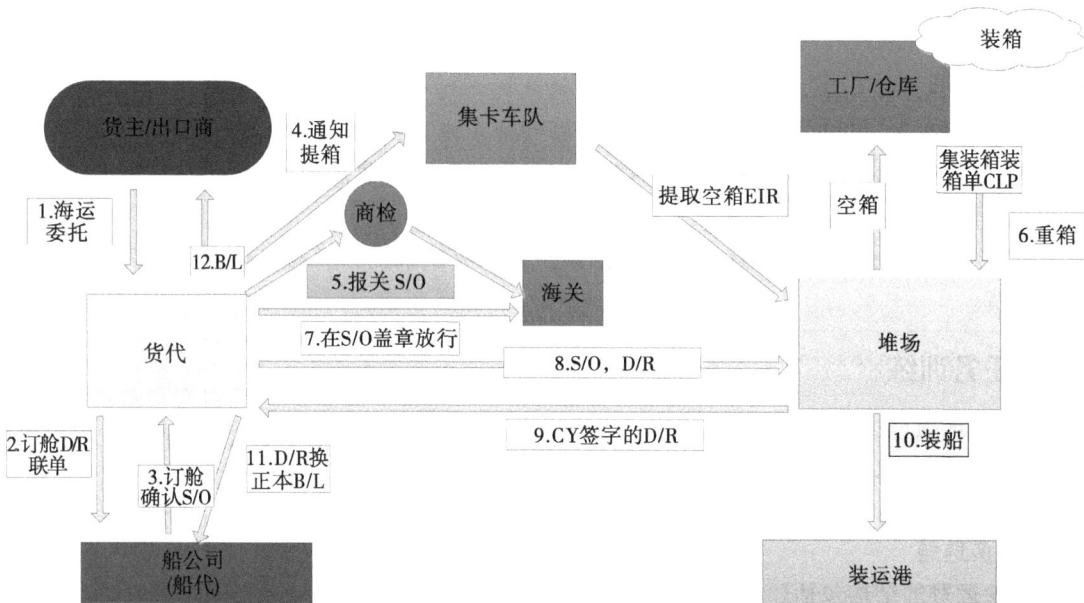

图 5-3　国际海运集装箱整箱货物出口业务操作流程

1. 海运委托

出口企业在货、证备齐后,随附发票、装箱单等相关单证,委托货代代为订舱。有时还委托货代代理报关,以及货物内陆运输、储运等事宜。

2. 订舱

货代接受委托后,缮制集装箱货物托运单(见表1-5),随同发票、装箱单等证向船公司订舱。

3. 发放空箱

船公司在接受订舱、承运货物后,即签发配舱回单,连同集装箱设备交接单一并交给货运代理人,凭设备交接单到集装箱堆场或内陆集装箱站提取空箱。整箱货运输,货主到集装箱码头堆场提取空箱;拼箱货运输,由集装箱货运站负责提取。

【小贴士】

集装箱设备交接单是集装箱进出港区、场站时,用箱人、运箱人与管箱人或其代理人之间交接集装箱及其他机械设备的凭证,并兼管箱人发放集装箱的凭证的功能。

当集装箱或机械设备在集装箱码头堆场或货运站借出或回收时,都需填制设备交接单,经双方签字后,作为两者之间设备交接的凭证。集装箱设备交接单分进场和出场两种,交接手续均在码头堆场大门口办理。

4. 货物装箱进场

货代到委托单位储货地点装箱(或委托单位送货到货代仓库装箱)后,将集装箱货物连同集装箱装箱单、设备交接单送到码头。码头核对提交的场站收据与装箱单,均无误后接收整箱货并签发场站收据,并将其交还给货代据以换取提单。

5. 报 关

箱子必须进港才能报关,做完箱,凭客户提供的报关资料和正本配仓回单交报关行报关。

海关核运后在装货单上盖章放行,将装货单、场站收据等联退给货代。货代将盖章放行的装货单、场站收据交码头配载室。码头根据箱子进港和报好关的场站收据放关,配船。

6. 制作提单

在船开前1~2天和客户确认提单。根据舱单以及海运委托单的有关内容打提单,并把提单内容传真给委托人确认无误后打制正式提单。

7. 寄提单和核销退税单据

在确认货物已装船启运后,要尽快把全套提单寄给委托人,使其有充足时间办理结汇手续。

船公司或船代凭场站收据签发装船提单给货代。货代将装船提单送交委托单位。船公司或船代将船舱单送海关。海关根据装船舱单核对发票退税单等凭证给货代。货代取到退税单、外汇核销单等送交委托单位。

任务实施

根据案例,可以采用以下步骤完成国际海运集装箱整箱货物出口业务操作流程:接受货主委托—租船订舱—装箱集港—报关—制作提单—寄提单和核销退税。

步骤一 接受货主委托

(1)确认货主是否在出口地海关有备案;

(2)确认报关单据是否齐全;

(3)确认货主单位在海关监管条件中要求的证件是否齐备;

(4)确认货物装箱需求及特殊要求。

步骤二 租船订舱

(1)与船公司落实舱位信息、装箱点、集港时间、地点;

(2)船公司或代理人根据订舱配载留底缮制装货清单、预配清单、预配船图、货物舱单等单据。

步骤三 装箱集港

(1)分清装箱情况:产地装箱、工厂送货(内装箱)、门到门装箱和客户自做箱;

(2)内装箱时,必要情况下托运人要到装箱现场看装货情况,防止装错。

步骤四 报关

报关的基本文件要齐全,包括:①报关单;②发票;③装箱单;④报关委托书;⑤其他特殊要求的文件,如商检、许可证等。

步骤五 制作提单

(1)提单信息和舱单信息应保持一致;

(2)确认需要正本提单或电放提单。

教学游戏:集装箱
海运出口流程

步骤六　寄提单和核销退税

基本文件要齐全,包括:①理货证明;②退税申请书(2份);③税单;④开户银行证明;⑤情况说明书;⑥退税委托书。

任务训练

一、单选题

1. M/R换B/L的运作程序是(　　)。

①货物装船;②发货人凭M/R换取B/L;③发货人凭B/L结汇;④货进港区;⑤船方签M/R。

A.①—④—⑤—②—③　　　　　　　　B.④—⑤—②—③—①

C.④—①—⑤—②—③　　　　　　　　D.④—⑤—②—①—③

2. 如果托运人不能按时装运,应及时通知承运人退舱,以免船方出现(　　)。

A. 满舱　　　　　　B. 爆舱　　　　　　C. 退关　　　　　　D. 亏舱

二、多选题

下列选项中,(　　)是集装箱班轮公司在出口货运中的业务。

A. 合理部署和使用集装箱　　　　　　B. 订舱

C. 组织货源和掌握待运货物　　　　　D. 向收货人发出装船通知

知识链接

中国出口集装箱运输市场月度报告(2019.06)

2019年6月,中国出口集装箱运输市场走出淡季低谷,市场基本面现改善迹象,航商在部分航线上的推涨计划获得成功,即期市场运价获得一定程度提振。6月,上海航运交易所发布的中国出口集装箱综合运价指数平均值为808.62点,较上月平均上涨1.1%;反映即期市场的上海出口集装箱综合运价指数平均值为783.14点,较上月平均上涨4.9%。

1. 欧地运价涨后缓跌

欧洲航线,市场总体运输需求自低谷回升,航线供需关系改善。月初,在运力控制措施帮助下,上海港欧洲、地中海航线船舶平均舱位利用率保持在95%的较好水平。多家航商小幅提高自6月1日起出运航班的订舱价格。此后,航线供需关系略有波动,即期市场运价缓步回落。6月,中国出口至欧洲、地中海航线运价指数平均值分别为988.05点、1033.98点,较上月平均分别上涨2.3%、1.0%。

2. 北美市场小幅波动

北美航线,受中美贸易摩擦影响,运输需求总体回落。为维持供需关系,航商不时采取临时停航措施。月初,部分航商尝试执行运价上涨计划,其中美西航线获得部分成功,美东航线因多数航商维持观望态度,运价上涨计划未获市场接受。此后,因货量波动,航线基本面并不稳固,市场运价逐周小幅下跌。月末,在航商新一轮的运价上涨计划带动下,市场运价获得提升。6月,中国出口至美西、美东航线运价指数平均值分别为682.59点、895.96点,分别较上月平均微跌0.3%、上涨0.7%。

3. 澳新航线探底回升

澳新航线,因运输需求长期低迷,航商持续的运力控制措施也未能有效改善航线供需关系,上海港船舶周平均舱位利用率徘徊在八成左右。由于竞争激烈,市场运价连续创下SCFI

发布以来新低。直至进入下旬,部分航商尝试提升运价,并获得市场跟进,即期市场运价重新恢复到 300 美元/标准箱水平。6 月,中国出口至澳新航线运价指数平均值为 608.93 点,较上月平均下跌 4.5%。

4. 南美市场稳步回升

南美航线,市场逐渐摆脱淡季影响,运输需求逐步回升。同时市场仍时有运力控制措施,航线供需关系保持稳定。月初起,市场运价即止跌回升并企稳,此后随着基本面的进一步改善,航商陆续执行了多轮运价恢复计划,即期市场运价稳步回升。6 月,中国出口至南美航线运价指数平均值为 528.74 点,较上月平均下跌 0.5%。

5. 日本航线基本稳定

日本航线,市场供需关系稳定,市场运价保持平稳。6 月,中国出口至日本航线运价指数平均值为 725.96 点,较上月平均微跌 0.3%。

资料来源:2019 年 6 月份中国出口集装箱运输市场分析报告[EB/OL].(2019-07-03)[2020-08-20]. http://www.mot.gov.cn/yunjiazhishu/chukoujizhuangxiangyjzs/201907/t20190703_3220650.html.

任务三 集装箱海运提单的缮制

任务描述

2019 年 3 月,A 文化用品公司与美国 C 贸易公司签订一份买卖合同。约定 C 贸易公司向 A 文化用品公司购买一批塑料文具。A 文化用品公司委托美国 B 运通公司将这批塑料文具运往纽约,并根据承运人的要求在指定时间将货物运到指定的装运港口。6 月,货物装船,船长代理承运人签发了一式三份正本记名提单。货到目的港后,C 贸易公司始终未付款,A 文化用品公司拟将货物运回。在与美国 B 运通公司的交涉过程中,A 文化用品公司于同年 12 月得知货物已被 C 贸易公司凭汇丰银行出具的保函提取。A 文化用品公司遂要求 B 运通公司承担无单放货的责任,而 B 运通公司认为应由买方 C 贸易公司自己承担责任。双方协商不成,A 文化用品公司遂提起诉讼。

试问:本案应该如何裁决?

任务资讯

一、海运提单的基本内容

集装箱提单,是国际集装箱运输中最重要的运输单据之一。它不仅是"运输合同"的证据,而且是受让人与承运人之间的"运输合同"。

海运提单简称提单(见表 5-3),是船方或其代理人签发的,证明已收到货物,允许将货物运至目的地,并交付给托运人的书面凭证。它是承运人和托运人之间的契约证明,在法律上具有物权证书的效用。

海运提单主要包括以下内容:

(1)正面内容当事人:托运人或装运人;收货人;被通知人;承运人;签发人。

(2)提单本身方面的说明:编号;名称;正本份数。

(3)有关运输事项的说明:(一程、二程)船名、航次;揽货地;装运港;卸货港;目的地或交货

教学动画:海运提单缮制

地;运费及其他费用;已装船批注。

(4)有关货物的说明:唛头及件号;集装箱号/铅封号;大包装的数量或集装箱的数量;货物描述;总毛重;总尺码(体积)。件数或集装箱数量要大写。

(5)有关签发提单的说明:签发地点和日期;签发人的签字盖章;签发人的身份。

(6)承运人声明性质的契约条款。①装船(收货)条款:表明外表状况良好的货物已经装上船或已经收妥待运。②内容不知悉条款:表明承运人对提单所列重量、数量、品质、内容、价值等不知悉,承运人对此不尽核对之责。③承认接受条款:表明托运人、收货人、提单持有人接受本提单和背面所记载的一切免责条款。④签署条款:为了证明以上各项内容,承运人或其代理人特签发本提单正本一式几份,其中一份凭以提货,其余各份均告失效。

表 5-3 提单(BILL OF LADING)

1. Shipper(托运人)		
2. Consignee(收货人)		10. B/L No.(提单号码)
3. Notify Party(被通知人)		
4. Place of Receipt(收货地)	5. Ocean Vessel(船名)	ABC SHIPPING LINES CO. LTD. ORIGINAL Combined Tranport Bill of Lading
6. Voyage No.(航次)	7. Port of Loading(装运港)	
8. Port of Discharge(卸货港)	9. Place of Delivery(目的地)	

11. Marks(唛头) 12. Nos. & Kinds of PKGS(包装与件数)	13. Description of Goods(商品名称)
14. G. W. (kg)(毛重) 15. MEAS(m³)(体积)	

16. Total Number of Containers or Packages(In Words)(总件数)

Freight & Charges (运费支付)	Revenue Tons (运费吨)	Rate (运费率)	Per (计费单位)	Prepaid (运费预付)	Collect (运费到付)
Prepaid at(预付地点)	Payable at(到付地点)			17. Place and Date of Issue(签发地点与日期)	
Total Prepaid (预付总金额)	18. Number of Original B(S)L (正本提单的份数)				
Loading on Board the Vessel(船名) 19. Date(装船日期)			20. By		

【小贴士】

海运提单与海运单的区别

(1)二者重要的区别在于提单是"物权凭证"而海运单不是。海运单在法律上不具有可转让性,即法律没有赋予海运单"物权凭证"的法律效力。

(2)二者在作为运输合同证明方面的区别。海运单通常采用简单形式,其正面或者背面如果没有适当的条款或者没有并入有关国际组织或者民间团体为海运单制订的规则,则它只能作为托运人与承运人之间订立货物运输合同的证明,收货人不能依据海运单上记载的条款向承运人提出索赔,承运人也不能依据海运单上记载的条款进行抗辩。而提单在这方面则不同。当提单转让到收货人手里时,收货人就享有提单赋予的权利,同时承担相应的责任。

(3)二者在作为货物收据证据效力方面的区别。提单运输涉及的贸易是单证贸易,为了保护合法受让提单的第三人,即通过购买提单来购买货物的第三人,就有必要强调提单作为货物收据所记载的内容是最终证据。海运单运输不涉及单证贸易,不涉及转让问题,海运单中记载的收货人也并不仅仅依赖海运单对货物的说明来决定是否购买这批货物,没有必要强调海运单作为货物收据所记载的内容是最终证据。

二、海运提单的填制

1. 托运人(Shipper)

此栏依据托运委托书相关栏目内容填写。托运人是与承运人签订运输契约的人,亦即发货人。此栏填写托运人的名称和地址。在信用证结算方式下,一般填写信用证的受益人,即出口商。

2. 收货人(Consignee)

收货人要按合同和信用证的规定来填写。一般的填法有下列几种:

(1)记名式:在收货人一栏直接填写上指定的公司或企业名称。该种提单不能背书转让,必须由收货人栏内指定的人提货或收货人转让。

(2)不记名式:在收货人栏留空不填,或填"To Bearer"(交来人/持票人)。这种方式承运人交货凭提单,只要持有提单就能提货。

(3)指示式:指示式的收货人又分为不记名指示和记名指示两种。

不记名指示,是在收货人一栏填"To Bearer",又称空白抬头。该种提单,发货人必须在提单背面背书,才能转让。背书又分为记名背书和不记名背书(空白背书)两种。前者是指在提单背面填上"Deliver to ×××""Endorsed to ×××",然后由发货人签章;后者是发货人在背面不做任何说明只签章即可。记名背书后,其货权归该记名人所有,而且该记名人不可以再背书转让给另外的人。不记名背书,货权归提单的持有人。

记名指示,是在收货人一栏填"To Order of Shipper",此时,发货人必须在寄单前在提单后背书;另外还有凭证申请人指示即信用证中规定"To Order of Applicant",在收货人栏就填"To Order of ××× Co";凭开证行指示,即信用证中规定"To Order of Issuing Bank",则填"To Order of ××× Bank"。

在实际业务中,L/C项下提单多使用指示式。托收方式,也普遍使用不记名指示式。若做成代收行指示式,事先要征得代收行同意。因为根据《托收统一规则》(URC 522)第10条a

款规定:除非先征得银行同意,否则货物不应直接运交银行,亦不应以银行或银行的指定人为收货人。如未经银行事先同意,货物直接运交银行,或以银行的指定人为收货人,然后由银行付款或承兑后将货物交给付款人时,该银行并无义务提取货物,货物的风险和责任由发货人承担。

3. 被通知人(Notify Party)

原则上该栏一定要按信用证的规定填写。被通知人即收货人的代理人或提货人,货到目的港后承运人凭该栏提供的内容通知其办理提货,因此,提单的被通知人一定要有详细的名称和地址,供承运人或目的港及时通知其提货。若信用证中未规定明确地址,为保持单证一致,可在正本提单中不列明,但要在副本提单上写明被通知人的详细地址。托收方式下的被通知人一般填托收的付款人。

4. 船名(Ocean Vessel)

船名即由承运人配载的装货的船名,班轮运输多加注航次(Voy. No.)。

5. 装运港(Port of Loading)

填实际装运货物的港名。信用证项下一定要符合信用证的规定和要求。如果信用证规定为"中国港口"(Chinese Port),此时不能照抄,而要按装运的我国某一港口实际名称填。

6. 卸货港(Port of Discharge)

原则上,信用证项下提单卸货港一定要按信用证规定办理。但若信用证规定两个以上港口者,或笼统写"××主要港口",如"European Main Ports"(欧洲主要港口)时,只能选择其中之一或填明具体卸货港名称。

如果信用证规定卸货港名后有"In Transit to ××",只能在提单上托运人声明栏或唛头下方空白处加列。尤其只负责到卸货港而不负责转运者,不能在卸货港后加填,以说明卖方只负责到卸货港,以后再转运到何地由买方负责。

另外,对美国和加拿大OCP(Overland Common Points)地区出口时,卸货港名后常加注"O. C. P ××"。例如信用证规定"Los Angeles O. C. P Chicago",可在提单目的港填制:Los Angeles O. C. P;如果要求注明装运最后城市名称时,可在提单的空白处和唛头下加注"O. C. P. Chicago",以便转运公司办理转运至 Chicago。

7. 唛头(Shipping Marks/Marks & Nos.)

如果信用证有明确规定,则按信用证缮打;信用证没有规定,则按买卖双方的约定,或由卖方决定缮制,并注意做到单单一致。

8. 包装与件数(Nos. & Kinds of Packages)

集装箱数或货物件数可按商业发票描述填写,且应与信用证的要求相一致。如果同一种货物使用不同的包装或者不同的货物(即使这批货物使用相同的包装也需要分别列出),则应在提单上分别列明,最后注明总件数。

9. 商品名称(描述)(Description of Goods)

原则上提单上的商品描述应按信用证规定填写并与发票等其他单据相一致。但若信用证上货物的品名较多,提单上允许使用类别总称来表示商品名称。如出口货物有餐刀、水果刀、餐叉、餐匙等,信用证上分别列明了各种商品名称、规格和数量,但包装都用纸箱,提单上就可以笼统写:餐具×××Cartons。

10. 毛重和体积(Gross Weight & Measurement)

除非信用证有特别规定,提单上一般只填货物的总毛重和总体积,而不表明净重和单位体积。一般重量均以 kg 表示,体积用 m³ 表示。

11. 运费支付(Freight & Charges)

信用证项下提单的运费支付情况,按其规定填写。一般根据成交的价格条件分为两种:若在 CIF 和 CFR 条件下,则注明"Freight Prepaid"或"Freight Paid";FOB 条件下则填"Freight Collect"或"Freight Payable at Destination"。租船契约提单有时要求填"Freight Payable as Per Charter Party"。有时信用证还要求注明运费的金额,按实际运费支付额填写即可。

12. 签发地点与日期(Place and Date of Issue)

提单的签发地点一般在货物运港所在地,日期则按信用证的装运期要求,一般要早于或与装运期为同一天。有时由于船期不准,迟航或发货人造成迟延,使实际船期晚于规定的装期,发货人为了适应信用证规定,做到单证相符,要求船方同意以担保函换取较早或符合装运期的提单,这就是倒签提单(Anti-dated B/L);另外,有时货未装船或船未开航,发货人为及早获得全套单据进行议付,要求船方签发已装船提单,即预借提单(Advanced B/L)。这两种情况是应该避免的,如果发生问题,或被买方察觉,足以造成巨大经济损失和不良影响。

13. 承运人签章(Signed for the Carrier)

此栏由承运人根据实际业务情况填写。根据《跟单信用证统一惯例》(UCP600)第 20 条规定,提单必须表面上看来显示承运人名称并由下列人员签署:承运人或承运人的具名代理或代表,或船长的具名代理或代表。承运人、船长或代理的任何签字必须分别表明其承运人、船长或代理的身份。

14. 提单签发的份数(No. of Original B/L)

此栏由承运人根据实际业务情况填写并符合托运委托书对提单份数的要求。按惯例正本提单通常是一式三份,每份具有同等效力,收货人凭其中的任何一份提取货物后,其他各份自动失效。

15. 提单号码(B/L No.)

提单号码一般位于提单的右上角,是为了便于工作联系和核查,承运人对发货人所发货物承运的编号。其他单据中,如保险单、装运通知的内容往往也要求注明提单号。

海运提单除上述正面的内容外,一般背面是托运人与承运人的运输条款(TERMS AND CONDITIONS OF SHIPMENT MUTUALLY AGREED),理论上应是托运人与承运人双方约定的事项,但实际上是承运人单方面印定的,托运人很少有修改的机会。这也就是为什么说提单是双方运输契约的证明,而不能说是运输契约或合同的原因。由于各国航运公司提单的格式不同,其条款的规定内容也互不一样,内容较多,如托运人与承运人的定义、承运人责任条款、运费和其他费用条款、责任限额、共同海损等,一般首要条款中要规定所适用的国际公约(如海牙规则、维斯比规则和汉堡规则),以便在发生争议时作为依据。

三、海运提单操作流程

海运提单绝大多数情况下是货权凭证(在一些交易中由于出现特殊情况,也会出现问题)。卖方(发货方)将货物交给承运人(船方)后,承运人向卖方开具一套提单。一套提单可能有 1 份以上的正本,常见有 1～3 份正本。任何一份正本都可以作为提货凭证。因此买方应向卖方索要全套正本提单。

发货人发货后,可通过银行(跟单信用证或托收结汇)将提单交给收货人,或者直接通过邮寄,或者通过人转交收货人。

收货人应注意提单上的通知方。提单所列货物到港后,船方会通知通知方,再由通知方通知收货人持提单去港口提货。交货人收钱的时间根据商定的结汇方式而定。如果是不可撤销即期信用证,提单以及其他议付单据交付银行后,银行审核无误就可以将货款议付给发货人。如果是远期信用证或其他结汇方式就要具体分析了。

任务实施

A 文化用品公司是涉案货物买卖合同的卖方和提单上的托运人,其将货物交给美国 B 运通公司承运,并取得美国 B 运通公司签发的记名提单,在收货人 C 贸易公司未付货款的情况下,A 文化用品公司仍然是合法的提单持有人,有权主张提单项下的物权。作为物权凭证,提单的主要意义就在于,合法的提单持有人有权控制和支配提单项下的货物,并可以据此担保债的实现。美国 B 运通公司在未征得托运人同意,又未收回正本提单的情况下将货物交给非提单持有人的行为,显然侵犯了 A 文化用品公司在提单项下的物权,造成 A 文化用品公司未收回货款而对提单项下的货物失控,依法应当对 A 文化用品公司因此遭受的经济损失承担赔偿责任。最后,法院判决美国 B 运通公司向原告 A 文化用品公司赔偿所有货款及利息损失。

本案中,由于 A 文化用品公司只凭运输合同对承运人美国 B 运通公司提起了诉讼,所以法院最终判决承运人承担无单放货的责任。根据我们以上的分析,A 文化用品公司还可以美国 C 贸易公司未按合同约定付款为由向 C 贸易公司提起诉讼。同时,如果 C 贸易公司向承运人出具的是见索即付的保函,则 A 文化用品公司还可以直接向银行要求承担付款义务。

任务训练

1. 某年 6 月,中国 A 公司与美国 B 公司签订货物买卖进口合同,7 月 17 日货物装船后,船公司应 B 公司申请,办理电放提单,所以当时没有签发正本提单,而是制作了副本提单。该提单载明,托运人为 B 公司,收货人为 A 公司,运费到付等内容。8 月 4 日,货到目的港烟台后,A 公司持副本提单到船公司代理处办理提货手续,在支付了相关海运费后换取提货单。8 月 6 日,或由于工作的疏忽,或基于 B 公司的申请,船公司又向 B 公司补签了正本提单。随后,船公司

教学游戏:
提货单填制

通知卸货港代理不要将货物交付 A 公司。为此,A 公司申请海事法院对船公司及其代理下发海事强制令。庭审中,船公司和 B 公司依据船公司补发的正本提单否认 A 公司持有提货单,认为 B 公司持有正本提单,提单具有物权凭证和提货功能,提货单则没有此功能。而 A 公司则向船公司、B 公司提出提单侵权损害赔偿之诉。

(1)A 公司持有提货单是否具有法律效力?船公司补发的正本提单是否仍有提货功能?

(2)船公司补正本提单的行为是否构成违约和侵权?

2. 一货主将 2000 台电视机送码头仓库装箱,码头仓库收到 2000 台电视机后,签发仓库收据 2000 台,但装箱单却记载 1950 台,而拆箱单记载 1980 台,FOB 价,提单上记载 SLAC,问:

(1)提单应记载多少件?(　　)

A. 1950 件

B. 2000 件

C. 可商议记载多少件

D. 如保证结汇,必须记载 2000 件

(2)提单上记载的 SLAC 表示什么?(　　)

A. 代表货主装箱

B. 代表无船承运人装箱

C. 代表船公司装箱

D. 代表货运代理人装箱

(3)仓储物流公司将承担什么责任?(　　)

A. 承担 2000 件赔偿

B. 承担仓库收据与装箱单差数赔偿

C. 承担 1950 件赔偿

D. 可协议确定赔偿数

(4)SLAC 通常是对(　　)。

A. 整箱货提单批注

B. 拼箱货提单批注

C. 集拼箱提单批注

D. 大副收据批注

(5)提单加上 SLAC 能否结汇?(　　)

A. 可以结汇

B. 不可以结汇

C. 根据信用证规定

D. 根据运输合同规定

任务四　集装箱海运进口货运程序

任务描述

2019 年,某进出口公司向国外购买大宗商品铁矿砂,之后将货物转卖给国内的钢厂。进出口公司购买的货物船运至国内买家指定的码头卸货并堆存。进出口公司与国内买家的合同中约定,付清款项之后才能提取货物,但进出口公司发现其堆存在码头的货物已全部或部分被国内买家提取。

因国内买家已陷入经济困境,无力支付货款,于是进出口公司以其是提单持有人,系货物权利人为由向法院提出诉讼,主张码头公司承担违规放货的赔偿责任,赔偿未收回货款的损失。码头公司主张,其与进出口公司之间不存在港口货物保管合同关系,其根据与国内买家的合同约定放货,没有过错,不应承担责任。进出口公司与物流公司之间签订有放货及物流的协议,但物流公司与码头公司之间不存在书面的合同关系。进出口公司与码头公司之间也未签订书面的作业或堆存合同。国内买家钢厂与码头公司之间签订有作业合同。进口货物卸货前,码头公司收到的根据正本提单转换的小提单(提货单)中,明确记载进出口公司为收货人。

试问:法院该如何判决?

任务资讯

一、集装箱海运进口货运程序

集装箱海运进口货运主要包括卸船准备、发放到货通知书、换取提货单、报关、交付货物等程序,如图 5-4 所示。

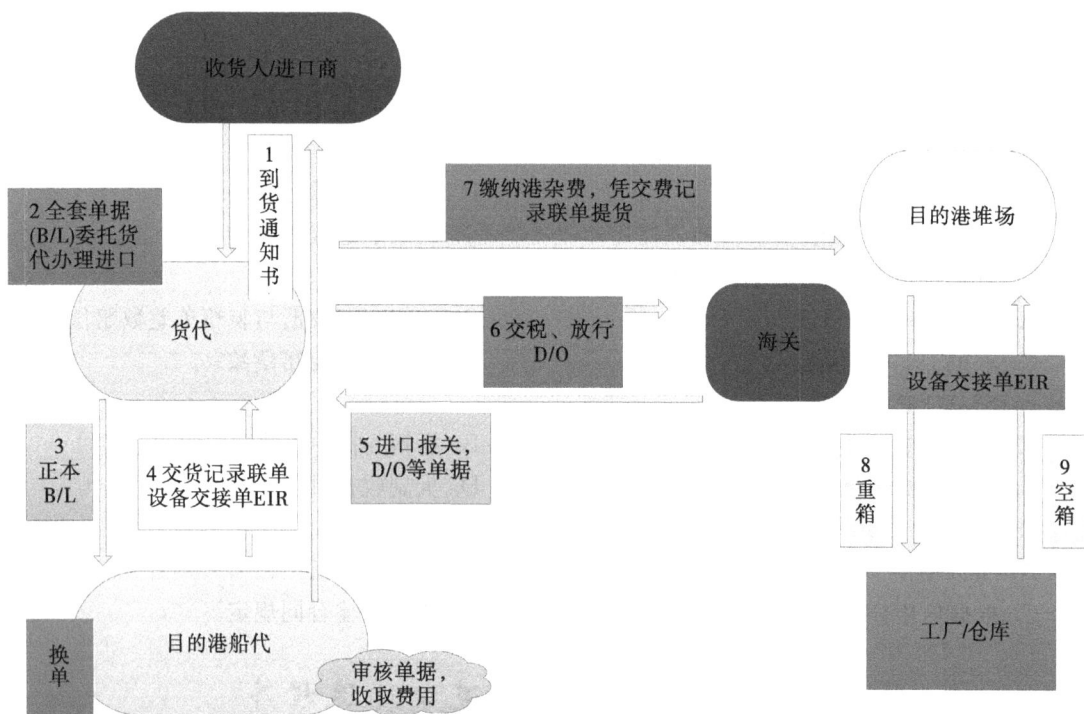

图 5-4 国际海运集装箱整箱货物进口业务操作流程

1. 卸船准备

卸货港的船公司或其代理人在收到装货港的船公司或其代理人寄来的有关单证后,就开始进行一系列的准备工作。船舶到港前,船公司在卸货港的代理人要联系集装箱码头堆场,为船舶进港、卸货以及货物的交接做好准备工作;联系集装箱货运站,为拼箱货的拆箱作业做好准备工作。

2. 卸船拆箱后,发放到货通知书

卸货港码头堆场根据装货港寄送的相关单证,制订卸船计划。船舶进港靠泊后,进行卸船作业。在集装箱进入集装箱堆场或货运站,处于交付状态后,船公司在卸货港的代理人向收货人发出进口货物的到货通知书(表 5-4),通知收货人做好提货准备。一般地,集装箱从船卸下来后,如果是在堆场整箱交接,则先将集装箱安置在码头后方堆场,再向收货人发出到货通知书;如果是集装箱拼箱货,则需要先将集装箱运送到指定的集装箱货运站,进行拆箱、分票、整理后,再发出到货通知书,要求收货人及时来提取货物。

3. 换取提货单

收货人收到到货通知书后,凭此通知书和正本提单向船公司或其代理人换取提货单。船公司或其代理人将各单据进行核查,审核无误后,收回到货通知书和正本提单,签发提货单给收货人。如果运费是到付的,换单前需付清运费。

4. 报关

根据国家有关法律、法规的规定,进口货物必须在办理验放手续后,收货人才能提取货物。因此,收货人在换取提货单后,还必须凭提货单和其他报关单证,及时地办理有关报关报检手续。

表5－4　进口货物到货通知书

TO：

FM：

DD：

船名/航次：			
提单号：			
发货人：			
毛重：	体积：	件数：	箱号：
货物：		标志：	

以上资料将作为我司核对舱单以申报海关之用，与贵司报关资料若有任何不符之处，务请贵司于船到前一个工作日提供准确且完整的资料。若贵司没有提供则由此产生的一切责任（海关查柜、扣柜和罚款）将由贵司承担。谢谢贵司的合作！

我处联系电话：021－55531010　　　联系人：童祥零

注意事项：

1. 提单提货，请加盖公章背书，如电放提货，请提供相应之提货保函及有背书之副本提单，其他要求按《中华人民共和国海商法》办理。

2. 根据《中华人民共和国海商法》的规定，海运货物必须在船舶到港之日十四日内向海关申报，逾期由海关收取滞纳金，三个月内不申报提取，将由海关作无主货物处理。

3. 本通知提供之到港日期不作为船舶实际到港日，具体靠港日请接洽上海航星船务代理有限公司。

4. 本公司不承担因通知不到而产生的任何损失。

5. 换单费请自行接洽船代换单处查询。

6. 请收货人换单时出具工作联系单，工作联系单必须注明收货人公司名称、地址、电话、传真、联系人并盖章。

7. 务必在集装箱还空前清除货物所留下的任何杂物，确保箱内干净，否则收货人必须承担因此而产生的任何费用和责任，特别是因箱内残留物而导致的海关罚款。

5. 交付货物

经海关验放并在提货单上加盖海关放行章后，收货人就可以在指定的地点凭收货单提取货物，完成货物的交付。整箱货的交付是在集装箱堆场进行的；拼箱货的交付是在集装箱货运站完成的。堆场或货运站凭海关放行的提货单，与收货人结清有关费用（如果在货运过程中产生了相关费用，如滞期费、保管费、再次搬运费等）后交付货物。

在交付整箱货或拼箱货时，集装箱堆场或集装箱货运站的经办人还必须会同货主或货主代理人检查集装箱或货物的外表状况，填制设备交接单（出场），双方在记载了货物状况的交货记录（表5－5）上签字，作为交接证明，各持一份。

表 5 - 5 交货记录

港区、场、站						
收货人			收货人开户 银行与账号			
船名/航次		起运港			目的港	
提单号		标记(唛头)				
交付条款		集装箱号	集装箱数	货名		件数
到付运费						
第一程运费						
卸货地点						
到达日期						
进库场日期						
件数						
重量						
体积						
集装箱数						

交货记录									
日期	货名 集装箱号	出库数量			操作过程	尚存数		经手人员签名	
		件数	包装	重量		件数	重量	发货员	提货人

备注		收货人章	港区场站章

二、集装箱海运进口货运中的主要单证

(一)集装箱提货单

1. 提货单的构成

在实务中,为了规范单证管理和提高效率,船公司通常将到货通知书、提货单、交货记录等单据以联单形式一并印刷,构成复合式的交货记录或提货单。到货通知书是船公司在卸货港的代理人在集装箱已经卸入堆场,或拼箱货已经移至集装箱货运站,并做好交接准备后,向收货人或通知人发出的要求其及时提取货物的书面通知书。

提货单是收货人或其代理人据以向集装箱堆场或集装箱货运站提取货物的凭证。交货记录是集装箱运输经营人把货物交付给收货人或其代理人时,双方共同签署的证明货物已经交付及货物交付时状况的单证。同时,它也证明了承运人对货物的运输责任已告终止。

表 5 - 6 显示了五联提货单联单的构成和用途;图 5 - 5 显示了提货单联单的流转。

表 5－6　提货单各联的名称及用途

序号	名称	主要用途
1	到货通知联（arrival notice）	通知提货及确认提货日期和日后结算箱子或货物堆存费的依据
2	提货单联（delivery order）	也称小提单，是报关单证之一，便于提取货物和货方进行某些贸易、交易（拆单）
3	费用账单（1）联	用于场站向收货人结算港杂费
4	费用账单（2）联	用于场站向收货人结算港杂费
5	交货记录（delivery record）	证明货物已经交付，承运人对货物运输的责任已告终止的单证

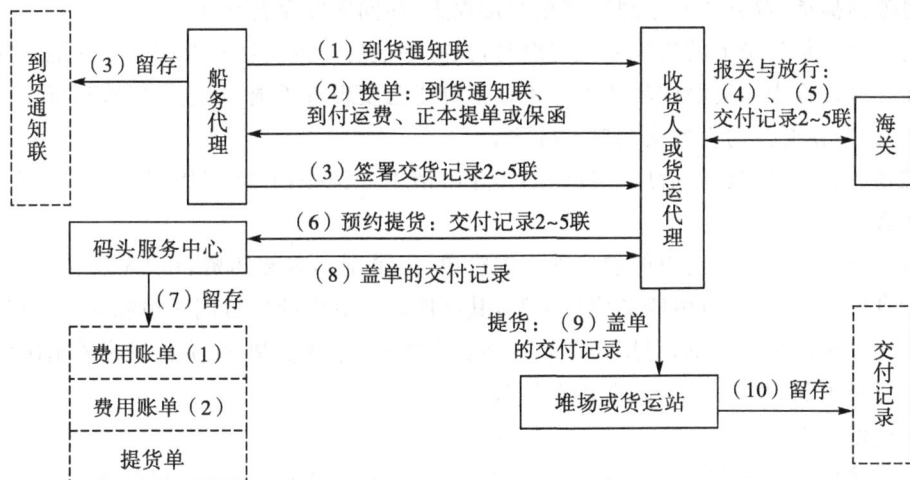

图 5－5　提货单联单流转示意图

2. 交货记录单的签收

在集装箱运输中，无船承运人的责任从接收货物开始到交付货物为止。换言之，场站收据是证明无船承运人责任开始的单据，而交货记录是证明责任终了的单据。因此，收货人和堆场、货运站正确签收交货记录十分重要。

（1）收货人签收交货记录。

收货人在签收交货记录时，应注意以下事项。

①在接收整箱货时，收货人应检查箱子外表状况，以及箱号、关封号是否与单证记载相符，如有异议，则会同有关方做好记录。

②在接收拼箱货时，收货人应检查货物外包装、唛头、数量等是否与单证记载相符，如有异议或已发现有货损，则做好货损报告，并交有关方签认。

③未提取货物或货物未全部提取完毕，不能签收交货记录。

④收货人在提货时发现箱损或货损，而又无法确定责任方或确定损害区段，则不能将货提走，避免日后无法提出索赔。

（2）堆场或货运站签收交货记录。

堆场或货运站在签收交货记录时，应注意以下事项。

①注意货物的提取地点和提取人。对于 CFS/CFS、CY/CFS 条款，首先应由货运站在堆

207

场整箱提取,然后再由收货人在货运站提货;对于 DOOR/DOOR、CY/DOOR 交付的货物应由转运承运人在堆场整箱提取并安排转运至目的地;对于 CY/CY、DOOR/CY、CFS/CY 以及 CFS/CFS 条款,但注明 CFS/CFS(FCL)字样,则由收货人在堆场整箱提取;对于 CY/CY 条款,但注明 CY/CY(LCL)字样,则由堆场拆箱并由收货人在堆场提货。

②交货前应查核费用账单,确认收货人是否已支付货物在堆场或货运站发生的所有费用。

③核对提货单上是否加盖海关放行章,否则不能交付货物。

④应核对和查验提货凭证、交货记录等,如符合要求则办理货物/集装箱的发放,并要求提货人对所提货物进行查验并在交货记录上签收确认,然后交由堆场或货运站业务人员留存,作为提货人已收货的确认。

⑤对整箱提货,双方还应办理集装箱交接检查,共同签发设备交接单。

⑥同一张交货记录上的货物分批提取时,只有等最后一批货物提取完毕后才能签收。

⑦在交接过程中如货物或集装箱与单证不符或已发现有货损,则应做好货损报告,并交有关方签认,同时在有关的设备交接单上批注。

⑧堆场、货运站发货/箱后应在自己的作业申请单上销账,并将交货记录等单据交有关部门存档备查。

交货记录在船舶抵港前由船舶代理依据舱单、提单副本等卸船资料预先制作。到货通知书除进库日期外,所有栏目由船舶代理填制,其余四联相对应的栏目同时填制完成。提货单盖章位置由责任单位负责盖章,费用账单剩余项目由场站、港区填制,交货记录出库情况由场站、港区的发货员填制,并由发货人、提货人签名。

(二)设备交接单

设备交接单一般指集装箱设备交接单(见表 5-7),是指进出港区、场站时,用箱人、运箱人与管箱人或其代理人之间交接集装箱的凭证,是拥有和管理集装箱的船公司或代理人与使用集装箱运输的人共同签署有关设备交接的协议。

设备交接单的内容包括:用箱人名称和地址,进出堆场时间,集装箱箱号和封志号、柜型,空箱还是重箱,订舱号,船名航次,集装箱或其他设备是否完好的说明等。

集装箱设备交接单分进场和出场两种,交接手续均在码头堆场大门口办理。出码头堆场时,码头堆场工作人员与用箱人、运箱人就设备交接单上的以下主要内容共同进行审核:用箱人名称和地址,出堆场时间与目的,集装箱箱号、规格、封志号以及是空箱还是重箱,有关机械设备的情况是正常还是异常等。

进码头堆场时,码头堆场的工作人员与用箱人、运箱人就设备交接单上的下列内容共同进行审核:集装箱、机械设备归还日期、具体时间及归还时的外表状况,集装箱、机械设备归还人的名称与地址,进堆场的目的,整箱货交箱货主的名称和地址,拟装船的船次、航线、卸箱港等。

教学微课:集装箱整箱货海运进口业务　　教学动画:整箱货海运进口流程

表 5-7　集装箱设备交接单(EQUIPMENT INTERCHANGE RECEIPT)

用箱人/运箱人(CONTAINER USER/HAULIER)			提箱地点(PLACE OF DELIVERY)	
			上海华星集装箱公司(逸仙路 250 号)	
提单号(B/L NO.)			返回/收箱地点(PLACE OF RETURN)	
COSU66089803			外高桥码头(杨高北一路 88 号)	
船名/航次 (VESSEL/VOYGE NO.)	集装箱号 (CONTAINER NO.)	尺寸/类型 (SLZE/TYPE)	运营人 (CNTR. OPTS.)	
APL FINLAND 009W	HHTU506156	20′GP		

发往地点 DELIVERED TO	铅封号 (SEAL NO.)	免费期限 (FREE TIME PERIOD)	运载工具编号 (TRUCK,WAGON ,BARGE NO.)

出场目的/状态 (PPS OF GATE-OUT/STATUS)		进场目的/状态 (PPS OF GATE-IN/STATUS)	出场日期 (TIME OUT)	进场日期 (TIME IN)
空箱			月　日　时	月　日　时

出场检查记录(INSPECTION AT THE TIME OF INTERCHANGE)

普通集装箱 (GP CONTAINER)	冷藏集装箱 (RF CONTAINER)	特种集装箱 (SPECIAL CONTAINER)	发电机 (GEN SET)
□ 正常(SOUND) □ 异常(DEFECTIVE)	□ 正常(SOUND) □ 异常(DEFECTIVE)	□ 正常(SOUND) □ 异常(DEFECTIVE)	□ 正常(SOUND) □ 异常(DEFECTIVE)

损坏记录及代号(DAMAGE & CODE)

BR 破损 (BROKEN)　D 凹损 (DENT)　M 丢失 (MISSING)　DR 污箱 (DIRTY)　DL 危标 (DG LABEL)

左侧 (LEFT SIDE)　　右侧 (RIGHT SIDE)　　前部 (FRONT)　　集装箱内部 (CONTAINER INSIDE)

顶部 (TOP)　　底部 (FLOOR BASE)　　箱门 (REAR)

如有异状,请注明程度及尺寸(REMARK)

除列明者外,集装箱及集装箱设备交接时完好无损,铅封完整无误。

THE CONTAINER/ASSOCIATED EOUIPMENT INTERCHANGED IN SOUND CONDITION
AND SEAL INTACT UNLESS OTHEFIWISE STATED.

用箱人/运箱人签署　　　　　　　　　码头/堆场值班员签署

(CONTAINER USER/HAULIER'S SIGNATURE)　(TERMINAL/DEPOT CLERK'S SIGNATURE)

任务实施

本案为港口作业纠纷。纠纷产生的原因是码头公司以其与钢厂存在码头作业合同为由,未经进出口公司和物流公司同意,将存放于码头的大部分货物交由钢厂提取。进出口公司诉称与码头公司存在事实货物保管合同,无事实依据。进出口公司是因钢厂未按照销售合同的约定,擅自提领涉案货物,又未支付货款造成损失的。码头公司按港口作业规则进行操作,没有过错,也不损害进出口公司的货物所有权。

所以,进出口公司诉称码头公司的违约行为,侵害了其对涉案货物的所有权以及相应的财产权益,构成违约和侵权的竞合,根据原《中华人民共和国合同法》第一百二十二条,《中华人民共和国侵权责任法》第二条、第三条和第六条之规定,要求码头公司承担侵权赔偿责任,无事实和法律依据,应予以驳回。

任务训练

一、单选题

1. 集装箱进口货运业务中,对拼箱货拆箱交货是以下(　　)的业务。

A. 发货人　　　　　　　　　　B. 船公司

C. 集装箱码头堆场　　　　　　D. 集装箱货运站

2. 集装箱货物进口的一般程序包括:A. 代理公司根据正本提单签发提货单;B. 收货人向银行付款购单;C. 代理公司向收货人发到货通知;D. 收货人凭进口许可证及提货单到集装箱码头堆场办理提箱提货手续。排序正确的是(　　)。

教学游戏:集装箱海运进口流程

A. A—B—C—D　　　　　　　B. C—B—A—D

C. C—B—D—A　　　　　　　D. B—A—C—D

二、多选题

1. 承运人或其代理在发放小提单时应认真审核,下列做法正确的是(　　)。

A. 审核正本提单是否为合法持有人所持有

B. 提单上的非清洁批注不用转上小提单

C. 当发生溢短缺情况时,收货人有权向承运人或其代理获得相应的签证

D. 运费未付的,应在收货人付清运费及有关费用后,方可发放小提单

2. 交货记录是一份套合单据,下列单证中,(　　)属于这一份单据。

A. 到货通知书　　　　　　　　B. 提货单

C. 交货记录　　　　　　　　　D. 集装箱托运单

知识链接

集装箱货物运输出口代理业务

集装箱货物运输的出口代理业务与传统的班轮运输的货物出口大体相同,所不同的是增加了集装箱这一环节,出现了发放和接收空箱和重箱、集装箱的装箱作业等环节,改变了集装箱货物的交接方式,制订和采用了适应集装箱作业和交接的单证。集装箱货物运输出口代理业务的主要环节包括以下内容。

（一）揽货与委托

发货人根据贸易合同或信用证条款的规定，在货物托运前一定时间内填制好集装箱货物托运单或出口货运代理委托书委托货运代理人订舱。这就是委托方提出的"要约"，被委托方一经书面确认，意味着"承诺"，双方之间的契约行为成立。因此委托书应由委托单位签字盖章，使之成为有效的法律文件。

（二）订舱配载

货运代理人填制集装箱货物委托单（场站收据），向船公司或其代理人在其所营运的船舶截单期前办理托运订舱，以得到船公司或其代理人的确认。

船公司或其代理人审核托运单，确认无误可以接受订舱后，在装货单（场站收据副本）上签章，以表明承运货物的"承诺"，填写船名、航次、提单号，然后留下船代留底和运费通知（一）、（二）共三联；若七联单仅留船代留底联，将其余各联退还给货运代理人作为对该批货物订舱的确认，以备向海关办理货物出口报关手续。而船公司或其代理人则在承诺承运货物后，根据集装箱货物委托单的船代留底联缮制集装箱货物清单，分送集装箱堆场和集装箱港务公司（或集装箱装卸作业区），据以准备空箱的发放和重箱的交接、保管以及装船。

（三）提取空箱

船公司或其代理人在接受订舱、承运货物后，即签发集装箱空箱提交单，连同集装箱设备交接单一并交给托运人或其货运代理人，据以到集装箱堆场或内陆集装箱站提取空箱。而在承运人的集装箱货运站装箱时，则由货运站提取空箱。不论由哪一方提取空箱，都必须事先缮制出场设备交接单。提取空箱时，必须向箱站提交空箱提交单，并于箱站的检查桥或门卫处，双方在集装箱设备交接单上签字交接，并各执一份。

（四）报验、报关

1. 报验

发货人或其货运代理人依照国家有关法规并根据商品特性，在规定的期限之内填好申报单，向口岸监管检验部门申报检验。经监管检验部门审核或查验，视不同情况分别予以免检放行或经查验、处理后出具有关证书放行。如果托运危险品，还需凭危险品清单、危险品性能说明书、危险品包装证书、危险品装箱说明书、危险品准装申报单等文件向港务监督机构办理货物申报手续。

2. 报关

发货人或货运代理人依照国家有关法规，于规定期限内持报关单、场站收据五至七联（七联单是二至四联）、商业发票、装箱单、产地证明书等相关单证向海关办理申报手续。根据贸易性质、商品特性和海关有关规定，必要时还需提供出口许可证、核销手册等文件。经海关审核后，根据不同情况分别予以直接放行或查验后出具证书放行，并在场站收据第五联（装货单）上加盖放行章。

（五）货物装箱

货物装箱应根据货运代理的集装箱出口业务员编制的集装箱预配清单，在集装箱货运站或发货人的仓库进行。

（六）交接和签收

港口根据出口集装箱船舶班期，按集装箱货物的装船先后顺序向海上承运人或其代理人发出装船通知，海上承运人应及时通知托运人。托运人或其代理人在收到装船通知后，应于船舶开装前 5 天开始,将出口集装箱和货物按船舶受载先后顺序运进码头堆场或指定货运站,并于装船前 24 小时截止进港。

(七)换取提单

港站集装箱堆场签发场站收据以后,将装货单联留下作结算费用和今后查询,而将大副收据联交理货人员送船上大副留存。货运代理人收到签署后的场站收据正本,到船公司或其代理人处,交付预付运费,要求换取提单。船公司还要确认在场站收据上是否有批注,然后在已编制好的提单上签字。集装箱提单在内容上与传统海运提单略有不同,应分别注明收货地点、交货地点、集装箱号和铅封号。因为集装箱运输有其特殊性,那就是货物的交接一般不在船边,故场站收据换来的提单大多是备运(待装)提单。根据《跟单信用证统一惯例》,除信用证另有规定外,备运(待装)提单银行可以接受,若要将备运(待装)提单转化为已装船提单,必须在提单上打上船名及"已装船"批注,并经承运人或其代理人签章和加注日期。因此,目前常见的用于集装箱运输的提单,除正面明确表示"Received in apparent good order and condition..."外,还在正面下端设有"Laden on Board the Vessel"装船备忘录栏,以便根据信用证要求,在必要时将备运提单转化为已装船提单。

项目六　其他集装箱运输方式

学习目标

技能目标

1. 能组织集装箱公路运输活动；
2. 能完成集装箱公路运输的管理工作；
3. 能设计公路集装箱运输业务流程；
4. 能根据铁路运输要求组织集装箱运输活动；
5. 能合理选择安排集装箱铁路运输的货源；
6. 能设计集装箱铁路货运的基本程序；
7. 能对集装箱铁路货运流程进行重点监控；
8. 能根据货运目标选择合适的联运方式；
9. 能对多式联运流程进行重点监控。

知识目标

1. 掌握集装箱公路运输车辆管理业务操作；
2. 掌握集装箱公路运输进出口货运程序；
3. 掌握集装箱铁路货物运输的特点；
4. 掌握集装箱铁路货物运输货源的组织方法；
5. 掌握集装箱铁路货运的流程；
6. 理解集装箱多式联运的优势和条件；
7. 理解集装箱多式联运的业务流程；
8. 了解集装箱公路运输中转站管理；
9. 了解集装箱多式联运的经营人。

素养目标

1. 具备多形式化组织集装箱运输的意识；
2. 具备整合多元运输资源，提高运输资源使用的意识。

项目导学

关键词：集装箱运输；货代；业务流程；责任人。

【引例】

货运代理争议案

2013 年 10 月 15 日，宁波高新区 A 电气科技有限公司委托宁波 Z 国际货运代理有限公司办理一箱货物的海运出口代理及报关事宜。A公司员工在委托Z公司时,要求将货物运至"马来西亚的马尼拉港",并发送相应托单一份。双方在往来的相关单据包括销售确认书、托运订舱明细、提单确认件中,将目的港记载为马尼拉。但事实上,马尼拉港位于菲律宾。10月15日,货物装船出运。10月24日,Z公司发现马尼拉系菲律宾港口,遂询问A公司。A公司答复货物本应运送至马来西亚巴生港,但此时货物已经实际运至菲律宾马尼拉港。经双方当事人多次沟通,11月15日,A公司出具弃货保函一份,放弃货物所有权,并向Z公司支付相应的港仓储费用及代理报关费。A公司认为Z公司在处理货运代理事务中存在过错致使其遭受损失,故诉至法院。Z公司答辩称,A公司在托运订舱时要求其将货物运至马尼拉港,Z公司系按委托人的要求进行操作,不存在过错;A公司之后主动发出弃货保函要求弃货,货物全部损失均由其自行造成,请求驳回诉讼请求。

思考:

对于案例中的损失,究竟哪一方应负赔偿责任?

任务一 集装箱公路运输

任务描述

任务 1

锦城物流集团2019年承接了某客户的石油装备(钢管)运输工作,该装备是到古巴的外销产品,起始港分别为青岛和上海。考虑到大型设备的装卸操作过程复杂,数量较少,起始地点适中,决定采用陆路运输。如果你是锦城物流公路运输项目负责人,将如何安排组织货运?

任务 2

图6-1为集装箱公路中转站布局图,请根据该图描述集装箱公路运输中转站装卸工艺方案选择。

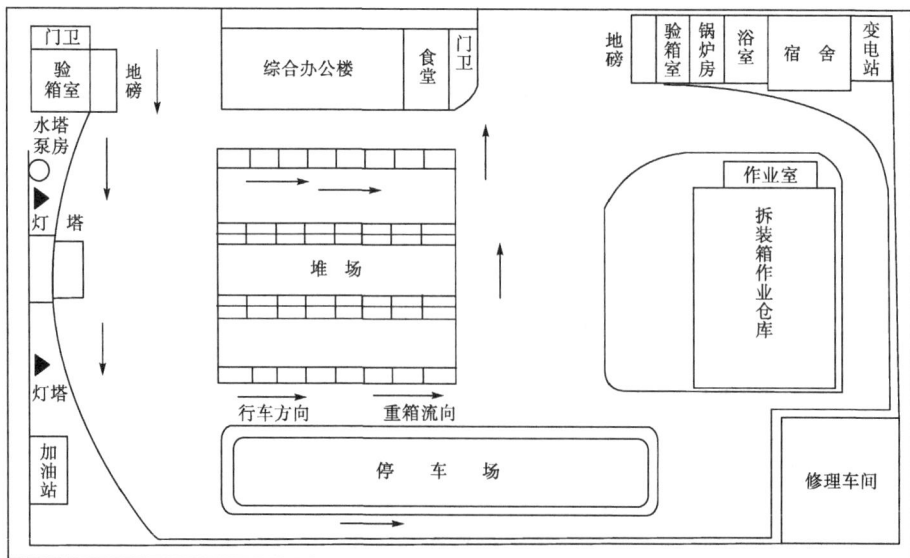

图6-1 集装箱公路中转站布局图

📧 任务资讯

一、集装箱公路运输概述

集装箱多式联运是现代运输发展的必然趋势,而无论哪种运输方式,都需要用汽车将集装箱或货物从托运人地点运至港口码头、铁路车站,同时还要将集装箱或货物,从码头、铁路车站再运送到收货人地点。集装箱公路运输与其他运输方式比较,具有灵活方便性、广泛适用性、快速及时性、公用开放性、投资效益高、经济效益大等特点。所以,集装箱公路运输在集装箱内陆运输系统和海陆联运中,都占有重要的地位。

我国的集装箱公路运输是伴随着海运国际集装箱运输和国内铁路集装箱运输的发展而兴起的。20世纪70—80年代,我国的大连、青岛、天津、上海、深圳等大中港口普遍存在压船压港现象。为了疏港的需要,1977年由交通部在天津港组建了第一支集装箱运输专业车队,并通过技术改造,建成了第一座集装箱公路中转站。经过40多年的推广,我国集装箱公路运输得到迅速发展,促进了我国集装箱多式联运的发展。

(一)集装箱公路运输的特点

集装箱公路运输表现出以下一些方面的特点。

(1)集装箱公路运输以其机动灵活、快速直达的优势,在集装箱多式联运中成为典型工艺流程的第一个和最后一个环节。集装箱运输是一种门到门运输,这是集装箱运输突出的特征,也是其优越性所在。而集装箱运输最终要实现门到门运输,绝对离不开集装箱公路运输这种末端运输方式。

纵观集装箱各种运输过程,不管是水路运输、铁路运输还是航空运输,其开始和结束,都不可能离开集装箱公路运输。离开集装箱卡车,集装箱运输门到门的优势就荡然无存。

(2)集装箱公路运输既能独立构成运输系统,完成货物运输的全过程,又是衔接铁路、水运、航空等运输方式为其集散货物的重要环节。在大多数情况下,集装箱公路运输在集装箱的各种运输方式之间起衔接性、辅助性的作用,是通过陆上“短驳”,将各种运输方式衔接起来,或最终完成一个运输过程。只在少数情况下,集装箱公路运输扮演“主力”角色,从头至尾完成一次完整的运输过程。

集装箱公路运输这种辅助性的、衔接性的货运形式,可以表现为以下几种:

①重箱从码头(目的港)、铁路办理站(终点站)、集装箱堆场到收货人“门”的运输。

②重箱从码头(目的港)到铁路办理站(始发站)、集装箱堆场的运输。

③重箱从发货人“门”到集装箱货运站、码头(始发港)的运输。

④重箱从发货人“门”到铁路办理站(始发站)、集装箱堆场的运输。

⑤空箱从集装箱货运站或铁路办理站到发货人“门”的运输。

⑥空箱从铁路办理站或集装箱货运站到集装箱堆场的运输。

⑦空箱从集装箱货运站到集装箱堆场和铁路办理站的运输。

⑧空箱从收货人“门”到集装箱堆场、铁路办理站、集装箱货运站的运输。

(3)表现出公路运输共有的缺点。不管是不是运输集装箱,公路运输均表现出一些共同的弱点:运力与速度低于铁路运输,能耗与成本却高于铁路、水路运输,安全性低于铁路和水路运输,对环境污染的程度高于铁路和水路运输。所以,在有些国家和地区(如欧洲的许多国家)都以立法和税收优惠政策等方式,鼓励内河运输与铁路运输,限制集装箱的长途公路运输。

集装箱公路运输的合适距离,与各个国家和地区的经济发展程度、地理环境有关。如美国,由于内陆幅员辽阔,高速公路网发达,一般认为 600 km 为集装箱公路运输的合适距离;日本四周环海,沿海驳运很方便,所以认为集装箱公路运输在 200 km 之内比较合理;我国虽然内陆也幅员辽阔,但公路网络稍差,铁路网络相对较发达,所以一般认为集装箱公路运输应控制在 300 km 左右。

(二)集装箱公路运输经营业务范围

集装箱公路运输经营业务范围主要包括以下方面:

(1)海上国际集装箱由港口向内陆腹地的延伸运输、中转运输以及在内陆中转站进行的集装箱交接、堆存、拆装、清洗、维修和集装箱货物的仓储、分发等作业。

(2)国内铁路集装箱由车站至收货人和发货人仓库、车间、堆场间的门到门运输及代理货物的拆装箱作业。

(3)沿海、内河国内水运集装箱由港口向腹地的延伸运输、中转运输或货主间的短途门到门运输。

(4)城市之间干线公路直达的集装箱运输。

(5)内地与港澳之间及其他边境口岸出入国境的集装箱运输、接驳运输以及大陆桥运输。

教学微课:集装箱公路运输业务

二、集装箱公路中转站管理

(一)集装箱公路中转站的组成

集装箱公路中转站一般包括运输车辆、集装箱装卸堆场、拆装箱作业场、货物仓库、车辆和集装箱的检测维修车间、管理信息系统、"一关三检"机构、生产调度和企业管理部门、动力供给和生产辅助设施以及生活保障设施等。站内一般划分为五个区域:

(1)集装箱堆存、拆装、仓储作业区,包括空重箱堆场、拆装箱作业场、拆装箱仓库、海关监管仓库等。

(2)车辆、箱体的检测、维修、清洁作业区,包括车辆机械检测维修车间、集装箱修理和清洁间、材料配件库、工具库等。

(3)辅助生产作业区,包括加油站、洗车检车台、变电室、水泵房、锅炉房、污水处理和消防设施、停车场等。

(4)生产业务管理区,包括由"一关三检"、货运代理、生产调度、管理信息系统、企业管理、银行保险等部门组成的综合业务楼以及中转站大门、验箱桥、地秤房等。

(5)生活供应区,包括食堂、浴室、候工室、职工宿舍以及对社会服务的生活福利设施等。根据中转站所承担的生产业务范围,各作业区域可分别组成若干个基层单位,如运输车队装卸车间、拆装箱作业间、集装箱修理间、车辆机械检测维修中心、生产调度室、信息中心等。

(二)集装箱公路中转站的功能

(1)集装箱公路中转站是国际集装箱运输在内陆集散和交接的重要场所。

(2)集装箱公路中转站是港口向内陆腹地延伸的集装箱后方堆场。

(3)集装箱公路中转站是国际集装箱向内陆延伸运输系统的后勤保障作业基地。

(4)集装箱公路中转站具有货运代理功能。

(三)集装箱公路中转站分级

集装箱公路中转站一般从站级上可分为四级,从类别上可分为国际箱中转站和国内箱中转站,从地理位置上可分为海港附近、河港附近或陆运交通枢纽等站级,具体如表6-1所示。

表6-1 集装箱公路运输中转站分级

站级	类型	地理位置	年箱运量/TEU	年堆存量/TEU
一级站	国际箱中转站	位于大型海港附近	30000以上	9000以上
	国内箱中转站	位于大型河港或主要陆运交通枢纽附近	20000以上	6000以上
二级站	国际箱中转站	位于中型海港或主要陆运交通枢纽附近	16000~30000	6500~9000
	国内箱中转站	位于中型河港或主要陆运交通枢纽附近	10000~20000	4000~9000
三级站	国际箱中转站	位于中型海港或陆运交通枢纽附近	8000~16000	4000~6500
	国内箱中转站	位于中型河港或陆运交通枢纽附近	5000~10000	2500~4000
四级站	国际箱中转站	位于小型海港或陆运交通枢纽附近	4000~8000	2500~4000
	国内箱中转站	位于小型河港或陆运交通枢纽附近	2000~5000	1000~2500

(四)集装箱公路中转站布置

集装箱公路中转站主要由堆场、停车场、验箱室、拆装箱作业仓库、修理车间、洗车场、加油站、综合办公室及其他辅助设施设备组成。总体布置原则需要兼顾车辆的中转流程、车辆通行路径的顺利程度、安全作业管理流程、高效率周转流程等原则。

三、集装箱公路运输车辆管理业务操作

(一)集装箱牵引车与挂车种类

1. 集装箱牵引车

集装箱牵引车,俗称"拖车""拖头",是指具有驱动能力,且装备特殊装置用于牵引挂车的商用车辆。集装箱牵引车必须与挂车连在一起使用。

集装箱牵引车按车轴的数量分为单轴驱动至五轴驱动;按其用途分为箱货两用、专用和自装自卸式;按司机室的形式可分为平头式和长头式两种。

(1)平头式牵引车(见图6-2)。平头式牵引车的优点是司机室短,视线好;轴距和车身短,转弯半径小。缺点是发动机直接布置在司机座位下面,司机受到机器振动影响,舒适感较差。

图6-2 平头式牵引车

（2）长头式牵引车（见图6-3）。长头式牵引车（又叫凸头式）的发动机和前轮布置在司机室的前面，司机舒适感较好；意外撞车时，司机较为安全；开启发动机罩修理发动机较为方便。主要缺点是司机室较长，因而整个车身长，回转半径较大。

图6-3　长头式（凸头式）牵引车

由于各国对公路、桥梁和涵洞的尺寸有严格的规定，车身短的平头式牵引车应用日益增加。

2. 挂车

（1）全挂车。挂车的前端连在牵引车的后端，牵引车只提供向前的拉力，拖着挂车走，但不承受挂车向下的重量，这就是全挂（见图6-4）。

图6-4　全挂车

（2）半挂车：挂车的前端连在牵引车的后端，牵引车提供向前的拉力，拖着挂车走，同时承受挂车向下的重量，这是半挂（见图6-5）。

图6-5　半挂车

(二)集装箱牵引车拖带挂车的方式

集装箱牵引车拖带挂车的方式有以下三种,如图 6-6 所示。

1. 半拖挂方式

半拖挂方式是用牵引车来拖挂装载了集装箱的挂车。这类车型集装箱的重量由牵引车和挂车的车轴共同分担,故轴的压力小;另外,由于后车轴承受了部分集装箱的重量,故能得到较大的驱动力。这种拖挂车的全长较短,便于倒车和转向,安全可靠,挂车前端的底部装有支腿,便于甩挂运输。

2. 全拖挂方式

全拖挂方式是通过牵引杆架与挂车连接,牵引车本身可作为普通微重货车使用,挂车亦可用支腿单独支承。全拖挂是仅次于半拖挂的一种常用的拖挂方式,操作比半拖挂方式困难。

3. 双联拖挂方式

双联拖挂方式是半拖挂方式牵引车后面再加上一个全挂车。实际上是牵引车拖挂两节底盘车。这种拖挂方式在高速行进中,后面一节挂车会摆动前进,后退时操作性能不好,故目前应用不广泛。

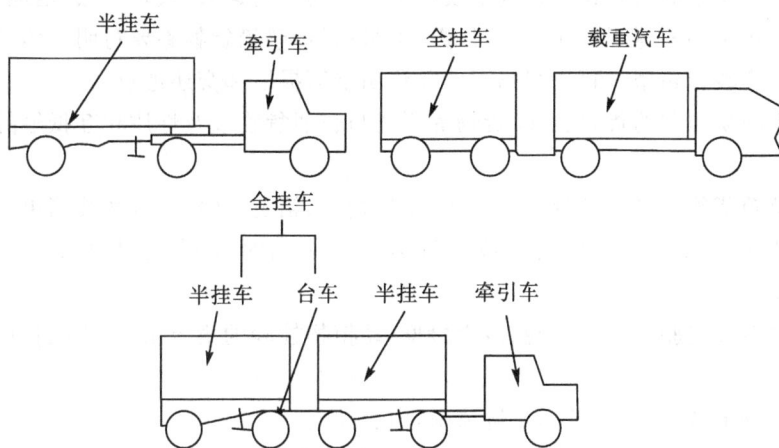

图 6-6　集装箱牵引车拖带挂车方式

四、集装箱公路运输业务流程

(一)组织货源(见图 6-7)

1. 统一调拨的货源

这是集装箱公路运输货源组织的最基本形式。公路运输代理公司或配载中心统一受理由口岸进出口、需用集装箱卡车运输的货源,然后根据各集装箱卡车公司的车型、运力、营运特点,统一调拨运力。这种方式对集装箱公路运输的运力调拨和结构调整起着指导作用,能较好地克服能力与需求的不平衡,也能较好地保证集装箱卡车公司的收益。

2. 合同运输的货源

这是计划调拨运输的一种补充形式。船公司、货运代理公司和货主在某些情况下与集装箱卡车公司直接签订合同,确定某段时间、某一地区的运输任务。

3. 临时托运的货源

集装箱卡车公司也接受短期、临时客户小批量托运的集装箱。这是对计划调拨运输和合同运输必不可少的补充。

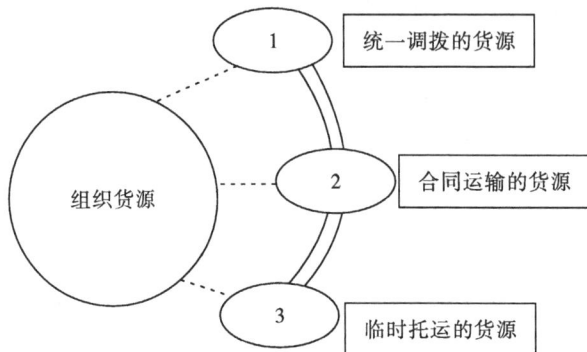

图 6-7 组织资源分类图

(二)填写集装箱公路运输货运单

填写集装箱公路运输货运单时要注意以下事项:

(1)一张货运单中的集装箱货物或集装箱必须是同一托运人、收货人、起运地。

(2)托运拼箱货物要写明具体品名、件数、重量;托运整箱货物除要写明具体品名、件数、重量外,还要写明集装箱箱型、箱号和封志号,并注明空箱提取和交还地点。

(3)易腐易碎易溢漏的货物、危险货物等不能与普通货物以及性质相互抵触的货物共用一张货运单。

(4)托运整箱货物时,应注明船名、航次、场站货位、箱位,并提交货物装箱单。

(5)托运人要求自理拆装集装箱或自理装卸集装箱时,经承运人确认后,在货运单内注明。

(6)托运需海关查验或商品检验、卫生检疫、动植物检验的集装箱时,应在货运单中注明检验地点。

(7)应使用钢笔或圆珠笔填写,字迹清晰,内容准确。

(8)已填妥的货运单如有更改,必须在更改处签字盖章。

(三)接受托运货物

运输公司通过各种形式接受公路运输代理公司、货运代理公司或货主的托运申请,在了解掌握待装货物情况和装箱地点情况后,有能力接收的,予以承运并订立运输合同。

(四)货物装箱

1. 安排运输

运输公司根据承运合同编制集卡作业计划,选择合适的车辆进行运输。对超重、超高、跨省运输的,提前向有关部门办理申请。

2. 发出到货通知

在送箱的前一天,向码头申请装卸机械和人力,将集装箱卸入集装箱堆场,或移至集装箱货运站,并办好交接准备后,向收货人发出要求收货人及时提取货物的书面通知。

3. 货物交付

收货人将提单交给运输公司在卸货港的代理人,经代理人审核无误后,签发提货单交给收货人,然后收货人再凭提货单前往码头仓库提取货物并与卸货代理人办理交接手续。

教学动画:公路集装箱进口货运程序　　　　　教学动画:公路集装箱出口货运程序

任务实施

任务1　安排货运

(1)货品信息沟通。与客户进一步沟通了解货物信息和特性。

(2)运输方式选择。货物是钢管,尺寸比较超常规,需要定制,需要框架的柜子装。考虑到从上海出口古巴,从青岛装箱海运到上海,走水运耗时,故选择公路运输。

(3)制订运输方案。根据了解到的信息,装箱的时候需要到现场监装。联系上海分公司,尽可能进行配合,安排相关人员到现场监装。青岛港口,需要客户自己到达现场直接监装,以防止装卸技术、安全问题。在操作的过程中,考虑到装箱加固比较困难,需要将现场装箱情况一一告知客户,对于加固的要求也达到客户的满意度。

(4)选择运输车辆。选择的运输车辆应当是骨架式集装箱半挂车,确保特殊形状的产品可以装载。装载物资需要进行绳索加固和衬垫。

(5)配送。车辆按规定路线将货物送达用户,用户点接后在回执上签章。

任务2　集装箱公路中转站装卸工艺方案选择

根据以上布局,可做如下分类:

(1)年堆存量为9000 TEU以上的一级站,以轮胎式龙门起重机为主、集装箱叉车为辅。

(2)年堆存量为4000~9000 TEU的二级、三级中转站,宜以正面吊为主、集装箱叉车为辅。

(3)年堆存量为4000 TEU以下的四级站,宜以叉车为主、汽车起重机为辅。

(4)处于起步阶段的中转站,采用汽车起重机或底盘车工艺。

任务训练

一、单选题

1.我国集装箱公路运输货源组织最基本的形式是(　　　)。

A.计划调拨运输　　　B.拼箱的集装箱货源　　　C.合同运输　　　D.临时托运

2.以下属于驼背运输的是(　　　)。

A.火车轮渡　　　B.平板车载运拖车　　　C.飞机载运集装箱　　　D.滚装运输

3.集装箱在公路运输车辆上的固定最常用(　　　)。

A.扭锁　　　B.锥体固定件　　　C.导位板固定件　　　D.捆扎绳

4.托运拼箱货物要写明具体品名、件数和(　　　)。

A.包装　　　B.重量　　　C.电话　　　D.地址

5.托运需海关查验或商品检验、卫生检疫、动植物检验的集装箱时,应在货运单中注明(　　　)。

A.检验时间　　　B.检验地点　　　C.检验人　　　D.检验结果

二、多选题

1. 下列对集装箱公路运输描述正确的有（　　　）。

A. 集装箱公路运输在集装箱的各种运输方式之间起到衔接性、辅助性的作用

B. 集装箱公路中转站的设立起不到改善内陆地区投资环境的作用

C. 集装箱公路中转站不是国际集装箱运输在内陆集散和交接的重要场所

D. 集装箱运输要实现门到门运输，离不开集装箱公路运输

2. 集装箱牵引车拖带挂车的方式可以分为（　　　）。

A. 全自动拖挂方式　　　　　　　　　　B. 半拖挂方式

C. 全拖挂方式　　　　　　　　　　　　D. 双联拖挂方式

3. 设计集装箱公路运输流程时，应完成（　　　）活动。

A. 组织货源　　　　　　　　　　　　　B. 填写集装箱公路运输货运单

C. 接受货物　　　　　　　　　　　　　D. 货物装箱

4. 货物装箱时，应考虑以下（　　　）活动内容。

A. 安排运输　　　B. 发出到货通知　　　C. 货物交付　　　D. 货物签收

三、判断题

1. 当鹅颈式半挂车装载 40 ft 集装箱后，车架的鹅颈部分可插入集装箱底部的鹅颈槽内，从而降低了车辆的装载强度。　　　　　　　　　　　　　　　　　　（　　）

2. 集装箱公路中转站承担铁路办理站、港口和货主间的集装箱中转运输。　（　　）

3. 平头式牵引车的优点是司机室短，视线好；轴距和车身短，转弯半径小，没有盲区。（　　）

4. 牵引车按其司机室的形式可分为平头式和长头式两种。　　　　　　　（　　）

5. 骨架式集装箱半挂车自身质量较轻，结构简单，维修方便，专业集装箱运输企业中普遍采用这类车。　　　　　　　　　　　　　　　　　　　　　　　　　（　　）

6. 托运整箱货物时，应注明船名、航次、场站货位、箱位，并提交货物装箱单。（　　）

7. 填写公路货运单时可用钢笔、圆珠笔或铅笔填写，字迹清晰，内容准确。　（　　）

8. 一张货运单中的集装箱货物或集装箱可以是多个托运人、收货人、起运地。（　　）

📝 知识链接

人类海洋史上的丰碑：他发明了集装箱，改变了世界航运史

在当今社会，无论你是以公司的名义与国外的商家进行对外贸易，还是以个人的名义从国外的网站上购买一件商品，都是一件非常容易的事情，而且运输成本也不再那么高不可及。据世界海运组织分析，目前世界上有90％以上的货运贸易是通过海运进行的。不计其数的货物被装进集装箱里，再被起重机装载入船。整个过程方便快捷，井然有序。对许多人来说，这已经是司空见惯的事情了。但是你知道吗？仅仅在几十年前，海洋运输货物的方式，却有着另外一番光景。

美国经济学家马克·莱文森在他的著作《集装箱改变世界》一书中描述说，在 20 世纪 50 年代，一艘离开美国前往德国的货船，经常会装载近 20 万件独立的货品。这些货物会分成 1000 多个批次到达码头，然后由许许多多的装卸工人进行人工装船。整个过程不但费时费力、效率低下，而且价格非常高昂。在这样的背景下，一位名叫基思·坦特林格的人发明了现代意义上的集装箱，不但彻底改变了传统的海洋运输方式，而且为世界经济的全球化铺平了道路。

运输业巨头的雄心与困境

基思·坦特林格是柑橘种植者的儿子，于 1919 年 3 月 22 日出生在美国加利福尼亚州的奥兰治。长大以后，他在加州大学伯克利分校获得了机械工程学位。在第二次世界大战期间，他为道格拉斯飞机公司工作，专门设计用于生产 B-17 轰炸机的工具。

二战结束以后，坦特林格加入了布朗工业公司。在 20 世纪 50 年代末，他开始和美国企业家马尔科姆·麦克莱恩创办的海陆联运公司进行合作。也正是从那时起，他和海洋运输业正式结缘，和集装箱之间的故事也就此展开。

麦克莱恩是美国北卡罗来纳州的卡车运输巨头，当时他正在想方设法地让他的卡车运输服务更具竞争力。他想到了一个主意，想利用船只将自己拥有的卡车运往美国东海岸的城市。于是在 1955 年，他收购了美国最大的航运公司之一——沃特曼轮船公司。

麦克莱恩最初的计划是制造能够运载他的卡车的滚装船，并将运输成本降低近 75%。然而，这个想法真正实施起来却有一定的困难，因为卡车轮胎会占据宝贵的空间，而且他也无法将卡车一辆接一辆地堆叠起来。为了找到解决方案，他求助于当时的合作伙伴布朗工业公司，该公司为麦克莱恩提供卡车拖车，而在该公司担任工程副总裁的正是基思·坦特林格。

集装箱诞生的关键：扭锁的发明

在海洋运输史上，用密封的金属箱子运输货物的想法很简单，而且由来已久。事实上，从 19 世纪初就已经出现了各种各样的金属箱子，被用来运输像煤这样的笨重货物。但是在很长一段时间里，它无法在商业层面有效地进行规模上的扩大。主要原因在于，当时缺乏一种安全的技术来使集装箱能够在卡车或货船上进行固定和堆叠，也缺乏与之相对应的配套工具或设施，包括吊车、船只和码头，更不要说规格和尺寸不统一带来的各种不兼容问题了。

在这样的背景下，麦克莱恩向坦特林格提出了一个想法，想让他设计出一种完美的集装箱，既要提高容量，又要降低成本，还要实际可行。于是坦特林格开始了对集装箱的研究，并最终发明了真正可以让集装箱实现大规模应用的关键机械装置——扭锁。他首先将集装箱封闭起来，然后在集装箱的每个角都做了一个带槽的孔眼，再把扭锁放入其中。这样，两个集装箱就可以堆叠在一起，然后利用扭锁将它们牢牢地锁定在一起。

在装卸的时候，起重机也可以很方便地锁定在集装箱的四个角孔上，然后把集装箱轻松提起。此外，扭锁也可以用来将集装箱固定在卡车或货运列车的底盘上。这一切，都让集装箱的装卸变得更加简单和轻松，工作效率大大提高。现代意义上的集装箱，终于诞生了。

处女航的考验

1957 年 10 月，麦克莱恩公司的"盖特威城"号货轮正式启用了坦特林格设计的集装箱，装载好了第一船货物，计划从纽瓦克出发，驶往迈阿密。但是没有人知道此次航行的结果如何。特别是，有人担心船舱内高高堆起的集装箱，可能会在颠簸的大海上移动，由此引发事故，造成灾难性的后果。

为了检验集装箱在航运过程中的状况，坦特林格想出了一个办法。他在货船启航之前，特别去了纽瓦克的一家商店，买下了商店内所有的模型黏土。当集装箱被装载到船舱上时，他用铅笔刀切割下黏土块，然后把它们楔入集装箱的角柱之间。四天后，当"盖特威城"号停靠在迈阿密时，他取回了这些黏土块，看看它们在航行中被压缩了多少。结果表明，集装箱堆的移动不超过十六分之五英寸。坦特林格设计的集装箱系统顺利通过了考验。

集装箱在海洋运输方面的作用，就像亨利·福特的装配线在汽车生产方面的作用一样。

它通过将货物进行标准化处理,将铁路、公路和海洋货物运输整合到一个单一的协调系统中来提高效率。在集装箱化之前,货物处理要求码头工人将箱子、包、桶等容器分别装入散装货船货舱的不规则空间里,这一过程不仅缓慢低效,而且时常会导致大量货物在港口"消失"。如今,熟练的起重机操作员可以在不到一分钟的时间内,从卡车底盘上取下一个 20 t 重的集装箱,并将其放入集装箱船上的一个货槽中。而且在整个过程中,货物基本上不可能被偷窃。

然而,这场集装箱标准化革命的进展却十分缓慢,主要是因为其他公司很快就通过模仿,生产出了自己的集装箱设备,以提升货物的装卸和运输效率。到 20 世纪 60 年代初,由于集装箱的尺寸或型号不同引发的不兼容问题越来越多。最终,这促使美国标准协会特别成立了一个委员会来讨论解决这个问题。不同的公司都开始积极行动起来,想让委员会同意,把他们自己的设计作为行业标准,一场激烈的争论随之而来。

在这个过程中,坦特林格起到了关键的作用。他说服麦克莱恩,让海陆联运公司放弃了之前申请下来的扭锁和角柱的专利,从而打破了僵局。1965 年 6 月,美国标准协会通过了一项基于海陆联运公司设计的国家标准,但略有修改,以防止该公司享有商业优势。

永不磨灭的丰碑

集装箱标准化之后,全球各地都开始按照统一的标准对相应的配套设施进行重建,包括运输货物的卡车、装卸货物的起重机、装载货物的轮船,甚至还包括港口和码头。到了 20 世纪 70 年代末,集装箱在国际贸易中几乎已经全面普及。

集装箱革命对世界贸易模式产生了巨大的影响,这是许多人始料未及的。货物通过集装箱进行海洋运输之后,运输成本大幅下降,在商品交易总成本中所占的比例简直微不足道。另外,它还使许多之前不能运输或不便运输的货物,能够轻而易举地装入集装箱,很方便地发往目的地。集装箱的使用,也使得货船上的空间得到了最大程度的利用,航运能力大幅提升。世界经济由此蓬勃发展,加速进入了全球一体化的新时期。

随着科技的进步,集装箱的发展也日新月异,越来越现代化、科技化和数字化。但这一切,都是在坦特林格的伟大创新的基础上所取得的进步。2010 年,坦特林格因其远见卓识和创新理念被美国国家科学院授予吉布斯兄弟奖章。该奖项旨在表彰那些在应用科学领域做出重大贡献的人。2011 年 8 月 27 日,坦特林格离世,享年 92 岁。坦特林格为推动海洋运输和世界贸易所做出的巨大贡献,将永远铭刻在人类海洋史上。

资料来源:人类海洋史上的丰碑:他发明了集装箱,改变了世界航运史[EB/OL].(2020 - 01 - 07)[2020 - 07 - 15]. https://www.sohu.com/a/365385757_120419438.

任务二　集装箱铁路运输

任务描述

任务 1

某公司储运部麻药库运输组计划编制运输出库计划,确保麻药装箱发送运输过程安全、及时。请明确办理麻药运输工作的流程。

任务 2

假设某件货物有铁路运输、公铁联运两种运输方式可以选择,货主列举了影响运输方式的选择评价因素为运输时间、运输时间适应性、运输费用、运输能力、货损货差、用户服务。各评价因素及其权重的评分如表 6-2 所示。根据权重因素法确定货主应选择的运输方式。

表 6-2　评价因素及权重表

因素	权重	各因素评分		因素	权重	各因素评分	
		铁路运输	公铁联运			铁路运输	公铁联运
运输时间	8	5	7	运输能力	6	6	4
运输时间适应性	6	5	8	货损货差	7	4	4
运输费用	8	9	7	用户服务	5	6	8

任务资讯

一、集装箱铁路运输概述

最早的时候,由于铁路集装箱运输数量不多,所运的是小型的非标准集装箱,所以铁路没有专用车辆,以普通铁路货车代用。随着铁路集装箱运输的发展,尤其是采用国际标准集装箱,箱子形体增大以后,普通货车已无法使用,因此,产生了集装箱专用车辆。

铁路集装箱专用车辆的发展大约经过了三个阶段。

第一阶段:利用普通平车改造成集装箱专用车。这样处理费用较低,能应付急用。但缺陷是集装箱的固定比较困难,作业效率低,数量仍然有限。

第二阶段:大量新造集装箱专用车。20 世纪 60 年代开始,随着集装箱国际标准化的推进和运量的大幅增加,对铁路集装箱运输提出了越来越大的需求,这促使欧洲各国设计与制造了集装箱专用车。这些专用车与国际标准集装箱配套,装卸与固定便捷,作业效率高,能很好地体现集装箱运输的优越性。

第三阶段:不断创新,改进集装箱专用车的结构。围绕降低能耗、提高车速、简化结构、加长尺寸等,欧美各国进行了大量的研究与试验,对集装箱专用车进行了很多创新,出现了集装箱双层运输专用车等高效率的专用车结构。

(一)铁路货源运输的特点

(1)铁路运输单车运量较大,高于航空运输和公路运输,运输成本较为低廉。

(2)铁路运输速度比较快,比一般的海上运输要快得多。

(3)世界各国铁路普遍实现了内燃机化和电气化,大大提高了铁路的能源利用率。

(4)铁路运输安全可靠,几乎不受气候的影响,风险比海上运输小。

(5)铁路运输成本低,尤其与航空运输和公路运输相比。

(6)铁路只能沿固定的路线行驶,因此灵活性差,无法实现门到门服务。

教学微课:集装箱铁路运输业务　　　　　　教学动画:铁路集装箱运输

(二)铁路运输车辆

集装箱铁路运输的车辆主要包括通用货车和专用货车,其中,通用货车主要包括棚车、敞车、平车、冷藏车等。

1. 通用货车

(1)棚车,如图6-8所示,有顶棚,可装载包含散货在内的多种不同类型物资,安全系数高。

图6-8 棚车

(2)敞车,如图6-9所示,无顶棚,可装载不规则物品、散货等,空间具有一定的拓展性,但运输物资对气候要求不能太高。

图6-9 敞车

(3)平车,如图6-10所示,在没有高度限制的情况下,可以垂直堆放4个20 ft或2个40 ft集装箱,装载容量较大,但仅限于集装箱装载。

图6-10 平车

(4)冷藏车,如图6-11所示,车厢安装制冷装置,可以运输易腐或对温度有较高要求的货物。

图6-11　冷藏车

2.专用货车

只适用于装一种或少数几种性质相近货物的车,如罐车(G)、矿石车(K)、水泥车(U)、活鱼车(H)、特种车(T)、长大货物车(D)等,称为专用货车。

(三)铁路货源组织形式(见图6-12)

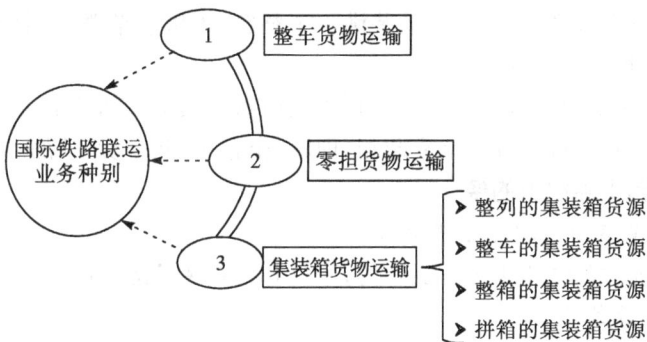

图6-12　铁路货源组织形式

1.整车货物运输

凡一批货物的重量、性质、体积、形状需要以一辆或一辆以上货车装运的,均按整车条件运输。托运人托运同一到站的货物数量不足一车而又不能按零担办理时,要求将同一线路上两个或最多不超过三个到站的货物装一车时,按整车分卸办理。货车装车或卸车地点不在公共装卸场所,而在相邻的两个车站站界间的铁路沿线时称为途中作业。装车和卸车地点不跨及两个车站或不越过装车地点车站的站界,这种运输称为站界内搬运。整车分卸和途中作业只限按整车托运的货物。危险货物不办理站界内搬运和途中作业。

2.零担货物运输

零担货物运输是指当一批货物的重量或容积不够装一车的货物(不够整车运输条件)时,与其他几批甚至上百批货物共享一辆货车的运输方式。托运一批次货物数量较少时,装不足或者占用一节货车车皮(或一辆运输汽车)进行运输在经济上不合算,而由运输部门安排和其他托运货物拼装后进行运输,运输部门按托运货物的吨千米数和运价率计费。零担货运灵活机动、方便简捷,适合数量小、品种杂、批量多的货物运输。

3. 集装箱货物运输

集装箱货物运输是以集装箱作为运输单位进行货物运输的一种现代化的运输方式,它适用于海洋运输、铁路运输及国际多式联运等。它是一种新型的、先进的现代化运输。它能将数量众多的货物集中装入一个特制的容器,由发货人仓库直接运到收货人仓库,实行门到门运输;能做到取货上门,送货到家,可实现铁路、水运、公路、航空联运。用这种方法运输,简便、迅速、安全、经济。

(1)整列的集装箱货源。整列的集装箱货源指由铁路编排的整列的、到达同一终点站的集装箱货源,通常属于集装箱直达列车运输的对象。这类货源一般在水铁联运中形成。当铁路在集装箱码头联运从船上卸下的大批集装箱时,就能编组这样的整列集装箱货源。内陆铁路集装箱办理站很难编列这样的整列货源。

(2)整车的集装箱货源。整车的集装箱货源指形成一节车皮的集装箱货源。铁路集装箱专用车长度通常为 60 ft,最长的达到 90 ft。所以一节整车可装载 3~4 个 20 ft 集装箱。对于铁路来说,形成整车的集装箱货源,在编排时总是占一节车皮,所以比较有利。因此为了鼓励托运人整车托运,规定一节集装箱车皮,不管是否装满,均按照整车计费。托运人为了减少每个集装箱分摊的费用,会尽量配齐一节整车货源。

(3)整箱的集装箱货源。整箱的集装箱货源指一个 20 ft 集装箱的货源,不够装一节车皮。对于货运量较少的货主来说,货源仅仅能装满一个整箱,不够一节整车,铁路运输公司为了方便这些货主,采取按箱计费的方式。

(4)拼箱的集装箱货源。拼箱的集装箱货源是由铁路集装箱办理站把普通零担托运货物中适合集装箱运输的货物拼装成一个集装箱,即"一个箱子,几个货主"的货物。

(四)铁路集装箱货源组织的条件

1. 必须在铁路集装箱办理站办理运输

集装箱运输是通过集装箱来运送货物的,所以开办集装箱运输的车站必须具备场地、装卸机械、专业管理人员等条件。

2. 必须是适合集装箱运输的货物

铁路集装箱以装运贵重货、易碎品、日用品等货物为主,这是因为这些货物价值较高,运输过程中又不易发生被盗、丢失、损坏等货运事故。在货源少的情况下,也可装运其他适箱货源。

3. 必须符合一批办理的手续

一批办理的条件是指:"一是每批货物必须是同一吨位的集装箱;二是每批货物至少在一箱以上。"

4. 由发货人、收货人装箱、拆箱

通常,铁路集装箱运输的货物,从装箱、加封、启封到拆箱,应由发货人、收货人负责。铁路凭封印即铅封与发货人办理收箱、运输并以发货人的封印向收货人办理交付。

5. 必须由发货人确定重量

由于大多数铁路车站不具备衡量集装箱货物重量的条件,所以集装箱运输的货物只能实现由发货人申报、确定的办法,发货人对自己申报和确定的货物重量负有责任,承担由于货物超重而造成的一切损害。

(五)集装箱铁路运输方式

1. 集装箱定期直达列车

集装箱定期直达列车主要用于处理整列的集装箱货源。集装箱定期直达列车起源于英国,后在美国与欧洲一些国家广泛采用。集装箱直达列车一般定点、定线、定期运行,发货人需预约箱位,准时发到箱子;集装箱直达列车通常固定车皮的编排,卸货后,循环装货,不轻易拆开重新编组。列车编组一般不长,多以 20 辆专用车为一列。集装箱定期直达列车的终端站,一般用一台龙门吊,下设两三股铁路线和一条集装箱卡车通道,进行铁路和公路换装。大的集装箱办理站有二三台龙门吊,下面有六股铁路线。龙门吊一侧悬臂下为集装箱堆场,另一侧为集装箱卡车通道,以此完成换转工作。每次列车通常在到达几分钟后就开始装卸,在大的中转办理站,每次列车从卸货到装货启程返回,一般不超过 2 h。为了加速与简化列车到发作业,铁路集装箱办理站一般拥有联络线、机车调头设备及其他有关作业设备。

2. 集装箱专运列车

集装箱专运列车也用于处理整列的集装箱货源。它与集装箱定期直达列车的区别在于:不是定期发车,一般运程较长,主要用于处理货源不均衡与船期不稳定的问题。它与集装箱定期直达列车相同之处是两者通常均列入铁路运行图。

3. 普通快运货物列车

对于整车的集装箱货源,通常难以编入定期直达列车或专运列车,一般可在集装箱办理站装车皮后,在铁路编组站编入普通的快运货物列车。这类快运列车的车速一般可达 100 km/h 以上。

4. 普通货运列车

对于整箱的集装箱货源与拼箱的集装箱货源,通常编入普通的货运列车装运。它的装运速度与到站后的装卸效率,远不如直达列车与专运列车。

二、集装箱铁路运输流程设计

集装箱铁路货运程序如图 6-13 所示,主要涉及以下八个方面。

1. 步骤一:确认承运日期表

集装箱承运日期表是集装箱计划组织运输的重要手段,其作用在于使发货人明确装往某一方向或到站的装箱日期,有计划地安排货物装箱以及准备短途搬运工具等。通过承运日期表,铁路内外紧密配合,共同搞好集装箱货物运输。

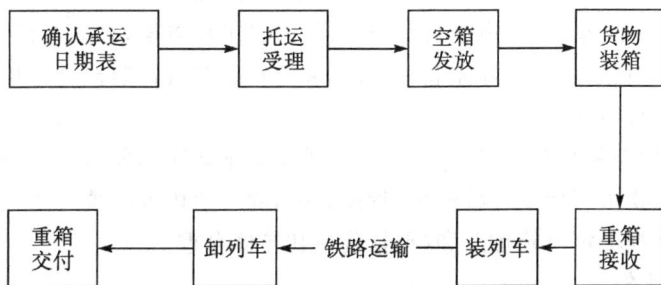

图 6-13　集装箱铁路货运程序

2. 步骤二:托运受理

它是指在接受发货人的托运后,由货运公司审批运单。审批的方法包括:

(1)随时受理。按装箱计划或承运日期表规定的日期,在货物运单上批注进箱日期,然后将运单退还给发货人。

(2)集中受理。集中审批,由受理货运员根据货物运单,按去向、到站分别登记,待凑够一车集中一次审批,并由发货人取回运单。

(3)驻在受理。车站在货源比较稳定的工厂、工矿区设受理室,专门受理托运的集装箱货物。在货物运单受理后,批准进箱日期,或由驻在货运员把受理的运单交货运室统一平衡,集中受理。

(4)电话受理。车站货运室根据发货人电话登记托运的货物,统一集配,审批后用电话通知发货人进箱日期,在进箱的同时,向货运室交运单,审核后加盖进货日期标记。

3. 步骤三:空箱发放

(1)发送货运员在接到运单后,应核实批准进箱日期,审核运单填写是否准确,并根据货物数量核对需要发放的空箱数,有不符时即应和受理货运员核实。

(2)对实行门到门运输的货物,应开具"集装箱门到门运输作业单"交发货人,填写集装箱门到门运输登记簿。

(3)会同发货人共同检查空箱箱体状态,发货人在"集装箱门到门运输作业单"上签字后,领取空箱。应注意的是:如发送货运员认为所领取的空箱不能保障货物安全运输时,应予以更换;如无空箱更换时,发货人有权拒绝使用;如使用后发生货损行为,应由车站负责。

(4)发送货运员有义务向发货人介绍箱子的内部尺寸、容积和货物积载法,这样不仅能充分利用箱容、载重量,而且能使货物牢固安全。

(5)货物装箱后,由发货人关闭箱门,并在规定的位置悬挂标签和加封。

(6)加封后,应将封志插入封盘落销。

4. 步骤四:货物装箱

将货物按照种类、大小、重量、批次以及货源组织的其他形式和货源装配的必要要求进行装箱。

5. 步骤五:重箱接收

发送货运员在接收集装箱货物时,必须对由发货人装载的集装箱货物逐箱进行检查,符合运输要求的才能接受承运,接收集装箱货物后,车站在货物运单上加盖站名、日期,标明此时货物已承运。

6. 步骤六:装列车

装车货运员在接到配装计划后到站确定装车顺序,应做到:

(1)装车前,对车体、车门、车窗进行检查,看是否过了检查期,有无运行限制,是否清洁等。

(2)装车时,装车货运员要做好监装,检查待装的箱子和货运票据是否相符、齐全、准确,并对箱体、铅封状态进行检查。

(3)装车后,要检查集装箱的装载情况,是否满足安全运送的要求,如使用棚车装载时还要加封。装车完毕后,要填写货车装载清单、货运票据,除一般内容的填写外,还应在装载清单上注明箱号,在货运票据上填写箱重总和(包括货重和箱体自重)。

7. 步骤七:卸列车

卸车应做到:

(1)做好卸车前的准备工作,先要核对货运票据、装载清单等与货票是否相一致,然后确定卸车地点,并确定卸箱货位。

(2)卸车前,还应做好货运检查,检查箱子外表情况和铅封是否完整。

(3)开始卸车,对棚车进行启封,并做好监卸和卸货报告。如在卸车过程中发生破损应做出记录,以便划分责任。

(4)做好复查登记,要以货票对照标签、箱号、封号,在运单上注明箱子停放的货位号码,根据货票填写集装箱到达登记簿和卸货卡片。

8. 步骤八:重箱交付

交货时,交箱货运员在接到转来的卸货卡片和有关单据后,认真做好与车号、封号、标签的核对,核对无误后通知装卸工组交货,并当面点交收货人。收货人在收到货物后应在有关单据上加盖"交付讫"的戳记。对门到门运输的集装箱货物,应填写门到门运输作业单,并由收货人签收。对由收货人返回的空箱,应检查箱体状况,在门到门运输作业单上盖章。

教学动画:集装箱
铁路货运程序

任务实施

任务1

(1)储运部麻药库运输组根据取票人员取来的盖章后的出库单编报运输计划,填制货运单据并报铁路部门审批;

(2)储运部麻药库运输组在铁路部门审批后将出库单转仓库保管员备货;

(3)储运部麻药库保管员应在当天做好配装、复核、交运等工作;

(4)运输组填写装箱单,监装员复核无误后双方签字,随后整批集装箱装箱;

(5)集装箱经驻站员检查无误后与铁路部门办理交接手续,随货同行联、装箱单随货发出,铁路提货单快递寄商业单位,之后办理投保手续;

(6)商业单位收到提货单后据以提货;

(7)运输组将出库单财务联、运费、运保费等单据交麻药部开票人员,开票人员核对后转税票开票员开税票,之后由财务部办理记账并托收货款。

任务2

根据组织运输作业的考量因素,结合运输评价因素和各个评价因素的权重,可以通过权重因素法进行运输组织形式的确定,具体计算如下:

铁路:$5\times8+5\times6+9\times8+6\times6+4\times7+6\times5=236$

公铁联运:$7\times8+8\times6+7\times8+4\times6+4\times7+8\times5=252$

任务训练

一、单选题

1. 集装箱专运列车与定期直达列车的不同之处在于(　　)。

A. 运程较远的集装箱则组织集装箱专运列车运送

B. 集装箱定期直达列车在列车运行图上有专门的运行线

C. 专运列车也是大批量的集装箱和较长距离的运输

D. 专运列车不是定期的

2. 集装箱铁路货运程序是(　　)。

①空箱发放;②确认承运日期表;③货物装箱;④托运受理;⑤重箱接收;⑥装列车。

A.①②③④⑤⑥　　　B.②④①③⑤⑥　　　C.①②④⑤③⑥　　　D.④②①③⑤⑥

3. 下列描述中不是铁路集装箱办理站职能的是(　　)。

A. 出口货物的报关　　　　　　　　B. 提供适合装货运输的集装箱

C. 向到达站发出到达预报通知　　　D. 受理集装箱货物的托运申请

二、多选题

1. 在铁路集装箱与海运联运时,即与集装箱码头相连的枢纽站接运时,下列(　　)组织形式不适用。

A. 整列的集装箱货源　　　　　　　B. 整车的集装箱货源

C. 整箱的集装箱货源　　　　　　　D. 拼箱的集装箱货源

2. 下列选项中,(　　)是铁路集装箱货源组织的条件。

A. 无须在铁路集装箱办理站办理运输　　B. 必须是适合集装箱运输的货物

C. 必须符合一批办理的手续　　　　　　D. 必须由发货人确定重量

知识链接

铁路集装箱运输的集装箱定期直达列车

2020 年 3 月 16 日 11 时 55 分,10958 次冷藏集装箱货物列车从海口南站出发,驶向湖北省荆州市。这是海南建省史上首趟冷藏集装箱铁路班列,也是海南第三趟支援湖北防疫生活物资铁路专列。

这趟专列物资由海南爱心企业捐赠,包括 375.7 t 西瓜、20 t 菠萝,共计 395.7 t。此趟专列预计 48 小时左右抵达湖北省沙市南站,为抗击疫情一线医护人员和公益性社会组织提供后勤物资保障。

据了解,在充分调研海南市场的基础上,为满足客户运输需求和海南物资特性,铁路部门积极开发鲜活货物产品冷藏运输项目,畅通鲜活货物物流渠道,首次将冷藏集装箱引进海南。

此次首发的铁路冷藏集装箱在整个运输过程中可以持续提供制冷保温,并可根据不同货物的保温需要调节温度,达到长运距、运时快、节能环保和智能化等效果。同时,集装箱能够适应公路和铁路不同运输方式,实现公铁联运,解决汽车转运问题,减少货物装卸环节,实现货物门到门、点对点运输。

为确保海南首趟冷藏集装箱货物列车开出,广铁集团、中铁特货公司、海口车务段科学制订运输方案,保质保量做好装载加固、车辆检查等工作,全力保障物资安全顺利到达。

该趟冷藏集装箱货物列车成功开行后,这对于解决货主"保鲜"问题,降低社会物流成本,服务海南地方经济和人民大众具有十分重要的意义。铁路部门还将继续满足冷链市场客户需求,为进出海南鲜活货物开辟一条安全、快捷、实惠的运输新通道。

资料来源:何芸.海南首趟冷藏集装箱货物列车开行驶向湖北[EB/OL].(2020 - 03 - 16)[2020 - 07 - 30].http://hi.people.com.cn/n2/2020/0316/c231190 - 33879971.html.

任务三　集装箱多式联运

任务描述

广东顺德一家公司(发货人)将装载电器的集装箱委托一家国际货运代理公司(货代公司)

由顺德通过公路拖运到香港装船去孟买港,再通过铁路运抵新德里交货。

该批货物由货代公司出具全程货运提单。提单记载:装船港香港,卸船港孟买,交货地新德里,运输条款 CY/CY,即堆场到堆场,承运人在装货港集装箱堆场接收整箱货物,负责运至卸货港集装箱堆场整箱交付收货人。提单同时记载"由货主装载、计数"的批注。

集装箱在香港装船后,船公司签发了以货代公司为托运人的海运提单,其余内容与货代公司的提单相同,只是没有批注。

货物在孟买港卸船时,发现一个集装箱外表严重破损,货代公司在孟买港的代理与船方代理在破损记录上共同签署。

货物运抵新德里后收货人开箱发现,外表破损的集装箱内的电器已严重受损,另有一个集装箱外表状况良好,但箱内电器也不同程度受损。

收货人根据货代公司提单上"由货主装载、计数"的批注向发货人提出赔偿要求。但发货人拒赔,理由是货物出运后货代公司签发的是清洁提单,证明发货人是完好地将货物交给货代公司委托的公路承运人的。而且,由外理证明的装箱单上也没有做出任何批注。

收货人转而向货代公司提出赔偿要求,因为货代公司出具了全程货运提单,理应对全程运输承担责任,但同样遭到货代公司拒绝,理由是,造成箱子破损并非货代公司过失,而是船公司的行为。

问题:

谁应该为货损买单?

任务资讯

一、集装箱多式联运概述

(一)国际集装箱多式联运定义

多式联运一语最早见于《统一国际航空运输某些规则的公路(华沙公约)》。1980 年 5 月,在日内瓦召开了由 48 个成员国参加的国际多式联运会议,通过了《联合国国际货物多式联运公约》。该公约将国际多式联运定义为:按照多式联运合同,以至少两种不同的运输方式,由多式联运经营人将货物从一国境内接管货物的地点运至另一国境内指定交付货物的地点。

(二)国际集装箱多式联运应具备的条件

1. 多式联运经营人承担或组织完成全程运输任务

集装箱货物采用多式联运方式,货主只需办理一次托运手续,由多式联运经营人对全程运输负责。无论货物在运输过程中的哪一区段发生灭失或损害,货主均可向多式联运经营人提出索赔要求。当然,多式联运经营人在履行多式联运合同所规定的运输责任的同时,也可将全部或部分运输委托他人(分承运人)完成,并订立分运合同。但分运合同的承运人与货主之间不存在任何合同关系。

2. 承托双方签订的运输合同必须是多式联运合同

货主只需与多式联运经营人签订一份运输合同,即多式联运合同。所谓多式联运合同,是指多式联运经营人凭其收取全程运费,使用两种或两种以上不同运输工具,负责组织完成货物全程运输的合同。在分段联运中,托运人必须与不同运输区段承运人分别订立不同的合同,而在多式联运中,无论实际运输有几个区段,也无论有几种不同运输方式,均只需订立一份多式联运合同。托运人只与多式联运经营人有业务和法律上的关系,至于各区段实际承运人,托运人不与他们发生任何业务和法律上的关系。该合同是确定多式联运经营人与货主之间权利、义务、责任关系的依据,也是区分多式联运与单一运输方式的主要依据。

3. 集装箱货物必须在不同国家之间运输

国际多式联运的全过程跨越了不同的国家或地区,这不仅与国内多式联运相区别,更重要的是涉及国际运输法规的适用问题。

4. 全程运输必须采用两种或两种以上不同的方式

国际集装箱多式联运必须选择和采用两种或两种以上不同的运输方式(水路、公路、铁路、航空)来完成全程运输任务。这样才可以发挥各种运输方式的优势,才可能通过对各种运输方式进行优化,使各种运输方式达到最佳的组合,以达到国际货物安全、快速、准时送达以及提高运输效率、降低运输成本的目的。

5. 运输业务模式必须是一次托运、一次付费、一单到底、全程负责、统一理赔

在多式联运业务中,货主只需要办理一次托运,订立一份运输合同,多式联运经营人对全程运输负责。货主只需要一份运输单证,向多式联运经营人支付一次全程运费即可。货物一旦在运输过程遭受损失,也由多式联运经营人统一处理货主的索赔。

(三)国际集装箱多式联运的优点

国际集装箱多式联运是将不同的运输方式有机地组合在一起构成的连续的一体化货物运输方式。国际集装箱多式联运的快速发展,最重要的是其具有传统各单一运输方式无法比拟的优势。

1. 统一化、简单化

由于多式联运采用一次托运、一次付费、一单到底、全程负责、统一理赔的运输业务模式,无论货物运输距离有多远,由几种运输方式完成,且不论运输过程中货物经过多少次转换,所有一切运输事项均由多式联运经营人负责办理。这避免了货主与各区段承运人分别签订运输合同并办理各种托运、结算及理赔手续的不便和麻烦,为货主提供了极大的方便。

2. 缩短货物运输时间,减少库存,降低货损货差事故,提高货运质量

由于国际集装箱多式联运以集装箱为单元进行运输,货物在托运人工厂或仓库装箱后,运输途中由一种运输方式转换到另一种运输方式时,无须换箱,也不需要将箱内物体移动,这就减少了中间环节,大大简化和加快了换装作业。而且,在集装箱运输方式下,各个运输环节和各种运输工具之间配合密切、衔接紧凑,中转迅速及时,大大减少了货物的在途停留时间,也相应降低了货物的库存量和库存成本。同时,多式联运通过集装箱为运输单元进行直达运输,货损货差事故大为减少,提高了货物的运输质量。

3. 降低运输成本,节省各种支出

货物装载于集装箱内运输,货物的包装、理货和保险等费用可以有一定程度的节省。由于国际集装箱多式联运采用一张单证、统一的费率,可以简化制单和结算手续,节省人力、物力。此外托运人在将货物交由第一程承运人后即可取得货运单证并据以结汇,从而提前了结汇时间。这不仅有利于加速资金的周转,而且可以减少利息的支出。

4. 提高运输组织水平,实现合理化运输

对于区段运输而言,由于各种运输方式的经营人各自为政,自成体系,因而其经营业务范围受到限制,货运量也相当有限,而不同的运输经营人共同参与多式联运,经营的业务范围能够大大扩展,并可以最大限度地发挥各自现有设备的作用,选择最佳运输路线,实现合理化运输。

5. 加强政府管理

国际集装箱多式联运有利于加强政府对整个货物运输链的监督与管理；保证本国在整个货物运输过程中获得较大的运费收入分配比例；有助于引进先进运输技术，减少外汇支出；改善本国基础设施的利用状况；通过国家的宏观调控与指导职能，保证使用对环境破坏最小的运输方式，达到保护生态环境的目的。

二、国际集装箱多式联运的方式

国际集装箱多式联运是采用两种或两种以上不同运输方式进行联运的运输组织形式。这里所指的至少两种运输方式可以是海陆、陆桥、海空等。国际多式联运之所以严格规定必须采用两种或两种以上的运输方式进行联运，是因为只有这样的运输组成形式才能综合利用各种运输方式的优点，充分体现社会化大生产大交通的特点。

由于国际多式联运具有单一运输形式无可比拟的优越性，因而这种国际运输方式一经产生就很快在世界各主要国家和地区得到广泛的推广和应用。

(一)海陆联运

海陆联运是由船舶和陆运工具相继完成的运输，可分为船舶与汽车、船舶与火车两种方式。目前所有运输方式中，海运是最便宜的运输方式，受运输范围及航线的限制，海运的货物只能抵达为数不多的港口。海陆联运可以有效拓宽货物运输范围，将运输方式单一的海运拓展到内陆区域。由于汽车运费较高，经济运距较短，其竞争力不如铁路。所以海陆联运以海铁联运为主要方式，竞争对手是陆桥运输。

海陆联运是国际多式联运的主要方式，也是远东—欧洲多式联运的主要方式之一。海陆联运以航运公司为主体，签发联运提单，与航线两端的内陆运输部门开展联运业务。

(二)陆桥运输

所谓陆桥运输是指采用集装箱专用列车或卡车，把横贯大陆的铁路或公路作为中间"桥梁"，使大陆两端的集装箱海运航线与专用列车或卡车连接起来的一种连贯运输方式。它是远东—欧洲国际多式联运的主要形式。在国际多式联运中，陆桥运输起着非常重要的作用。

陆桥运输一般都以集装箱为媒介，中途要经过多次装卸，如果采用传统的海陆联运，不仅增加运输时间，而且大大增加装卸费用和货损货差。以集装箱为运输单位，则可大大简化理货、搬运、储存、保管和装卸等操作环节，同时集装箱是经海关铅封的，中途不用开箱检验，而且可以迅速直接转换运输工具，故采用集装箱是开展陆桥运输的最佳方式。

严格地讲，陆桥运输也是一种海陆联运形式，只是因为其在国际多式联运中的独特地位，故在此将其单独作为一种联运方式进行专门叙述。目前，世界上比较有影响的陆桥运输线有三条：北美大陆桥运输线、西伯利亚大陆桥运输线和新亚欧大陆桥运输线。

1. 北美大陆桥

大陆桥运输起始于 20 世纪 50 年代初期，世界上出现最早的大陆桥是横贯北美大陆的北美大陆桥。这条大陆桥全长 4500 km，东起纽约，西至旧金山，西接太平洋，东连大西洋，缩短了两大水域之间的距离，省去了货物由水路绕道巴拿马运河的麻烦。该陆桥运输包括美国大陆桥运输和加拿大大陆桥运输。美国大陆桥有两条运输线路：一条是从美国西部太平洋沿岸至美国东部大西洋沿岸的铁路和公路运输线；另一条是从美国西部太平洋沿岸至美国东南部墨西哥湾沿岸的铁路和公路运输线。

美国大陆桥后因东部港口和铁路拥挤，货到后往往很难及时换装，抵消了大陆桥运输所节省的时间,大陆桥运输的优越性没有得到充分的体现。目前美国大陆桥运输基本陷于停顿状态,但在大陆桥运输过程中,又形成了小陆桥和微型陆桥运输方式,而且发展迅速,其地位远高于大陆桥。

小陆桥运输相比大陆桥运输的海—陆—海运输缩短一段海上运输,成为海—陆或陆—海形式。如远东至美国东部大西洋沿岸或美国南部墨西哥湾沿岸的货运,可由远东装船运至美国西海岸,转装铁路(公路)专列运至东部大西洋或南部墨西哥湾沿岸,然后换装内陆运输运至目的地。小陆桥运输是在美国大陆桥开始萎缩后产生的,这种运输由于不必通过巴拿马运河,所以可以节省时间。小陆桥运输全程使用一张海运提单,由海运承运人支付陆上运费,由美国东海岸或墨西哥港口转运至目的地的费用由收货人负担。我国前几年大部分货物用此方式运输。

随着小陆桥运输的发展,又产生了新的矛盾,客户认为,不能直接以国际货运单运至西海岸转运,不仅增加了运输费用,而且耽误了运输时间。为解决这一矛盾,微型陆桥应运而生。

微型陆桥运输,也就是比小陆桥更短一段。由于没有通过整条陆桥,而只利用了部分陆桥,故又称半陆桥运输,是指海运加一段从海港到内陆城乡的陆上运输或相反方向的运输形式。如远东至美国内陆城市的货物,改用微型陆桥运输,则货物装船运至美国西部太平洋沿岸,换装铁路(公路)集装箱专列可直接运至美国内陆城市。微型陆桥运输全程也使用一张海运提单,铁路运费也由海运承运人支付。微型陆桥运输与小陆桥运输的区别在于铁路运费,前者对由东岸港口或墨西哥湾至最终目的地的运费由承运人负责,而后者对由港口或墨西哥湾至最终目的地的运费由收货人承担。微型陆桥比小陆桥优越性更大,既缩短了时间,又节省了运费,因此近年来发展非常迅速。

北美大陆桥示意图如图6-14所示。

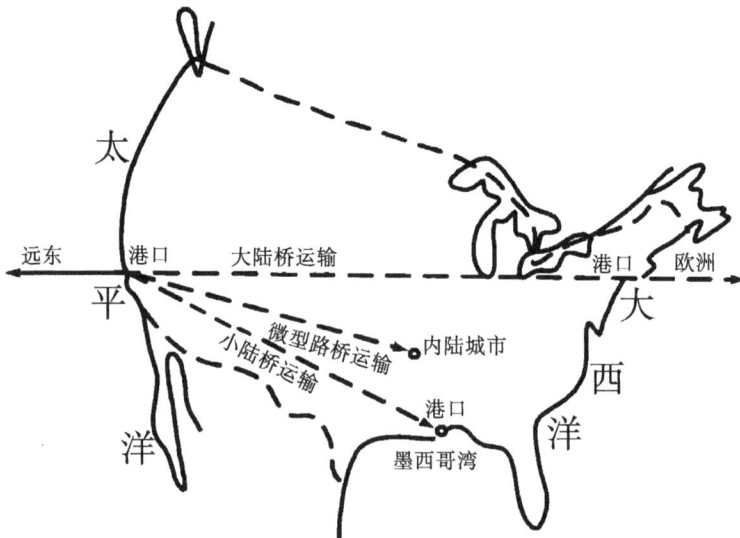

图6-14 北美大路桥示意图

2. 西伯利亚大陆桥

西伯利亚大陆桥是指使用国际标准集装箱,将货物由远东海运到俄罗斯东部港口,再经跨越欧亚大陆的西伯利亚铁路运至波罗的海沿岸,如爱沙尼亚的塔林或拉脱维亚的里加等港口,然后再采用铁路、公路或海运等方式运到欧洲各地的国际多式联运的运输线路。西伯利亚大陆桥于1971年正式确立。现在全年货运量高达10万标准箱,最多时达15万标准箱。使用这条陆桥运输线的经营者主要是日本、中国和欧洲各国的货运代理公司。其中,日本出口欧洲杂货的1/3、欧洲出口亚洲杂货的1/5是经这条陆桥运输的。由此可见,它在沟通亚欧大陆、促进国际贸易中所处的重要地位。

西伯利亚大陆桥运输包括海—铁—铁、海—铁—海、海—铁—公和海—公—空四种运输方式。由俄罗斯的过境运输总公司担当总经营人,它拥有签发货物过境许可证的权力,并签发统一的全程联运提单,承担全程运输责任。至于参加联运的各运输区段,则采用"互为托、承运"的接力方式完成全程联运任务。可以说,西伯利亚大陆桥是较为典型的一条过境多式联运线路。西伯利亚大陆桥是目前世界上最长的一条陆桥运输线。它大大缩短了从日本、东南亚及大洋洲到欧洲的运输距离,并因此而节省了运输时间。从远东经俄罗斯太平洋沿岸港口去欧洲的陆桥运输线全长13000 km。而相应的全程水路运输距离(经苏伊士运河)约为20000 km。从日本横滨到欧洲鹿特丹,采用陆桥运输不仅可使运距缩短1/3,运输时间也可节省1/2。此外,在一般情况下,运输费用还可节省20%～30%,因而对货主有很大的吸引力。

西伯利亚大陆桥所具有的优势,使其吸引了不少远东、东南亚及大洋洲地区到欧洲的运输,使西伯利亚大陆桥在短短的几年时间中就有了迅速发展。但是,西伯利亚大陆桥运输在经营管理中存在的问题如港口装卸能力不足、铁路集装箱车辆的不足、箱流的严重不平衡及严寒气候的影响等在一定程度上阻碍了它的发展。尤其是随着我国兰新铁路与土西铁路的接轨,一条新的亚欧大陆桥形成,为远东至欧洲的国际集装箱多式联运提供了又一条便捷路线,使西伯利亚大陆桥面临严峻的竞争形势。

3. 新亚欧大陆桥

新亚欧大陆桥起自中国连云港,通过陇海和兰新铁路衔接哈萨克斯坦,再到达大西洋沿岸的荷兰鹿特丹,全长10900 km,是一条古老而又全新的陆桥运输线路。新亚欧大陆桥途经哈萨克斯坦、乌兹别克斯坦、吉尔吉斯斯坦、塔吉克斯坦、俄罗斯、白俄罗斯、波兰、德国和荷兰等国。该陆桥为亚欧开展国际多式联运提供了一条便捷的国际通道。远东至西欧,经新亚欧大陆桥比经苏伊士运河的全程海运航线,缩短运距8000 km,比通过巴拿马运河缩短运距11000 km。远东至中亚、中近东,经新亚欧大陆桥比经西伯利亚大陆桥,缩短运距2700～3300 km。该陆桥运输线的开通有助于缓解西伯利亚大陆桥运力紧张的状况。新亚欧大陆桥在中国境内经过陇海、兰新两大铁路干线,全长4131 km。它在徐州、郑州、洛阳、宝鸡、兰州分别与我国京沪、京广、焦柳、宝成、包兰等重要铁路干线相连,具有广阔的腹地。新亚欧大陆桥于1993年正式运营。至此,亚太地区运往欧洲等地的货物可经海运至中国连云港上桥,出中国西部边境站阿拉山口后,进入哈萨克斯坦国境内边境站德鲁日巴换装,再通过铁路、公路、海运运至欧洲各国。而欧洲各国运往亚太地区的货物,则可进入中国西部边境站阿拉山口换装,经中国铁路运至连云港后,再转船运至日本、韩国、菲律宾、新加坡、泰国、马来西亚等国。

(三)海空联运

海空联运又被称为空桥运输。在运输组织方式上,空桥运输与陆桥运输有所不同:陆桥运输在整个货运过程中使用的是同一个集装箱,不用换装,而空桥运输的货物通常要在航空港换装入航空集装箱。海空联运方式一般以海运为主,只是最终交货运输区段由空运承担。

1. 远东—欧洲

目前,远东与欧洲间的航线有以温哥华、西雅图、洛杉矶为中转地的,也有以香港、曼谷、符拉迪沃斯托克为中转地的。此外还有以旧金山、新加坡为中转地的。

2. 远东—中南美

近年来,远东至中南美的海空联运发展较快,因为此处港口和内陆运输不稳定,所以对海空运输的需求很大。该联运线以迈阿密、洛杉矶、温哥华为中转地。

3. 远东—中近东、非洲、澳大利亚

这是以香港、曼谷为中转地至中近东、非洲的运输服务。在特殊情况下,还有经马赛至非洲、经曼谷至印度、经香港至澳大利亚等联运线,这些线路货运量较小。

三、多式联运经营人

(一)多式联运经营人的含义

在国际集装箱多式联运中,多式联运经营人发挥着关键作用。《联合国国际货物多式联运公约》对多式联运经营人(muli-modal transport operator,MTO)的定义是:"'多式联运经营人'是指其本人或通过其代表订立多式联运合同的任何人,他是事主,而不是发货人的代理人或代表或参加多式联运的承运人的代表人或代表,并且负有履行合同的责任。"这一定义具有以下含义:

(1)以本人名义与托运人订立多式联运合同,是多式联运合同的承运人。根据该合同,多式联运经营人要对全程运输负责,要负责完成或组织完成全程运输。

(2)可以本人身份参加多式联运全程中某一个或几个区段的实际运输,作为这些区段的实际承运人,对自己承担区段的货物运输负责。

(3)可以本人名义与自己不承担运输区段的承运人订立分运合同以完成其他区段的运输。在这类合同中,多式联运经营人既是托运人,也是收货人。

(4)以本人名义与各中转点的代理人订立委托合同以完成在该点的衔接及其他服务工作。在该类合同中,多式联运经营人是委托人。

(5)以本人名义与多式联运所涉及的各方面订立相应的合同,在这些合同中,多式联运经营人均是作为货方出现的。

由此可见,在多式联运中多式联运经营人的身份具有多重性。

(二)多式联运经营人的表现形式

多式联运经营人按其本身是否具备运输工具可分为两大类。

1. 第一类多式联运经营人

此类经营人是指本人拥有一种或一种以上的运输工具,并实际参加联运全程中一个或一个以上区段运输的经营人。这类经营人一般由某一方式的承运人发展而来,如由海运、陆运或航空运输企业发展而成。该类经营人一般都具有较强的经济实力,在运输业具有一定的资信度,在国外的分支机构、办事处及代理网络较为完整。

2. 第二类多式联运经营人

此类经营人是指本人不拥有任何一种运输工具,在联运全程中各区段的运输都要通过与其他实际承运人订立分运合同来完成的经营人。这一类经营人一般由国际货运代理企业或其他与运输有关的业者(仓储、装卸等)发展而成。它们尽管不拥有自己的运输工具,经济实力与前一类经营人比要差一些,但发展成为多式联运经营人前的业务内容有很大的相似性,而且在长期工作中与各有关方已建立了良好的业务关系,因此它们开展业务的优势主要在运输组织方面。

现在世界上大部分较有实力的具有一种或一种以上运输工具的承运人,包括海运公司、铁路公司(局)、汽车运输公司等均已开展多式联运业务,发展成为多式联运经营人,还有大量的货运代理公司也开始或已经承办多式联运业务,使多式联运经营人队伍得以迅速发展。

四、多式联运的业务流程

多式联运是一种现代化的综合运输,涉及面广,环节众多,环境复杂,因此业务流程也相对复杂,下面简要介绍集装箱多式联运的一般业务流程。

(一)订立多式联运合同

多式联运必须订立合同。合同是规范托承双方权利义务及解决争议的基本法律文件。多式联运合同的主要内容有:托运人,收货人,多式联运经营人,货物的名称、包装、件数、重量、尺寸等情况,接货的地点和时间,交货的地点和约定的时间,不同运输方式的组成和运输线路,货物交接方式以及托承双方的责任与义务,解决争议的途径和方法等。

(二)编制多式联运计划

多式联运计划总的要求是:

(1)合理性。要求运输线路短、各区段运输工具安全可靠、运输时间能保证、不同运输方式之间的良好衔接,从而保证货物从一国境内接货地安全及时地运到另一国境内的交货地。

(2)经济性。在保证货运质量的前提下,尽可能节省总成本费用,以提高经济效益。

(3)不可变性。在计划中应充分考虑各种因素,留有必要的余地,除不可抗力外,计划一般不能随意改变。

在完成多式联运计划编制后,多式联运经营人还应及时将计划发给沿线各环节的代理人,使之提前做好接货、运输、报关或交货等准备工作。

(三)接货装运

按照多式联运合同,在约定的时间、地点,由多式联运经营人或其代理人从发货人手中接管货物,并按合同要求装上第一程运输工具发运。按托承双方议定的交接方式,凡以 DOOR 或 CY 交接的,由发货人负责装箱计数施封和办理出口清关手续,在箱体外表状况良好、封志完整状态下,将货物整箱交多式联运经营人或其代理人;凡以 CFS 交接的,由发货人负责办理出口清关手续,将货物散件交多式联运经营人或其代理人,由后者负责拼箱计数施封后装运发送。

(四)签发多式联运单据

多式联运经营人接管货物,在运费预付情况下收取全程运费后,即签发多式联运单据表明多式联运经营人对全程联运开始负有责任。对多式联运合同当事人来说,多式联运单据是多式联运经营人收到货物的证明,是合同的证明,也是货物的物权凭证,多式联运经营人按多式联运单据指明的收货人或被指示的人交付货物,收货人凭多式联运单据提领货物。在货物装运发送后,多式联运经营人还应将多式联运单据副本以及一程运输的有关运输单证及时寄往第一程的目的地(港),以便做好接货、转关和转运的准备。

(五)办理运输保险

由于多式联运运距长、环节多、风险大,为避免可能发生的货运事故,多式联运经营人还可以向保险公司投保。尽管多式联运经营人有责任限额保护条款,但多式联运经营人的疏忽、过失、侵权将使其丧失责任限额保护的权利,并承担很大的赔偿金额的风险。为避免较大的损失,多式联运经营人通常向保险公司投保货物。

(六)办理转关手续

多式联运经营人若在全程运输中经由第三国,应由多式联运经营人或其代理人负责办理过境转关手续。在国际集装箱海关公约缔约国之间,转关手续已相当简化,通常只提交相应的转关文件,如过境货物申报单、多式联运单据、过境国运输区段单据等,并提交必要的担保和费用,过境国海关可不开箱检查,只做记录而予以放行通过。

(七)协调管理全程运输

1. 不同运输方式之间的转运

国际多式联运是至少两种不同运输方式组成的连贯运输,不同运输方式之间的转运衔接,是保证运输连贯性、及时性的关键。由于运输工具不同、装卸设备设施不同、转运点的选择不同以及各国的规定和标准不同,因此多式联运经营人或其代理人事前应有充分的了解,以便根据具体情况和要求实现快速顺利的转运。

2. 各运输区段的单证传递

多式联运经营人作为全程运输的总负责人,通常要与各运输区段实际承运人订立分运输合同,在运输区段发送地以托运人的身份托运货物,在运输区段的目的地又以收货人的身份提领货物。为了保证各运输区段货物运输的顺利进行,多式联运经营人或其代理人在托运货物后要将有关运输单证及时寄给目的地代理人,同时,如该实际运输区段不是最后一程运输,多式联运经营人的代理人在做好接货准备的同时,还要做好下一程运输的托运准备。

3. 货物的跟踪

为了保证货物在多式联运全程运输中的安全,多式联运经营人要及时跟踪货物的运输状况,例如通过电报、电传、EDI、互联网在各节点的代理人之间传递货物信息,必要时还可通过GPS进行实时控制。

(八)交付货物

按多式联运合同规定,货物到达指定交货地后,由多式联运经营人或其代理人将货物交多式联运单据指明的收货人或按指示交指定的收货人,即告完成全程运输任务。交货地代理人应在货物到达前向收货人发出到货通知,以便收货人及时做好提货准备。

五、多式联运经营人的赔偿责任

《联合国国际货物多式联运公约》规定:"多式联运经营人对货物的责任期间自接管货物之时起至交付货物时为止。"由于多式联运经营人对掌管货物的责任期限负有赔偿责任,因此必须首先明确多式联运经营人赔偿的责任制。日前,多式联运经营人的责任制主要有三种形式。

1. 统一责任制

所谓统一责任制,是指多式联运经营人在全程运输中使用统一的赔偿标准向货主负责。也就是说,多式联运经营人在全程运输中无论货运事故发生在哪一区段,也无论事故是明显的还是隐藏的,都按统一的标准负责向货主赔偿。统一责任制的最大优点是理赔手续十分简便,只要有货提,都按一个标准进行赔偿,但在实际业务中统一责任制应用较少,主要原因是统一赔偿标准难以为多式联运经营人所接受。

2. 经修正后的统一责任制

《联合国国际货物多式联运公约》所规定的多式联运经营人的责任制为经修正后的统一责

任制,即在统一责任制的基础上做了一些修正。所谓经修正后的统一责任制,是指多式联运经营人在全程运输中对货损事故按统一赔偿标准负责向货主赔偿,但同时又规定,如果该统一赔偿标准低于实际货运事故发生区段的适用法律法规所规定的赔偿标准时,按该区段高于统一赔偿标准的标准,由多式联运经营人负责向货主赔偿。经修正后的统一责任制与统一责任制相比,更加大了多式联运经营人的赔偿责任,故实际应用更少。

3. 网状责任制

所谓网状责任制,是指多式联运经营人对全程运输的货物责任局限在各个运输区段的责任范围内,如果能确定货运事故区段的,则按该区段适用法律法规,由多式联运经营人负责向货主直接赔偿;如果对隐藏损害等不能确定货运事故区段的,则推定发生在海运区段,按海运区段的适用法律法规,由多式联运经营人负责向货主直接赔偿。相比较,网状责任制对于多式联运经营人的赔偿责任最低,同时这种责任制无论对于多式联运经营人还是对于实际区段承运人来说,其赔偿标准是一致的,不存在在同一运输区段有两种赔偿标准的矛盾。目前世界上绝大多数国家的多式联运经营人均采用网状责任制。

任务实施

通过相关规定查询,发货人不应承担赔偿责任,理由如下:

整箱运输下交接双方责任均以"集装箱外表状况是否良好,海关关封是否完整"来确定。只要做到上述两点,即可在一定程度上认定发货人责任终止之际,便是承运人责任开始之时,同时也是收货人责任开始之时。发货人将集装箱交货代公司时箱子外表状况良好。货代公司接收集装箱后,提单并没有对箱子外表状况做出任何批注。因此,该提单属于清洁提单。

船公司应当承担其中一只外表破损的集装箱内货物的赔偿责任。理由是:集装箱在香港装船时,船公司对其外表状况并没有做任何批注,可以认定船公司在完好状态下接货。但孟买港卸船交货时,却发现其中一箱已形成箱损,可以认定箱损发生在船上,或其海上运输区段。

货代公司应承担其中外表状况良好,但箱内货物受损的一个集装箱的赔偿责任。这属于集装箱整箱运输下的"隐藏损害",在这种情况下,箱体外表状况良好,海关关封完整,箱内货物形成损害,无法确定责任方、货损原因、货损区段。货代公司作为全程提单签发人,在赔付给收货人后,可将这一"隐藏损害"赔偿在参加全程运输的各承运人之间按具体推定进行分摊。

因为集装箱内电器受损是在保单承保的责任期限内,保单记载的运输条款是 CY/CY,所以保险公司应对 CY/CY 期间内的货损承担责任。

任务训练

一、单选题

1. 多式联运是指铁路、公路、海洋、内河和航空等不同运输方式中,至少有(   )的运输方式参加,共同完成全程的货物运输。

    A. 一种　　　　　　B. 两种　　　　　　C. 一种以上　　　　　　D. 两种以上

2. 大陆桥多式联运输送能力包括港口的集装箱吞吐能力、(   )和国境站的换装能力三个部分组成。

    A. 铁路的通过能力　　　　　　　　　　B. 到发线的通过能力

C. 咽喉通过能力   D. 车站通过能力

3. 多式联运经营人对货物承担的责任期限是( )。

A. 自己运输区段   B. 全程运输

C. 实际承运人运输区段   D. 第三方运输区段

4. 以下不是多式联运特点的是( )。

A. 签订一个运输合同   B. 采用一种运输方式

C. 采用一次托运   D. 一次付费

5. 证明海上货物运输合同和货物已经由承运人接收或装船,以及承运人保证据以交货物的单据是( )。

A. 提单   B. 大副收据   C. 场站收据   D. 海运单

二、多选题

1. 下列选项中,( )属于国际货物运输代理企业的经营范围。

A. 国际展品运输代理   B. 国际多式联运

C. 私人信函快递业务   D. 报关、报检

2. 开展多式联运的基本条件包括( )。

A. 多式联运经营人必须与发货人订立多式联运合同,多式联运经营人必须对全程运输负责

B. 即使是国际多式联运,多式联运经营人接管的货物也无须是国际运输的货物

C. 使用两种或两种以上的不同运输方式,而且必须是不同运输方式下的连续运输

D. 多式联运的费率为全程单一运费费率

3. 世界上比较有影响的陆桥运输线包括( )。

A. 西伯利亚大陆桥   B. 北美大陆桥

C. 新亚欧大陆桥   D. 海空联运

知识链接

第五届中国多式联运合作与发展大会在京召开

由中国交通运输协会联运分会、中国集装箱行业协会主办的"第五届中国多式联运合作与发展大会"在京召开。国家发改委、交通运输部、海关总署等相关部门领导、各地交通运输和物流主管部门代表、中国铁路总公司及所属企业代表,以及从事多式联运企业的高层代表和国际多式联运与集装箱行业相关国际组织代表、高等院校、规划设计院及科研单位的代表们齐聚一堂,分享中国多式联运的发展及趋势。

1. 多式联运成为国家战略

(1)多式联运优势突出。据统计数据显示,多式联运能够提高运输效率30%左右,减少货损货差10%左右,降低运输成本20%左右。根据综合测算,目前中国多式联运运量占全社会运量比重每提高1个百分点,可以降低社会物流总费用约0.9个百分点,节约成本支出1000亿元左右。

(2)成为国家战略。基于多式联运在效率、成本以及环保方面的突出优势,为进一步扩大多式联运应用范围,促进多式联运的发展,2017年1月,由交通运输部等18个部门共同编制的多式联运发展政策措施《关于进一步鼓励开展多式联运工作的通知》出台,这是首次以国家层面、多部门联合推进,针对多式联运发展进行的专项部署,多式联运上升为国家战略。

(3)背景。多式联运上升为国家战略主要基于三大背景因素:其一是背景的变化,包括经济新常态、供给侧结构性改革、新旧动能转换、产业转型升级、货运格局调整;其二是要求的变化,包括国际经贸格局调整、"一带一路"建设、国际规则重塑等对物流和运输组织方式提出新的发展要求;其三是发展方向的影响,即交通基础设施网络形成为多式联运提供了条件,强化衔接,发挥效益,提升发展效能。

2. 新时代对交通物流业发展提出的新要求

(1)发展仍是第一要务。党的十九大报告指出,"必须坚定不移把发展作为党执政兴国的第一要务,坚持解放和发展社会生产力"。

(2)从高速增长阶段转向高质量发展阶段。中国交通物流取得了高速发展,整个社会的物流需求实现了快速增长,但是我国物流质量不高、效率较低、能力不强问题亟待解决。

(3)重点解决不平衡、不充分发展的矛盾。交通物流领域发展也存在不平衡、不充分的矛盾。《综合运输服务"十三五"发展规划》中明确将多式联运作为"十三五"期间综合运输服务体系建设的主导战略,着力构建设施高效衔接、枢纽快速转运、信息互联共享、装备标准专业、服务一体对接的多式联运组织体系。

(4)创新引领发展。创新是第一动力,也是现代化经济体系的战略支撑,而企业是创新的主体。多式联运就是物流组织的创新。我国交通运输领域创新令人瞩目,多式联运、甩挂运输、滚装运输等先进物流组织模式的研究及推广应用,推动货运车辆和内河船型标准化。创新来源于多个方面,有一线的,有体制机制的,有政策层面的,以及组织模式等的创新。

(5)在现代供应链等领域培育新增长点,形成新动能。多式联运是现代服务业的典型代表,带有革命性的突破,带有天然供应链发展基因。加快发展多式联运,在供应链创新上下功夫,就是在现代供应链中寻找新的增长。

(6)像对待生命一样对待生态环境。多式联运以其运能庞大、运输成本较低、污染排放相对较少等独特优势,成为一种绿色、环保、安全、快捷的运输新方式,受到各国的青睐。在我国,促进多式联运的健康发展,就是促进绿色发展,保护生态环境的有效举措。但是,任何运输方式本身都有排放,因此需要更加科学的组织和整合,更加强调协同发展,更加强化责任体系,更加提高标准化水平。

(7)推动形成全面开放新格局。形成陆海内外联动、东西双向互济的开放格局,同时赋予自由贸易试验区更大改革自主权,探索建设自由贸易港,给多式联运带来新的利好。

3. 多式联运年度发展概况

(1)海铁联运增速超过以往。与国外多式联运以铁路为主不同,中国多式联运则主要依赖于港口发力。据统计,2017年主要港口集装箱吞吐量均超过千万,增幅普遍超过36%;并且有完善的进港铁路,便于换装。其中营口港和青岛港突破60万标准箱。

(2)公铁联运快速增长。2017年中国铁路枢纽作用开始初步显现,中心站普遍向好,能力不断释放,2017年集装箱发送量超过1000万标准箱,2020年将达到2000万标准箱。同时,其服务产品不断丰富,如冷链运输集装箱、商品车运输集装箱等。据统计,截至2017年9月底,铁路总公司已经完成商品汽车运输372万台,同比增长56.8%,接近中国汽车总产量的18%。

(3)中欧班列业绩显著。数据显示,截至2017年11月,已经开通的中欧班列开行数量已突破6000列大关,2017年1—11月,中欧班列开行数量突破3000列,2020年班列开行数量将达到7500列,提前实现发展目标。

值得注意的是,大通道带来大贸易,回程货源的增加正带动去程班列的发展。截至 2017 年 9 月,中国开行中欧班列的城市 34 个,到达欧洲 12 个国家 34 个城市。

(4)陆空联运方兴未艾。2016 年,航空完成货邮运输量 668 万吨,同比增长 6.2%。此外,卡车航班、整班转运、空铁联运正渐渐兴起。自从国航首次开通北京至天津和北京至青岛的两条卡车航班之后,该模式已经得到其他航空公司的广泛应用。

(5)多式联运硬件条件不断提升。铁路基础设施能力不断加强,2016 年底全国铁路集装箱办理站增加到 1606 个,较 2015 年底增加 656 个,增速 69.1%。截至 2017 年 10 月,中国铁路集装箱办理站数量达到 1827 个,约占铁路货运营业站的 50%。同时,港口资源整合进程加快,规模效应放大;航空货运设施设备能力提升,中国全货机数量继续稳步增长。

(6)多式联运经营人开始形成。中国经营多式联运的企业已成多元化发展趋势,不仅有传统的货代企业等,部分物流园区或者物流中心在主营业务基础上,根据市场需求也开始培育多式联运业务,担当多式联运经营人的角色。

(7)多式联运信息平台正在建立。数据的提前到达对货物组织至关重要,否则效率无从谈起。铁路与港口的 EDI 已经走出去了,接下来要进一步做到追溯。

(8)多式联运产业实践不断创新。

(9)多式联运发展矛盾依然存在。主要表现在:概念混淆,泛化严重,理论体系尚未建立;基础设施相对过剩,但转运衔接与枢纽能力严重不足;装备水平依旧滞后,集装箱化率依旧很低;规则标准建立困难,行业壁垒仍然存在;铁路服务尚未到位,瓶颈现象依然明显;国际合作网络欠缺,通关环境有待改善。

(10)多式联运发展变化特征。①从政府"热"向企业"热"传导;②从沿海"热"向内陆"热"延伸;③从硬件"热"向软件"热"过渡;④从模仿"热"向创新"热"发展;⑤从竞争"热"向合作"热"转型;⑥从节点"热"向通道"热"扩张。

参考文献

[1] 陈广,蔡佩林.集装箱运输实务[M].北京:中国经济出版社,2010.

[2] 曹晓发.集装箱运输实务[M].北京:北京理工大学出版社,2010.

[3] 林益松.集装箱班轮运输与管理实务[M].北京:中国海关出版社,2019.

[4] 申习身.集装箱运输实务[M].北京:对外经济贸易大学出版社,2010.

[5] 王学锋,姜颖晖,施欲晖,等.集装箱管理与装箱工艺[M].上海:同济大学出版社,2006.

[6] 武德春,武骁.集装箱运输实务[M].北京:机械工业出版社,2007.

[7] 江明光.集装箱运输实务[M].北京:北京理工大学出版社,2018.

[8] 傅莉萍.集装箱运输管理[M].北京:清华大学出版社,2018.

[9] 杨矛甄.集装箱运输管理[M].北京:高等教育出版社,2015.

[10] 孙家庆.集装箱运输实务[M].北京:北京大学出版社,2016.

[11] 杨家其.国际集装箱运输多式联运[M].武汉:武汉理工大学出版社,2014.